MAKE 시리즈 3

Hello 라즈베리파이

Cover Raspberry Pi 3 Model B

Quick & Easy Practical Guide

개정판

심재창 · 강봉구 · 임진섭 공저

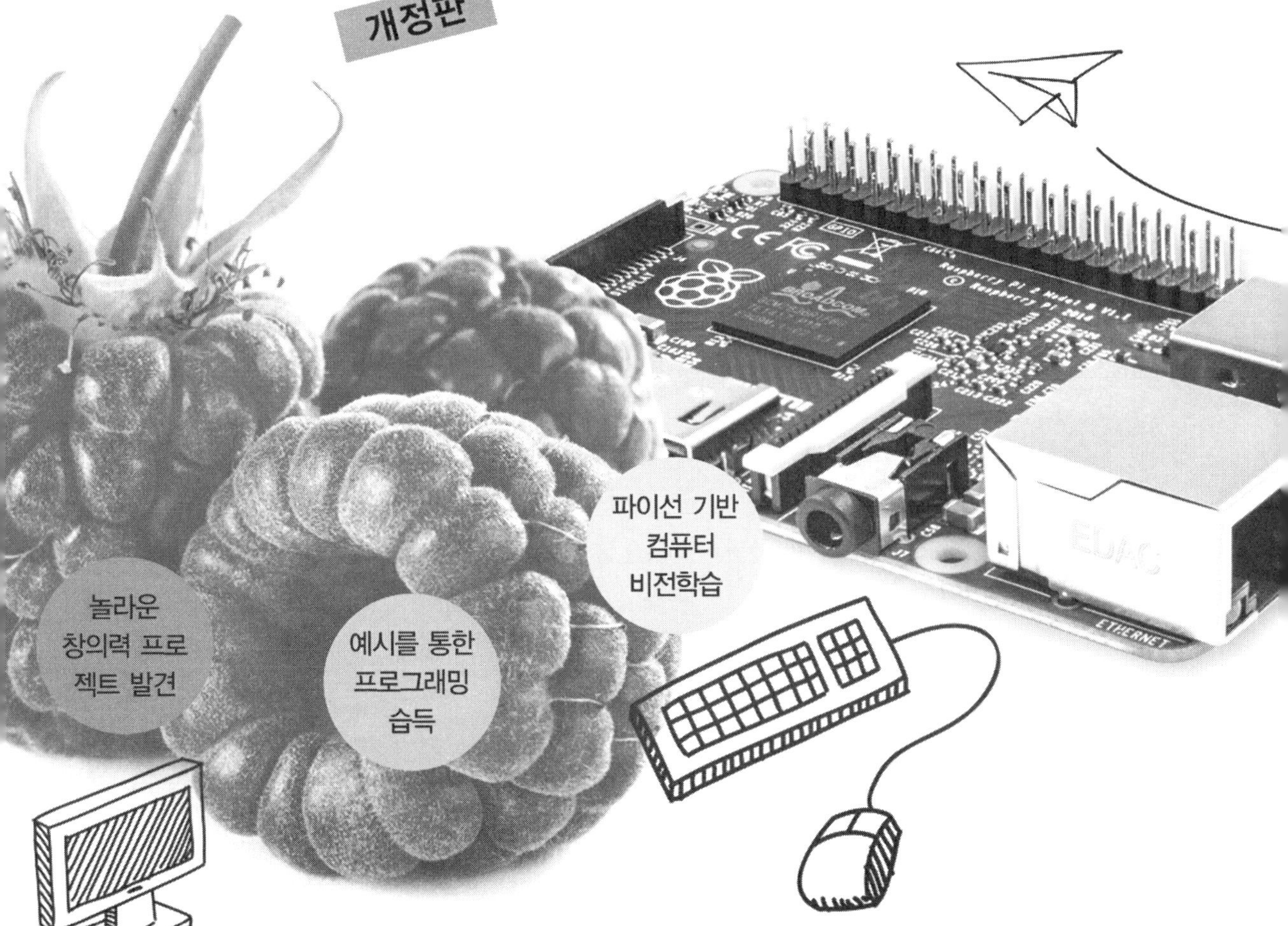

홍릉과학출판사

| 대표저자 |

심재창

- 국립 안동대학교 교수
- 네이버 "라즈베이파이카페" http://cafe.naver.com/rbpi 운영자
- 네이버 "꿀잼앱인벤터" http://cafe.naver.com/appinv 운영자

Hello 라즈베리파이(개정판)

Quick & Easy practical Guide

인 쇄 : 2016년 1월 3일 초판 1쇄
발 행 : 2017년 3월 15일 개정판 1쇄

지은이 : 심재창, 강봉구, 임진섭
발행인 : 우명찬, 송 준
발행처 : 홍릉과학출판사

서울시 강북구 인수봉로 50길 10
• 전화 : 02-999-2274~5 • 팩스 : 02-905-6729
• http://www.hongpub.co.kr
• e-mail: hongpub@hongpub.co.kr

ISBN : 979-11-5600-516-2 93560

정가 20,000원

파본이나 잘못된 책은 교환하여 드립니다.

서론

세상의 많은 컴퓨터와 다양한 기기들이 인터넷으로 급속하게 연결되고 있다. 스마트폰으로는 이동하면서도 인터넷을 활용할 수 있게 되었다. 이 두 기술에 힘입어 각종 사물과 소통을 할 수 있는 사물인터넷(IoT) 시대가 개막되었다.

사물인터넷의 다양한 센서 값을 서비스하려면 인터넷으로 연결되어야 하는데, 현재는 서버 컴퓨터가 이 역할을 담당하고 있다. 최근 서버를 대신할 멋진 꼬마 친구가 탄생되었다. 이름은 산딸기를 영어로 표현한 "라즈베리파이"이며 신용카드 크기로, 처리 속도도 빠르고 가격도 저렴하다. 이 새로운 기기의 탄생으로 컴퓨터 교육은 새로운 시대를 펼치게 되었다.

라즈베리파이는 리눅스 OS를 올리고 직접 아날로그와 디지털의 입력과 출력을 GPIO를 통해서 제어할 수 있으며, 기존의 인터 네트워크와 쉽게 연결할 수 있을 뿐만 아니라 웹 서버, 미디어 서버 등 다양한 활용이 가능하다. 간단히 카메라를 부착하여 감시 시스템도 만들 수 있다.

라즈베리파이를 활용하면 컴퓨터 하드웨어뿐만 아니라, 리눅스도 학습할 수 있고, 스크래치, C & C++, 파이선 등의 컴퓨터 언어도 학습할 수 있다. 일반 컴퓨터에서 할 수 있는 학습 기능보다 더 다양하게 학습할 수 있는 멋진 친구이다.

교재의 구성은 제1부 즉시 활용, 제2부 설치와 설정이다. 1부와 2부는 중복된 내용이 있는데, 1부는 리눅스 활용에 경험이 있는 경우 즉시 라즈베리파이를 활용하기 위함이며, 2부는 자세한 설명이 포함되어 있다. 제3부 입출력 GPIO응용에서는 디지털 및 아날로그 입출력을 다룬다. 제4부 라즈베리파이 카메라 활용을 학습하고 감시 카메라 시스템을 구현한다. 제5부 멀티미디어센터, 홈페이지, 키오스크에서는 SD 카드에 라즈베리파이 OS를 다시 올리고, 완전히 다르게 응용하여 활용할 수 있다. 제6부 OpenCV에서는 라즈베리파이에서 파이선 기반으로 컴퓨터 비전을 학습할 수 있다. 제7부에서는 게임을 다루며 제8부 리눅스명령 및 파이선에서는 기본적인 내용을 다룬다.

이 교재와 관련된 오류나 소스코드 및 동영상 강좌는 네이버의 "라즈베리파이" 카페 http://cafe.naver.com/rbpi 를 통해서 지원을 한다.

2장, 3-1, 3-2, 4-2, 5-1, 5-3, 7-2절의 일부는 "라즈베리파이: 퀵 가이드, 마이크 슈미트"의 내용을 참고 하였으며 이에 감사를 드린다.

저자

차례

제 1 부 라즈베리파이 즉시 활용

제 2 부 라즈베리파이 설치와 설정

제 3 부 GPIO 응용

1부
라즈베리파이 즉시 활용

제 1 장 라즈베리파이 구매와 설치

학습목표

- 라즈베리파이가 무엇인지 설명할 수 있다.
- 라즈베리파이의 종류별 차이를 설명할 수 있다.
- 라즈베리파이의 종류와 그 차이를 설명할 수 있다.
- 라즈베리파이 설치 방법에 대해 설명할 수 있다.

• 라즈베리파이 소개

최근에 라즈베리파이 3 모델 B(Raspberry Pi 3 Model B)가 만들어 졌다. 놀랍게도 와이파이와 블루투스가 포함되어 있다. 이 교재에서 활용한 초소형 컴퓨터이다. 시스템의 사양은 다음과 같다.

- CPU 코어: 1.2GHz 64-bit 쿼드코어 ARMv8 CPU
- 802.11n Wireless LAN
- Bluetooth 4.1
- Bluetooth Low Energy (BLE)
- 램: 1GB
- USB: 4 포트
- GPIO: 40 핀
- 비디오: Full HDMI 포트
- 비디오&오디오: Combined 3.5mm 오디오 잭과 콤포지트 비디오

그림 1-1 라즈베리파이 3 하드웨어 구성

- 네트워크: 이더넷 포트
- 카메라 커넥터: Camera interface (CSI)
- 비디오 커넥터: Display interface (DSI)
- SD카드: Micro SD 카드 슬롯
- GPU: VideoCore IV 3D 그래픽 코어

라즈베리파이 3은 기존 모델 2 B+에 비해 2배 빠르고, 1.2G에서 동작하는 ARM 쿼드 코어 프로세서(1.2Gx4=4.8G)와 브로드콤사 BCM2836 프로세서와 1G 메모리로 구성되어 있다.

표 1-1 라즈베리파이 3 사양

라즈베리파이 3 사양	상세한 설명
SoC(칩)	Broadcom BCM2837
CPU(코어 구조)	4× ARM Cortex-A53, 1.2GHz
GPU(그래픽)	Broadcom VideoCore IV
RAM(메모리)	1GB LPDDR2 (900 MHz)
Networking(네트워크)	10/100 Ethernet, 2.4GHz 802.11n wireless
Bluetooth(블루투스)	Bluetooth 4.1 Classic, Bluetooth Low Energy
Storage(스토리지)	microSD
GPIO	40-pin header, populated
Ports(포트)	HDMI, 3.5mm analogue audio-video jack, 4× USB 2.0, Ethernet, Camera Serial Interface (CSI), Display Serial Interface (DSI)

표 1-2 입 출력 커넥터

입출력 커넥터	설명
이더넷 커넥터	10/100 BaseT 이더넷 소켓
비디오 출력	HDMI(1.3 & 1.4), 컴포지트 RCA(PAL & NTSC)
오디오 출력	HDMI, 3.5mm 잭
USB 커넥터	4xUSB2.0 커넥터
GPIO 커넥터	40-pin 2.54mm 2x20스트립 27GPIO 3.3V & 5V and GND
카메라 커넥터	15핀 MIPI Camera Serial Interface(CSI-2)
디스플레이 커넥터	Display Serial Interface(DSI) 15way flat flex cable connect with two data lanes and a clock lane
메모리카드 슬롯	Micro SDIO

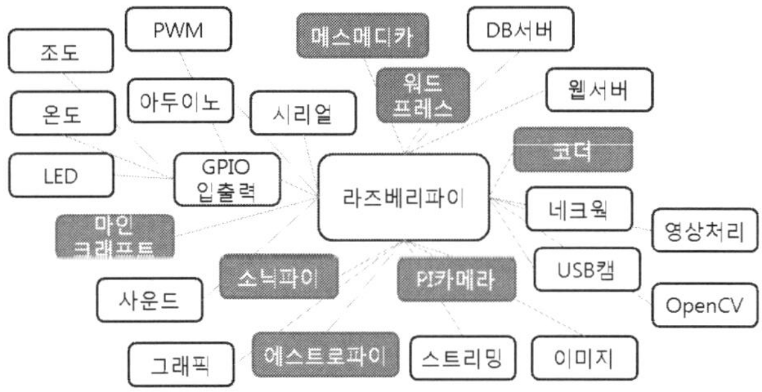

그림 1-2
라즈베리파이와 관련된 키워드

• 라즈베리파이의 응용

라즈베리파이는 작은 컴퓨터이므로, 일반 데스크톱 컴퓨터가 할 수 있는 응용을 거의 다 할 수 있고 쉽게 주변장치를 연결할 수 있다. 센서를 GPIO에 부착하고 데이터를 획득하여 인터넷으로 전달할 수 있어 특히 사물인터넷 서버로 활용될 수 있다. 라즈베리파이의 응용과 관련된 키워드는 그림 1-2와 같다.

• 라즈베리파이 실습 키트

라즈베리파이 실습키트 구성

- 라즈베리파이 3(Raspberry Pi 3 Model B)
- HDMI 모니터 (HDMI가 없는 경우 HDMI 변환기)
- HDMI 케이블
- 마이크로 SD카드, SD카드 소켓 또는 어댑터(PC에서 이미지 다운하기 위함)
- Lan Cable
- usb 마우스, usb 키보드

그림 1-3
라즈베리파이 3
기본 키트의 구성

주의 **모두 가격은 비슷하나 모델 A, A+, B, B+, Pi3보다 라즈베리파이 3가 성능이 탁월함.**

라즈베리파이 3[1] 베이직 키트[2]를 추천한다. 구매하려면 "라즈베리파이 3 베이직 키트"로 검색해 보자. 주의할 점은 usb 키보드와 usb 마우스는 키트에 포함되지 않는다. 따라서 가정의 usb 키보드와 usb 마우스를 활용해서 한 차례만 설정하고, 네트워크 주소를 파악하면 다음부터는 키보드나 마우스 없이도 PC의 원격 접속을 통해서 라즈베리파이에 접속 및 학습이 가능하다.

• 라즈베리파이 설치 및 접속

마이크로 SD 포맷

- SDFormatter 다운로드
  https://www.sdcard.org 메뉴의 [Download]> 왼쪽의 [SD Formatter for Windows Download]> 제일 아랫줄의 [Accept]
- SD 포맷하기

1) 라즈베리파이 3 https://www.raspberrypi.org/products/raspberry-pi-3-model-b/
2) 라즈베리파이 3 기본키트 http://cafe.naver.com/rbpi/119

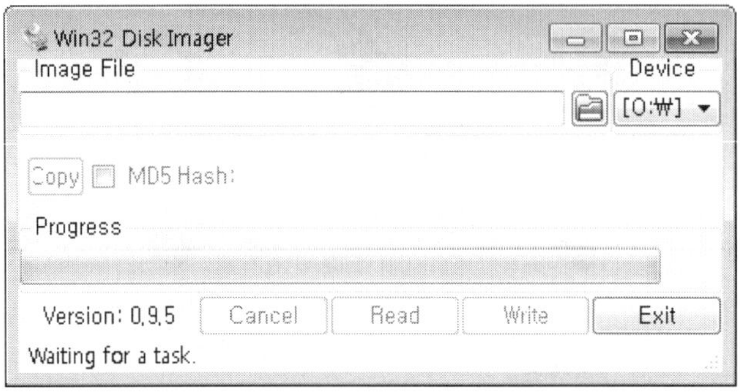

그림 1-4 Win32 Disk Imager

1. 라즈비안 설치하기

라즈비안은 데비안 리눅스의 수정본으로 NOOBS 속에 포함되어 있다. 라즈베리파이의 기본 OS이다. NOOBS는 New Out Of Box Software의 약어로 라즈비안, 피도라, XBMC 등의 OS가 포함된 압축파일이다. 원하는 OS를 선택하여 설치할 수 있다.

- NOOBS(라즈비안 포함) 다운로드 및 압축풀기
  http://www.raspberrypi.org/downloads/
- 복사하기: Win32DiskImager (관리자 모드로 실행)
  http://sourceforge.net/projects/win32diskimager/

Win32DiskImager를 실행하고, SD카드의 디스크(예 [O:\])를 확인하고, 바로 옆의 [폴

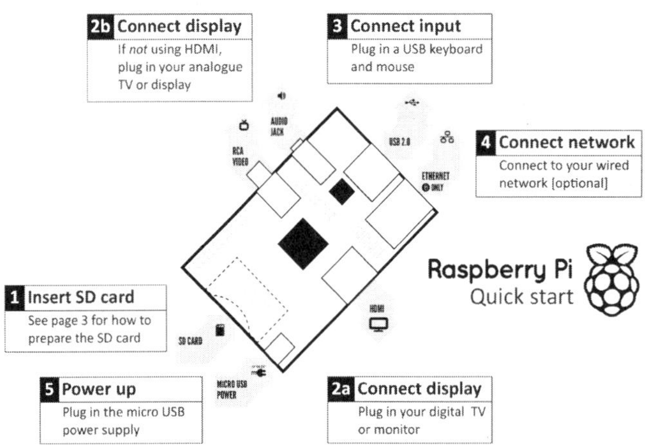

그림 1-5 하드웨어 연결과정

더]를 선택하고, 압축을 푼 폴더에서 이미지를 선택한다. 그 다음 [Write]를 눌러 SD에 이미지를 만든다.

2. 라즈베리파이 하드웨어 연결하기

1. Micro SD 카드를 슬롯에 끼운다.
2. 모니터를 연결한다.
3. 키보드, 마우스를 연결한다.
4. 랜선을 끼우고, 공유기에 연결한다.
5. 마이크로 USB 케이블로 전원을 넣는다. (모니터에 login as:가 보이면 성공)

3. 시스템 접속 로그인하기

- 자동으로 로그인 된다.
- login as: pi
- password: raspberry

4. 시스템 종료 셧 다운

리눅스 시스템은 항상 셧 다운을 하고 끄는 것이 안전하다.

- $ sudo poweroff 또는
- $ sudo shutdown -h now

5. 시스템 다시 부팅하기

설정을 변경했거나 필요시 리눅스를 다시 부팅하는 명령이다.

- $ sudo reboot
- $ sudo shutdown -r now

6. 설정 변경하기

- $ sudo raspi-config(기본설정으로 되어 있음)
- SSH를 활성화
- SD카드 전체 활용을 활성화
- 카메라 활성화

7. 원격접속

- $ ifconfig 명령으로 라즈베리파이의 주소를 찾는다.

- 텍스트모드 접속 툴: Putty
- 그래픽모드 접속 툴: TightVNC, XRDP

라즈베리파이 학습과 관련한 추천

1. 리눅스 기본 명령어 학습

- 리눅스 기본 명령학습
- 리눅스 관리 명령학습
- 에디터 nano, vi 활용

2. 리눅스에서 프로그래밍 학습

- 스크래치 프로그래밍: 스크래치는 자동으로 설치가 된다.
- Shell(셸) 프로그래밍
- Python 프로그래밍: 파이선은 자동으로 설치가 된다.
- C&C++ 프로그래밍: C&C++는 자동으로 설치가 된다.

3. 입출력 GPIO 제어 실습

- 디지털 출력: LED
- 디지털 입력: 스위치
- 아날로그 입력: 조도
- 아날로그 출력: PWM
- 셸 프로그램에서 LED 제어하기
- 파이선으로 LED 제어하기
- C언어로 LED 제어하기

4. OS 변경을 통한 라즈베리파이 활용

- 멀티미디어 센터로 활용하기
- 웹 서버 Coder로 활용하기
- 키오스크 만들기
- 시큐리티 시스템 만들기

내용 요약

- 라즈베리파이 소개
- 라즈베리파이의 응용
- 라즈베리파이 실습 키트
- 라즈베리파이 설치 및 접속

자가 평가

Q : SDFormatter는 무슨 작업을 수행하는가?
A : SD메모리카드를 포맷하는 프로그램이다.

Q : 라즈베리파이의 기본 운영체제는 무엇인가?
A : 라즈비안(리눅스)

Q : 리눅스 운영체제의 일종인 라즈비안은 어떤 리눅스를 수정하여 개발되었는가?
A : 데비안 리눅스

Q : 라즈베리파이에서 기본적으로 활용 가능한 프로그래밍 언어는?
A : 파이썬, C&C++, 스크래치

제 2 장 라즈베리파이 업데이트

학습목표

- 라즈베리파이의 업데이트 및 업그레이드 할 수 있다.
- SD 카드의 용량을 확인하고 확장할 수 있다.
- 업데이트나 업그레드가 안 될 경우 문제를 해결할 수 있다.
- 라즈베리파이에 슈퍼 유저로 접속할 수 있다.

• 라즈비안의 업데이트

라즈비안(데비안) 패키지를 설치할 때 커널과 펌웨어가 설치된다. 라즈비안을 최근 버전으로 바꾸려면 update와 upgrade를 실행한다. 이 과정으로 커널이 자동으로 업데이트된다. rpi-update 명령으로 펌웨어를 업데이트한다.

LXTerminal이나 Putty의 명령 행에서 업데이트하는 방법은 다음과 같다.

라즈비안 업데이트

- $ sudo apt-get update
- $ sudo apt-get upgrade

자주 업데이트를 해서 최근 버전을 유지하는 것이 좋다.

펌웨어 업그레이드

- $ sudo apt-get install rpi-update
- $ sudo rpi-update -y

업그레이드하면 최신 버전을 유지할 수 있다. 리부팅하면 업데이트가 적용이 된다.

- $ sudo reboot 또는
- $ sudo shutdown -r now

http://raspberrypi.org/downloads를 설치하는 것과 동일한 효과가 있다.

업데이트나 업그레이드가 안 될 때

apt-get upgrade 명령이 작동되지 않으면 다음 사이트에서 도움을 받자.

- http://www.raspbian.org/RaspbianRepository

• 라즈베리파이 펌웨어 버전확인

- $ uname -a

  Linux coder 4.4.38-v7+ #938 SMP PREEMPT Thu Dec 15 15:19:51 GMT 2016 armv7l GNU/Linux

• 설정에서 SSH 접속 허용

기본적으로 ssh 접속이 막혀 있다. 허용으로 바꾸자.

- $ sudo raspi-config

  키보드를 이용하여 "5. Intefacing Options"를 선택한다.

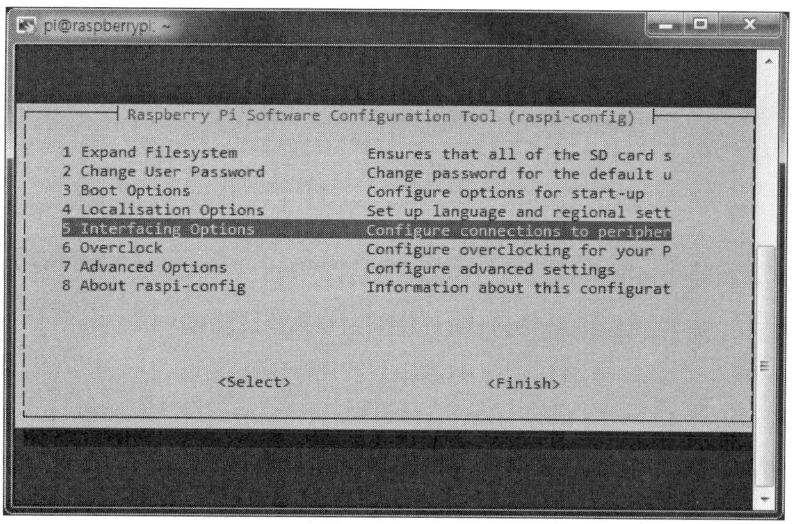

그림 2-1 설정변경 -ssh 허용

"P2 SSH Enable/Disable remote command line"을 선택한다.

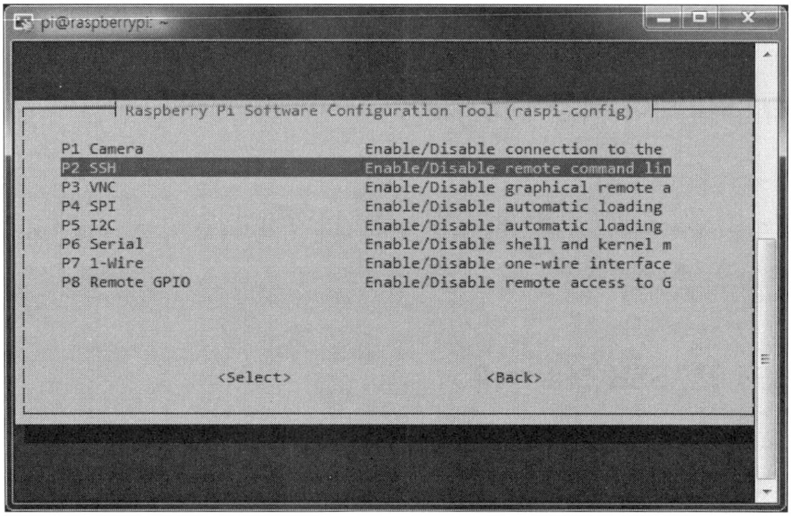

그림 2-2
설정변경
SSH 선택

〈Enable〉을 선택한다.

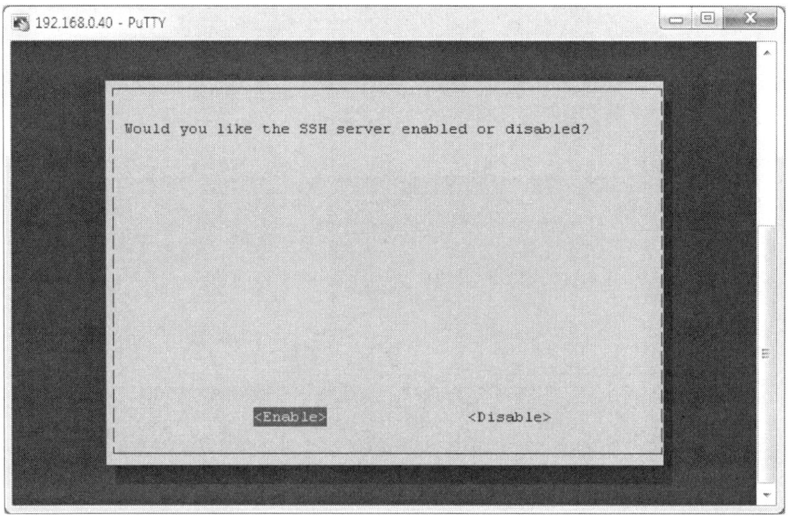

그림 2-3
설정변경
SSH 허용

- $ sudo reboot

  다시 부팅하면 SSH를 접속할 수 있도록 설정이 변경된다.

• SD 카드 전체 활용 설정

만약 NOOBS로 라즈비안(Raspbian)을 설치한 경우 설치과정에서 자동으로 파일 시스템이 확장된다. 그러나 만약 SD 카드에 이미지를 직접 기록한 경우에는 SD카드 중에 3GB 이상의 활용되지 않는 부분이 있다. 이 옵션을 사용하면 남은 SD카드 공간을 모두 활용할 수 있다. 설정을 바꾸고 시스템을 새로 부팅해야 한다.

- "1 Expand Filesystem"을 선택한다.

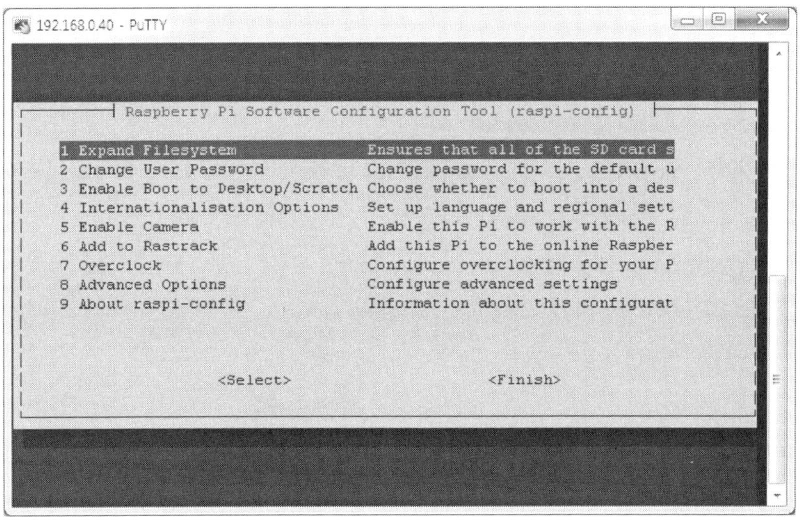

그림 2-4
설정변경-메모리 전체 활용하기

• SD 용량 확인과 정리

SD카드의 용량이 부족하다는 경고가 있을 때, 다음처럼 불필요한 파일들을 정리할 수 있다. 경고가 없을 때는 신경 쓰지 않아도 된다.

라즈베리파이의 SD카드의 공간을 확인하려면 디스크 용량을 확인하는 df 명령을 이용한다.

- $ df -h

  다운로드한 패키지는 .deb 파일이며 /var/cache/apt/archives 에 저장되는데, 이 파일들은 다음 명령으로 지울 수 있다.

- $ sudo apt-get clean

다운로드한 패키지 지우기

- $ sudo apt-get autoremove
- $ sudo apt-get -f install(강제로 설치함)

• public.key 새로 설치

라즈베리파이가 업데이트나 업그레이드가 되지 않을 때는 public.key를 새로 설치할 수 있다. 정상적인 작동이 될 때는 새로 설치할 필요가 전혀 없다.

/etc/apt/sources.list 파일에 다음 내용을 넣는다.

- $ sudo vi /etc/apt/sources.list

  deb http://archive.raspbian.org/raspbian wheezy main contrib non-free

  deb-src http://archive.raspbian.org/raspbian wheezy main contrib non-free

- $ wget http://archive.raspbian.org/raspbian.public.key -O - | sudo apt-key add -

  [2] http://www.raspbian.org/RaspbianRepository

• 슈퍼 유저(super user)로 접속하기

명령어 앞에 sudo를 입력하기 번거로울 경우 슈퍼유저로 접속할 수 있다. 슈퍼유저로 접속되면 sudo 명령을 쓰지 않고 바로 명령어를 사용할 수 있으나 삭제 등의 명령어를 주의해서 사용해야 한다.

- $ sudo -i

  [3] 업데이트 http://www.raspberrypi.org/documentation/raspbian/updating.md

내용 요약

- 라즈비안의 커널 업데이트 방법
- 펌웨어 업그레이드 및 버전확인 방법 소개
- SSH 접속 허용 방법 설명
- SD 카드 용량 확인과 전체 용량 확장 방법
- 커널 업데이트가 작동하지 않을 때 해결 방법
- 슈퍼 유저로 접속하는 법

자가 평가

Q : 라즈비안의 커널을 업그레이드시, sudo apt-get upgrade 전에 수행할 명령어는?
A : sudo apt-get update

Q : 라즈베리파이의 커널 버전을 확인하는 명령어는 무엇인가?
A : uname -a

Q : SD 카드의 용량을 확인하는 명령어는 무엇인가?
A : df -h

Q : 라즈베리파이 업데이트나 업그레이드가 안될 때는 라즈비안을 새로 설치해야 하는가?
A : 아니오. public.key를 새로 설치하여 해결할 수 있다.

Q : 슈퍼 유저로 접속하는 명령어는 무엇인가?
A : sudo -i

제3장 원격접속

학습목표

- 원격접속을 이해한다.
- Putty의 용도를 숙지한다.
- 삼바의 용도를 숙지한다.
- TightVNC와 XRDP에 대해 숙지한다.

라즈베리파이가 네트워크에 연결되면 원격 접속하여 활용할 수 있다. 라즈베리파이에 직접 모니터, 키보드와 마우스를 연결하지 않고, 공유기를 통해 원격 PC에서 네트워크로 작업을 할 수 있다.

원격 접속에는 두 가지 방식이 있다. 명령행 기반인 Putty는 키보드로 명령을 입력할 수 있고 그래픽 기반의 TightVNC와 XRDP가 있는데 아이콘과 마우스를 활용할 수 있다.

• 키보드 기반의 PUTTY를 이용한 접속

Putty는 컴퓨터의 검은 바탕에 흰 글씨로 된 명령행 프롬프트를 통해 네트워크 상의 라즈베리파이에 접속하는 전용 프로그램이다. Putty는 Putty.exe 실행 프로그램 달랑 하나여서 무척 간단하다. SSH(Secure Shell)라는 보안 쉘로 공개키 암호를 사용하므로 스니퍼 등에 의해 도청을 당할 염려가 없다.

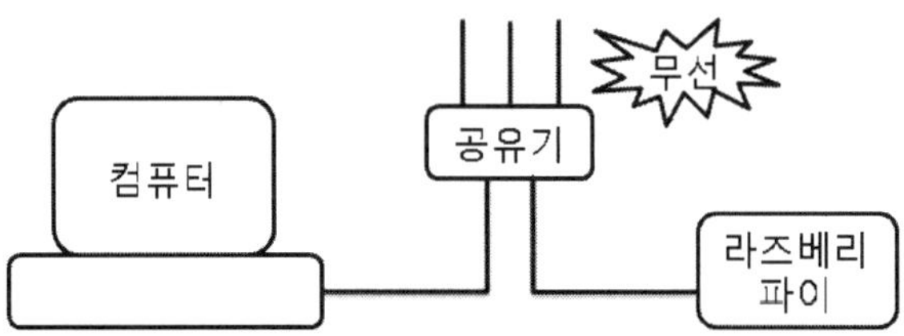

그림 3-1
원격접속의 구성

• SSH 사용 설정변경

앞에서 설명한 것을 한번 더 반복하면, 라즈베리파이에서 설정을 SSH 허가로 변경해야 한다. $ sudo raspi-config를 입력하고 화면의 아래 부분의 [ssh Enable or disable ssh server]를 선택하고 〈Enable〉을 선택한다.

- $ sudo reboot   명령으로 라즈베리파이를 다시 작동시키자.

• 컴퓨터에서 Putty 다운 및 실행

Putty는 PC의 터미널을 통해 라즈베리파이에 원격 접속을 하는 간단한 프로그램이다. 웹 브라우저에서 구글에 접속하고 검색 창에서 "Putty"를 입력한다.

- [PuTTY Download Page]를 접속하여 적합한 PuTTY를 다운로드 한다.
- [PuTTY: putty.exe] 클릭한다.

원하는 폴더나 바탕화면에 저장한다. 더블 클릭하여 putty를 실행한다.

• 파이 주소 저장 및 접속

라즈베리파이에서

```
$ sudo ifconfig
```

명령으로 eth0에 해당하는 라즈베리파이 주소를 [Host Name(or IP address)] 아래에 주소(예: 192.168.0.40)를 찾는다. 이 주소는 자주 사용해야 하므로 가운데 부분에 보이는 [Saved Sessions] 아래에 적합한 이름(예로 "RaspberryPI")을 입력하고 [Save]를 하면, 다음 접속에서는 저장된 이름을 클릭하고 [Load] 버튼을 누르면 저장해 둔 주소가 나와서 편리하다.

그림 3-2 원격접속 Putty 연결

[Open]을 클릭하면 검은 바탕의 흰 글씨로

- login as:가 나온다. "pi"를 적고
- password:에는 "raspberry"를 입력한다.

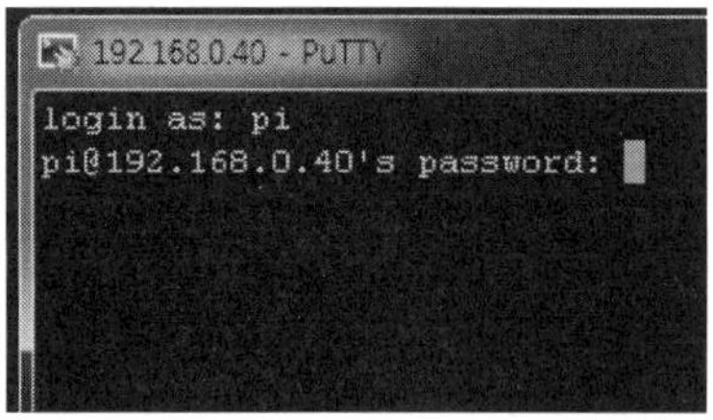

그림 3-3 로그인 pi, 패스워드: raspberry

다음과 같은 화면이 나온다.

```
login as: pi
pi@192.168.0.40's password:
Linux raspberrypi 3.18.9-v7+ #768 SMP PREEMPT Sun Mar 15 19:41:56 GMT 2015 armv7l

The programs included with the Debian GNU/Linux system are free software;
the exact distribution terms for each program are described in the
individual files in /usr/share/doc/*/copyright.

Debian GNU/Linux comes with ABSOLUTELY NO WARRANTY, to the extent
permitted by applicable law.
Last login: Sat Mar 21 06:54:50 2015 from 192.168.0.3
pi@raspberrypi ~ $
```

• 라즈베리파이와 윈도우 간의 데이터 복사

윈도우에서 문자를 마우스로 선택하고, Ctrl+c나 마우스 오른쪽 버튼을 눌러 복사하기를 한 다음, putty로 접속된 pi창에서 마우스의 오른쪽 버튼을 누르면 붙여넣기가 된다. 이 방법은 긴 명령을 복사해서 붙여넣기 할 때 매우 유용하다.

물론 라즈베리파이에서 마우스로 선택하고 Ctrl+c로 복사한 내용은 내 컴퓨터의 윈도우에서도 붙여넣기를 할 수 있다.

• TightVNC 활용

그래픽 환경으로 라즈베리파이 화면을 원격의 PC 등에서 활용할 수 있다, 패키지 이름이 VNC(Virtual Network Computing)이며 가상 네트워크로 TightVNC 패키지를 활용한다.

[4] http://www.raspberrypi.org/documentation/remote-access/vnc/

• TightVNC 설치

TightVNC 서버를 설치하는 명령은:

```
$ sudo apt-get install tightvncserver
```

다음과 같은 끝 문장이 보이면 y를 입력한다.

```
.....
After this operation, 9,988 kB of additional disk space will be used.
Do you want to continue [Y/n]?
```

• 서버실행

```
$ tightvncserver
You will require a password to access your desktops.
```

비밀번호를 두 차례 입력한다.

```
Password:
Warning: password truncated to the length of 8.
Verify:
```

뷰 전용 비밀번호를 입력할 것인가?에 n을 입력한다.

```
Would you like to enter a view-only password (y/n)? n

New 'X' desktop is coder:1

Creating default startup script /home/pi/.vnc/xstartup
Starting applications specified in /home/pi/.vnc/xstartup
Log file is /home/pi/.vnc/coder:1.log
```

> 주의 여러 번 실행하면 1.log, 2.log 등이 나오는데 이 숫자는 라즈베리파이에 접속하는 명령에서 활용하므로 기억해 두어야 한다.

• 윈도우 클라이언트에서 라즈베리파이에 접속

윈도우에서 TightVNC를 설치한다. http://www.tightvnc.com/download.php

윈도우 [실행창]에서 tight... 까지만 입력하면 몇 개의 프로그램이 위에 나온다.

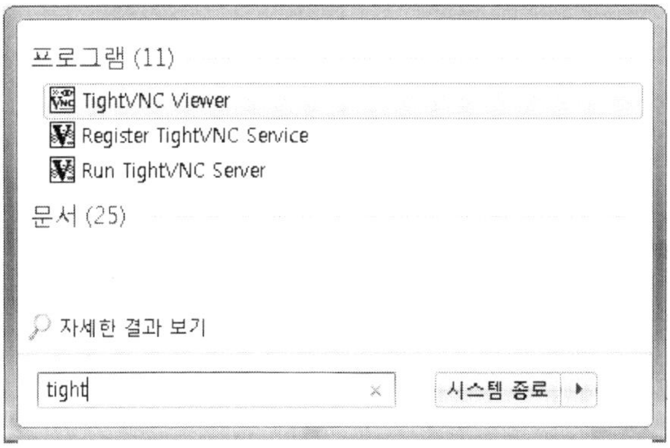

그림 3-4 TightVNC 클라이언트 찾기 및 실행

이 중에 TightVNC Viewer에서 엔터키를 누르거나, 마우스로 클릭해서 실행한다.

Remote Host:에 라즈베리파이의 IP주소 끝에 :1을 추가한다. 그리고 [Connect]를 선택한다.

예 192.168.40:1

이 번호는 $ tightvncserver를 실행할 때 끝 부분에 보이는 숫자(:1.log)와 동일해야 한다.

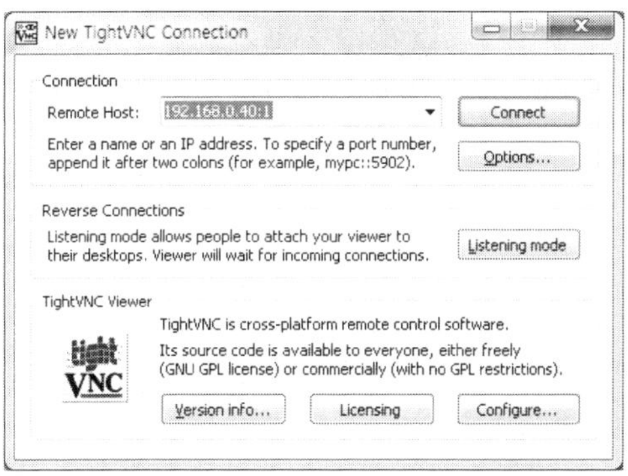

그림 3-5 TightVNC 클라이언트 접속 IP주소와 접속번호

라즈베리파이의 비밀번호를 입력한다. 비밀번호는 TightVNC를 설치할 때 입력한 것이다.

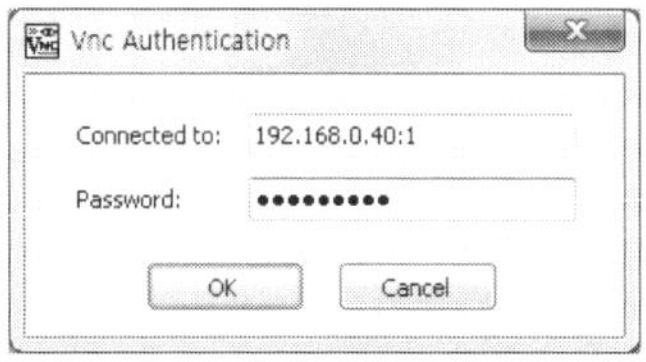

그림 3-6 설정한 비밀번호의 입력

라즈베리파이 화면이 내 컴퓨터에 나온다. 원격 작업을 마치려면 오른쪽 상단의 [X]를 선택한다.

- 원격 접속: http://www.raspberrypi.org/documentation/remote-access/vnc/

그림 3-7 TightVNC로 원격 접속된 화면

• XRDP 접속

윈도우의 원격접속을 활용하여 라즈베리파이에 접속할 수 있다. 윈도우에서 원격지의 다른 윈도우에 접속할 때 사용하는 mstsc와 유사한 이 서비스를 XRDP 패키지라 한다. 이는 마이크로소프트사의 원격 데스크톱 프로토콜(RDP: Remote Desktop Protocol)을 사용한다.

1) XRDP 설치

```
$ sudo apt-get install xrdp
```

2) 윈도우에서 접속하기

키보드의 왼쪽 아래의 윈도우 키를 누른 상태에서, r키를 누른다. (윈도우키 +r)

실행 창 [열기(o)]: mstsc /v 192.168.0.40

라즈베리파이 주소를 적는다. 그리고 [확인] 버튼을 누르다.

또는 윈도우 화면의 왼쪽 아래 윈도우 아이콘을 누르고 [모든 프로그램] 바로 아래의 실행 창에서 mstsc /v 192.168.0.40 라즈베리파이 주소를 적는다. 단, 라즈베리파이의 IP 주소는 사용자마다 다를 수 있으므로 확인 후 적는다.

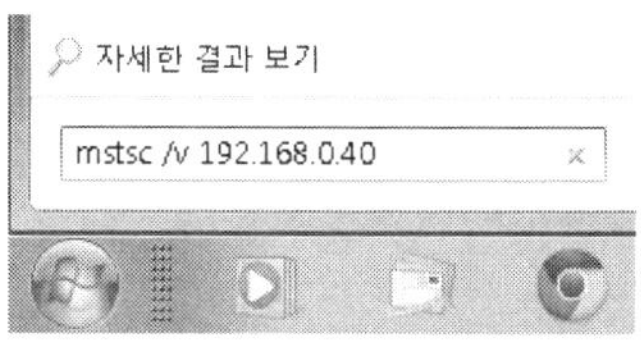

그림 3-8
XRDP
클라이언트 실행

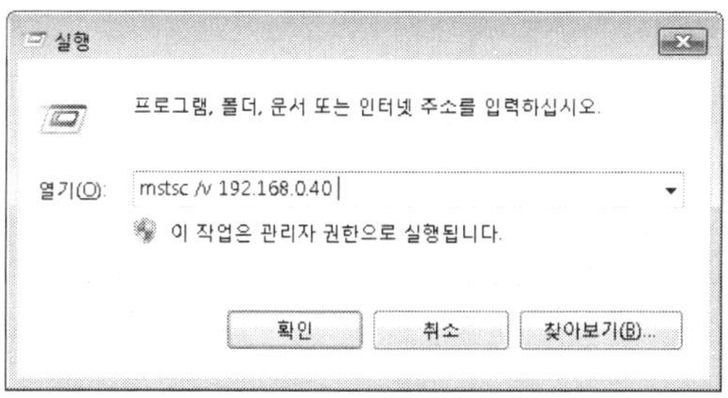

그림 3-9
IP 입력 및 접속

원격 연결 신뢰를 묻게 되면 [연결(N)]을 선택한다.

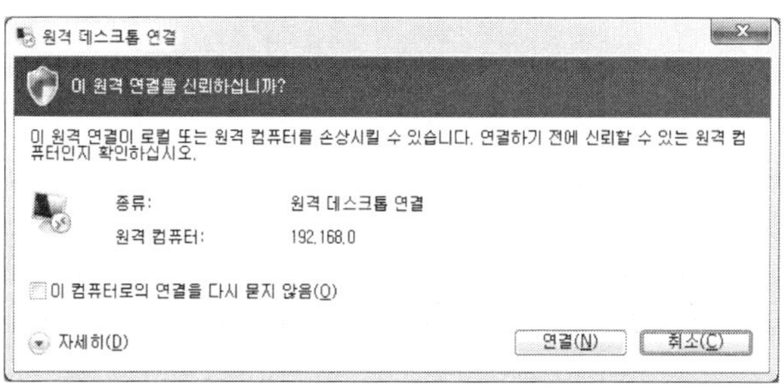

그림 3-10
원격신뢰를 묻는
창에서 [연결]
선택

원격 컴퓨터의 ID 확인에 대한 질문에 대해서는 [예(Y)]를 선택한다.

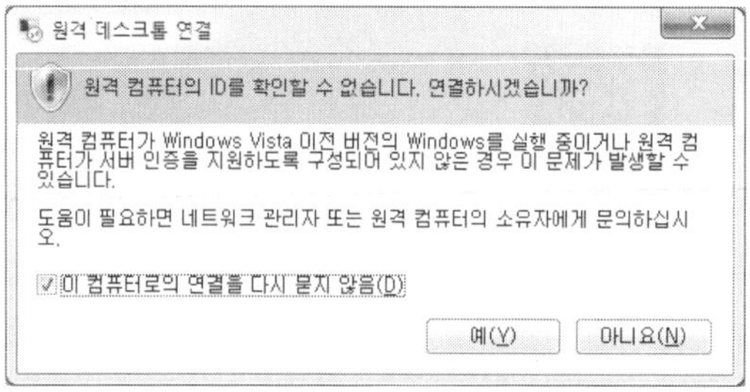

그림 3-11 원격 ID를 확인할 수 없다는 경고를 무시하고 [예(Y)]선택

사용자 이름 username에는 pi를 입력하고, 비밀번호 password에는 raspberry를 입력한다.

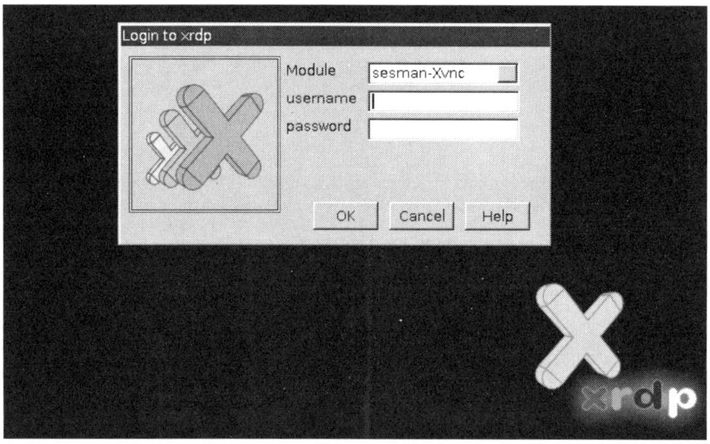

그림 3-12 사용자 ID와 비밀번호 입력하기

원격 데스크톱으로 연결된 라즈베리파이의 화면이다.

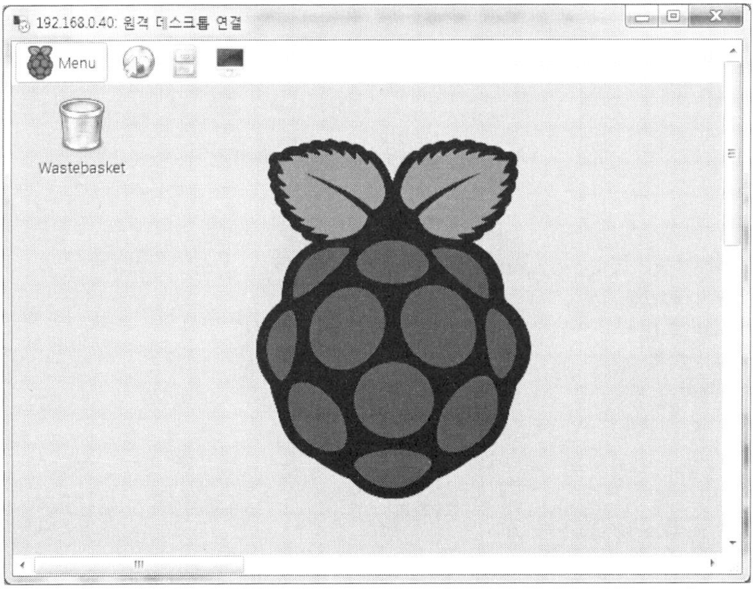

그림 3-13
접속에 성공한
화면

XRDP로 라즈베리파이에 접속된 화면이며 카메라 영상이 보이지 않을 수도 있다.

• 삼바 접속(내 컴퓨터와 라즈베리파이 파일 및 폴더 공유)

삼바는 원격 라즈베리파이와 내 컴퓨터의 한 폴더를 공유하여 양쪽 어디서나 수정이나 삭제를 할 수 있다. 파일 공유하기에 매우 편리한 서비스가 삼바 접속[3]이다.

- 삼바설치

```
$ sudo apt-get install samba samba-common-bin
```

- 삼바 유저 추가와 비밀번호 설정

```
$ sudo sampasswd -a pi
```

3) http://cafe.naver.com/rbpi/120

- 삼바설정

```
$ sudo nano /etc/samba/smb.conf
```

라즈베리파이의 제일 아래 부분에 다음 내용을 추가한다.

```
[pi]
comment = rpi samba server
path = /home/pi
valid user = pi
writable = yes
browseable = yes
```

- 삼바 다시 실행하기

```
$ sudo service samba restart
```

윈도우에서 공유 폴더 접속하기

윈도우 화면 왼쪽 아래 부분의 윈도우 로고를 클릭한다.

열기(O):에 \\192.168.0.40 (라즈베리파이의 주소)를 입력한다.

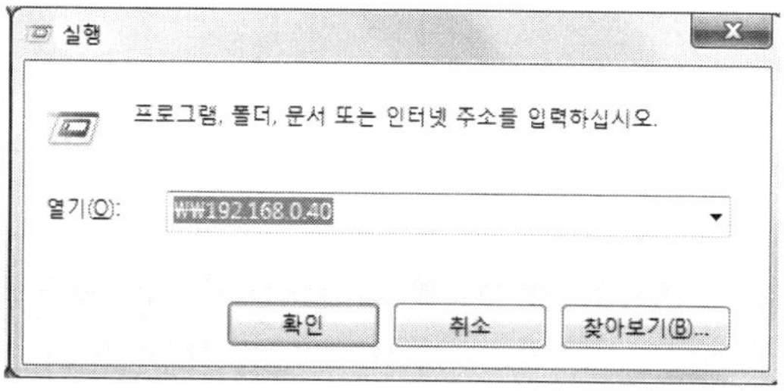

그림 3-14 네트워크 폴더를 연결하기

Windows 보안 창에서 pi와 raspberry를 입력한다.

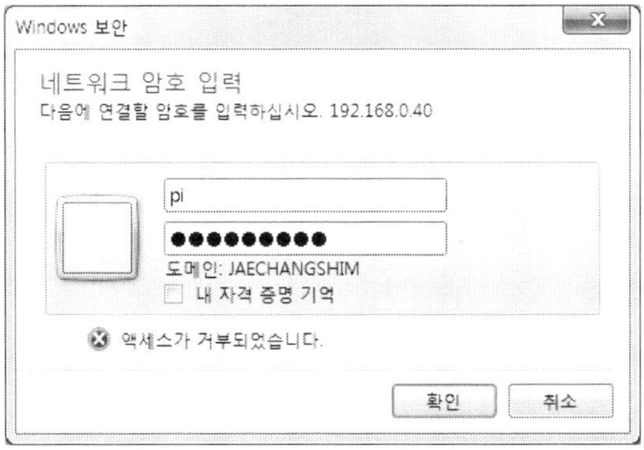

그림 3-15 사용자명과 암호 입력

윈도우 주소 창에 [네트워크〉192.168.0.40〉이 나오고 pi 공유가 나온다. pi 공유를 더블 클릭하면 접속이 된다.

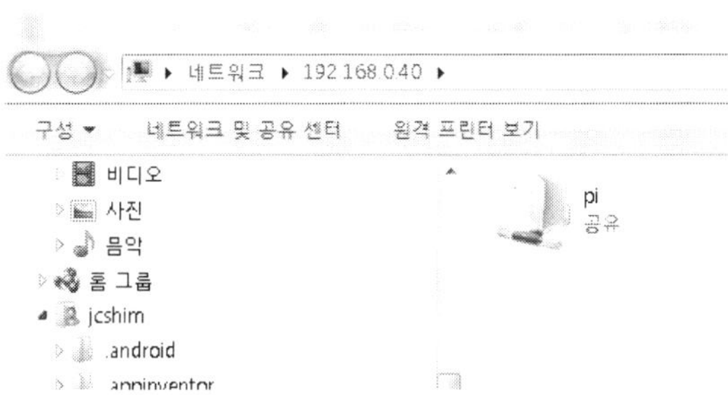

그림 3-16 내 컴퓨터에 공유된 화면

라즈베리파이의 pi 폴더 내용을 윈도우에서 직접 접속할 수 있다.

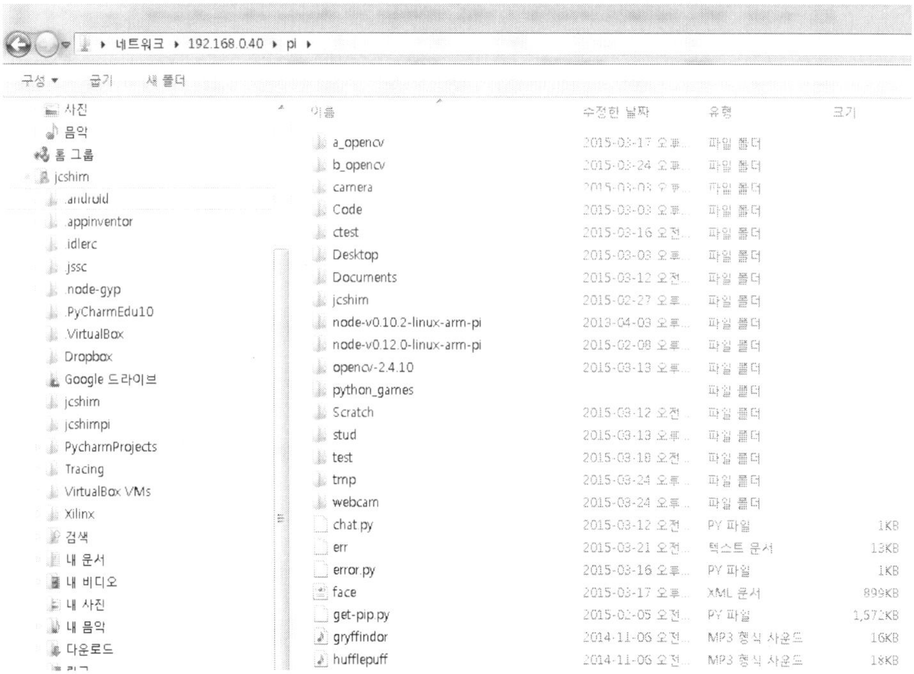

그림 3-17
폴더 내용의 확인

• 무선 네트워크 설정

무선 설정은 그래픽이나 텍스트 모드에서 설정할 수 있다. 라즈베리파이 모니터에서 작업하거나 TightVNC나 XRDP로 그래픽 모드로 접속을 해야 한다.

그림 3-18
그래픽 기반의
무선 설정화면

화면 오른쪽 상단의 아이콘 중에 ↑↓ 를 누른다.

그림 3-19
무선 접속 포인트
AP 공유기 찾기

내가 접속할 수 있는 공유기를 마우스로 더블 클릭을 한다.

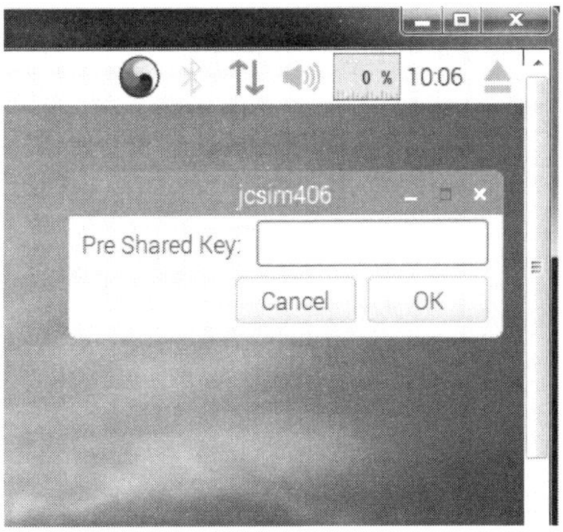

그림 3-20
무선 접속 네트워
크 선택

PSK:에 공유기 비밀번호를 입력한다. 그리고 [Add] 버튼을 누른다.

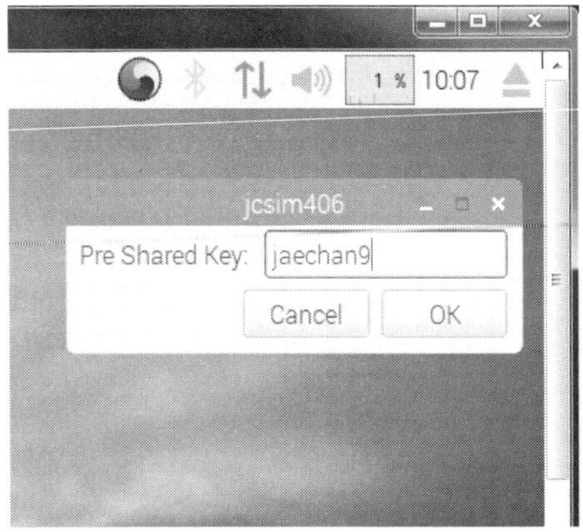

그림 3-21
PSK에 공유기 접속 비밀 번호 넣기

무선 접속이 연결되면 무선 아이콘이 나온다.

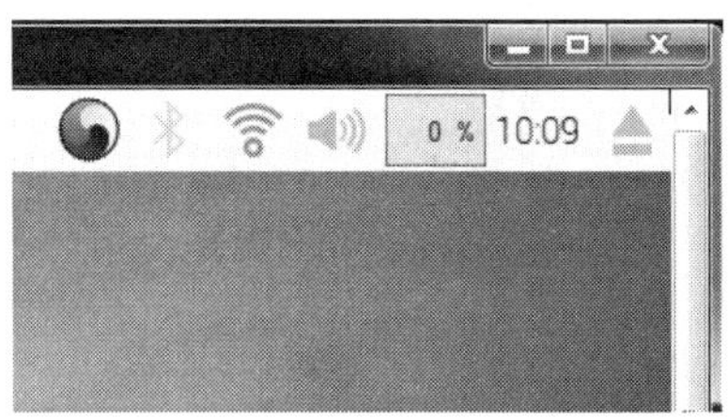

그림 3-22
무선 접속

마우스를 무선 아이콘에 올리면 Wlan 0 : Configed 192.168.0.17이 보인다.

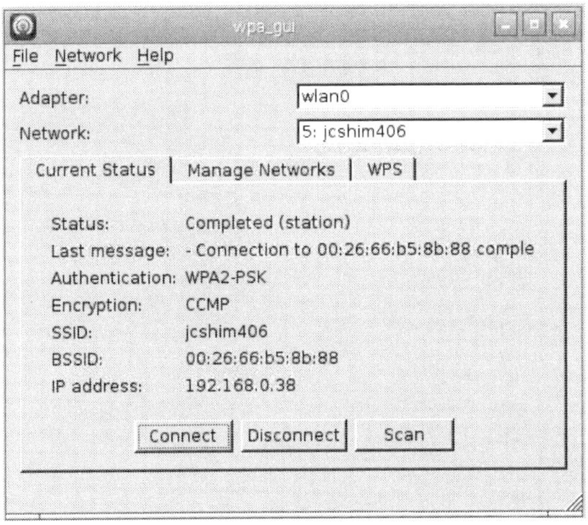

그림 3-23
무선 IP 찾기

이때 IP 숫자를 적어 두고, 원격접속을 할 수 있다. 무선네트워크가 연결되면 유선 랜선을 제거해도 무선을 통해 원격접속 및 인터넷 접속을 할 수 있다.

• 한글의 설정

한글을 사용하려면 먼저 ibus-hangual과 ttf-unfonts-core를 설치해야 한다.

```
$ sudo apt-get install ibus-hangul
```

```
$ sudo apt-get install ttf-unfonts-core
```

라즈베리파이 설정에서 한글(Korean)을 추가하고, 시스템을 재 부팅 한 다음, 화면 상단의 US를 눌러 한글을 선택한다.

산딸기를 누르고 설정(Preferences)의 IBus Preferences를 선택한다.

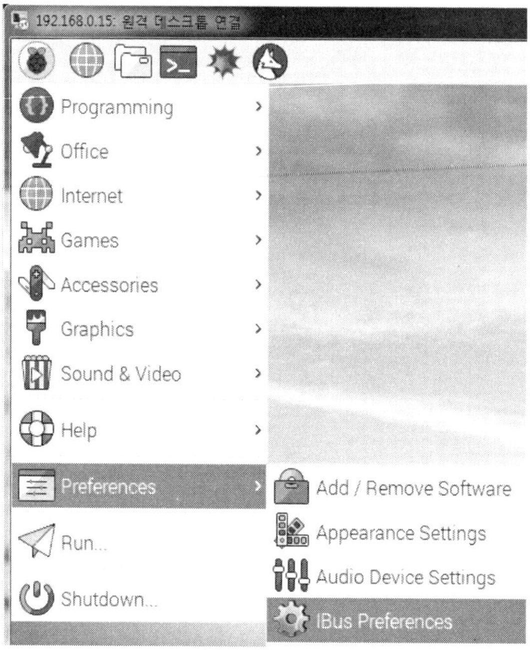

그림 3-24 외쪽 상단 산딸기 〉 Prefenence 〉 IBus Interface 선택

오른쪽의 [Add]를 누르고 화면 아래의 [...]를 선택하고 아래로 스크롤을 하여 Korean을 찾는다.

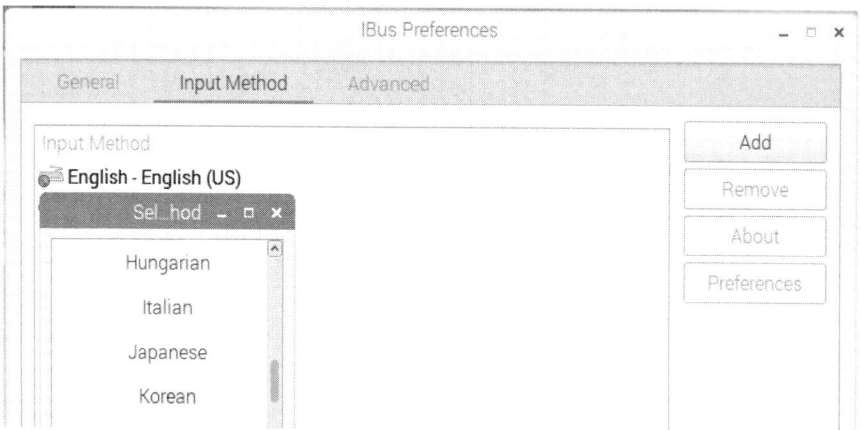

그림 3-25 Input Method 〉 Add 〉 ... 〉 Korean 선택

그림 3-26
Hangul 선택

시스템을 한 차례 다시 부팅해야 한다.

```
$ sudo reboot
```

한글을 선택하려면 US를 누른다. Korean-Hangul을 선택하면 태극 문형이 나온다.

그림 3-27
화면 윗부분
왼쪽의 US를
누름

그림 3-28
한글이 바르게 설정되면 태극 문형이 나옴.

지금부터 한글을 자유롭게 활용할 수 있다. [참고] http://cafe.naver.com/rbpi/268

내용 요약

- 키보드 기반의 Putty를 이용한 접속
- SSH 사용 설정변경
- 컴퓨터에서 Putty 다운 및 실행
- 라즈베리파이 주소 저장 및 접속
- 삼바 접속
- 무선 네트워크 설정

자가 평가

Q : SSH를 기반으로 터미널 환경으로 텍스트로 원격 접속하는 프로그램은 무엇인가?
A : Putty

Q : 윈도우 컴퓨터에서 라즈베리파이를 원격으로 접속할 수 있고 본 장에서 소개하는 VNC는 무엇인가?
A : TightVNC

Q : 마이크로소프트사에서 제작한 원격 데스크톱 프로토콜 XRDP기반의 윈도우용 원격 접속 프로그램은 무엇인가?
A : mstsc(실행 창에서 mstsc를 입력함)

Q : 마이크로소프트사에서 제작한 원격 데스크톱 프로토콜을 라즈비안에 적용한 호환 프로그램은 무엇인가?
A : XRDP

2부
라즈베리파이 설치와 설정

제 1 장 라즈베리파이 하드웨어

학습목표

- 라즈베리파이의 전원 공급 장치에 대해 설명 할 수 있다.
- 라즈베리파이의 키보드에 대해 설명 할 수 있다.
- 라즈베리파이의 마우스에 대해 설명 할 수 있다.
- 라즈베리파이의 종류에 대해 설명 할 수 있다.
- 라즈베리파이를 모니터에 연결할 수 있다.

라즈베리파이를 시작하려면 커넥터와 라즈베리파이의 기능에 익숙해야 한다. 이 장을 학습하면 라즈베리파이에 하드웨어를 추가할 수 있고 라즈베리파이를 활용하는 프로젝트를 구상할 수 있다. 여기서는 라즈베리파이에 전원 공급 장치, 키보드, 마우스, 카메라와 같은 장치를 연결하고 작동하는 방법에 대해 배운다.

• 라즈베리파이 하드웨어

라즈베리파이를 구매하면 설명서와 시작 가이드 그리고 안전 정보 등의 안내문이 들어 있다. 라즈베리파이는 신용카드 크기 정도의 단일보드 마이크로 컴퓨터이다. 현재 라즈베리파이는 최근 모델인 라즈베리파이 3가 있고, 이전 모델로는 A, A+, B, B+가 있다. 라즈베리파이 3 모델 시리즈가 출시되어 모델의 번호 증가로 다음 버전을 예측할 수 있다. 모델 A는 모델 B보다 커넥터 수가 적지만 가격이 저렴하다. 모델 A+ 역시 모델 B+보다 저렴하다.

라즈베리파이 모델들은 시리즈에 따라 동일한 두뇌와 심장을 가진다. 라즈베리파이 3 모델을 제외한 기존의 라즈베리파이 모델은 전부 동일한 칩을 사용한다. 시스템 칩(SoC)은 핸드폰에 많이 쓰이는 BCM28351로 전력 소모가 적고 저렴하며 강력하다. 라즈베리파이 3 모델은 BCM2837로 향상된 칩을 사용한다.

일반적인 PC 구조와 대조적으로 시스템 칩은 프로세서(CPU)와 그래픽 처리 장치(GPU)가 단일 장치로 통합 되어 있다. 라즈베리파이 3 모델을 제외한 모델의 시스템 칩은 브로드컴의 BCM2835로 700MHz의 클럭을 갖고 RAM의 크기는 512MB이다. 더불어

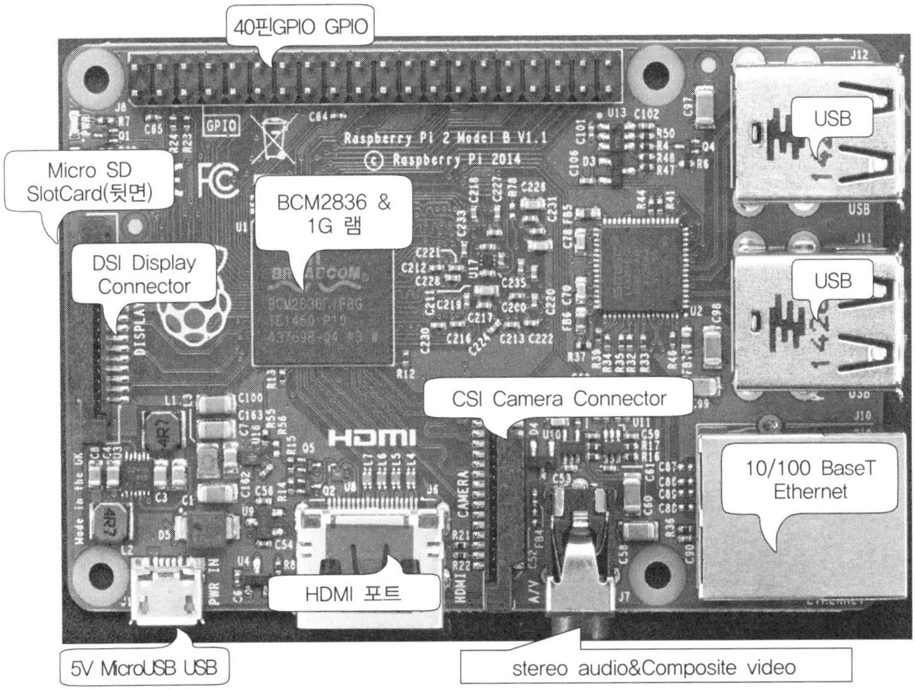

그림 1-1•

VideoCore IV 듀얼 코어 GPU와 ARM1176JZF-S 싱글코어 프로세서를 탑재하고 있다. 하드웨어 설계도는 비공개였으나 2012년 4월 20일 라즈베리파이 재단에 의해 공개되었다.

라즈베리파이 3 모델은 향상된 프로세서와 RAM을 사용하고 있다. 라즈베리파이 3는 1.2GHz 쿼드코어 ARM Cortex-A53 CPU를 사용하고 있으며, 1GB의 RAM을 사용하고 있다. GPU는 기존 브로드컴 VideoCore IV 듀얼 코어를 그대로 사용한다. 앞으로 다양한 모델이 나올 것으로 예상되나 다음 넘버링으로 넘어가기 전까지는 이 구조가 유지될 것으로 예상된다.

라즈베리파이는 비슷한 모양의 커넥터가 많다. 모델 B+ 보드는 4개의 일반 USB 포트가 있고 키보드와 마우스를 연결해 사용할 수 있다. 마이크로 USB 포트도 있는데 라즈베리파이의 전원 공급 포트로 이 포트는 모든 보드에 포함되어 있다. 모델 B는 2개의 일반 USB 포트가 있다. 모델 A와 모델 A+는 1개의 USB 포트가 있어 USB 허브 활용을 추천한다. 모델 B와 모델 B+는 LAN 포트를 이용해 네트워크에 연결할 수 있다. 모델 A와 모델 A+는 LAN 포트가 없다. 위 내용은 현재 출시된 라즈베리파이 3 모델 B 역시 동일하다.

라즈베리파이를 TV나 모니터에 연결하려면 HDMI 포트에 연결하거나 복합 비디오 & 오디오 포트에 연결할 수 있다. 디지털 HDMI는 표준 아날로그 영상이나 복합 영상보다 영상 품질이 우수하다. VGA는 제공되지 않지만 HDMI 출력 단자에 어댑터를 사용하면 DVI나 VGA 포트를 사용할 수 있다. HDMI는 영상과 소리를 함께 전송할 수 있다. 다만 복합 영상과 음성을 사용할 경우 별도의 커네터를 사용해야 한다.

두 줄로 구성된 튀어나온 GPIO(General Purpose Input/Output) 핀이 있다. 대부분은 범용 입출력 핀으로 다른 전자 장치나 부품을 라즈베리파이에 연결하는데 사용한다. 하드웨어 프로젝트에서 GPIO 핀을 어떻게 사용하는지 다음 장에서 배운다.

CSI(Camera Serial Interface) 커넥터는 라즈베리파이에 전용 모듈 카메라를 연결하는 용도로 사용된다. CSI 커넥터는 영상을 연결할 수 있으며 JTAG 헤더는 하드웨어 프로젝트를 디버깅하는데 도움을 준다.

보드는 상태출력 LED를 가지고 있다. 모델 A 보드는 ACT, PWR LED가 있다.모델 B+ 보드는 ACT, PWR, FDX, LNK, 100 LED가 있다.

- OK, ACT LED는 SD 카드를 읽는 상태를 표시한다. 다만 이 LED는 프로그램으로 제어할 수 있고 신뢰성이 높지는 않다.
- 라즈베리파이에 전원을 공급하면 PWR LED가 켜진다.

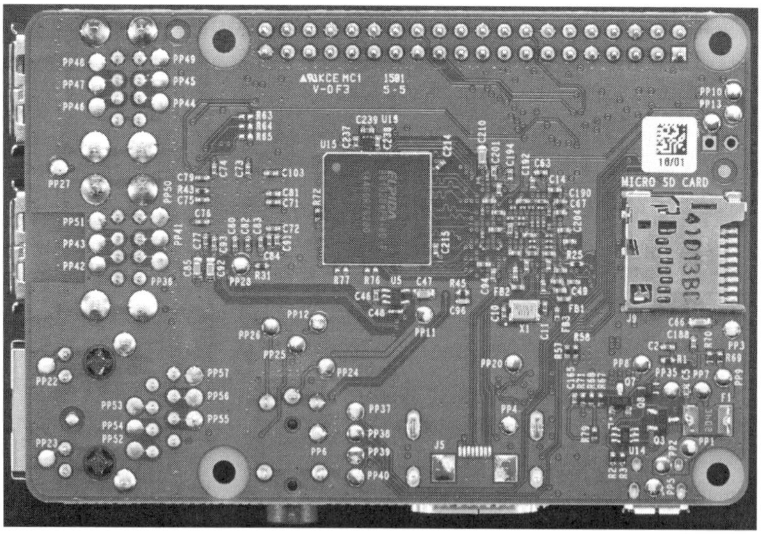

그림 1-2 라즈베리파이2 B의 뒷면

- FDX LED는 LAN이 최대 속도로 통신할 때 켜진다.
- LINK / LNK LED는 LAN이 작동할 때 깜빡거린다.
- 100 LED는 라즈베리파이 이더넷이 10Mbit/s 나 100Mbit/s로 작동할 때 켜진다.

그림 1-2는 라즈베리파이의 뒷면이다. 우측에는 SD 카드 슬롯이 보인다.

라즈베리파이는 기본 저장장치가 없다. 그래서 마이크로 SD 카드로 라즈베리파이를 부팅한다. SD카드는 카메라, 전화기, 휴대용 게임기에 사용되며, 보통 8GB에서 64GB정도의 용량의 차이가 있다.

• 라즈베리파이에 없는 기능

가격이 저렴하다보니 PC에서 볼 수 있던 몇 가지 유용한 기능이 없다. 대표적으로 실시간 시계(RTC: Real-Time Clock)를 포함한 백업 배터리가 없다. 그리고 기본 입출력 시스템(BIOS: Basic Input Output System)이 없다. 시계가 없어서 자체적으로 시간 측정을 할 수 없다. 반면 네트워크에 연결하면 운영체제가 자동으로 네트워크 시간 서버의 시각을 받아 해결된다. 다만 BIOS가 없는 문제는 심각하다.

일반적인 컴퓨터는 켜질 때 롬(ROM: read-only memory)에서 BIOS를 읽는다. BIOS는 DVD에서 부팅할지 하드 드라이브에서 부팅할지 설정할 수 있다.

라즈베리파이는 BIOS가 없어 SD 카드로 부팅한다. USB 스틱이나 외장 하드 드라이브는 저장장치로는 사용할 수 있지만 라즈베리파이를 부팅하는 용도로는 사용할 수 없다.

라즈베리파이는 블루투스나 WI-FI를 지원하지 않지만 USB 덩글을 추가해서 사용할 수 있다. 일반적인 리눅스 배포판은 사용하기 까다롭다. 사용하려는 리눅스가 특정 장치를 지원하는지 먼저 확인을 해야 한다. 마이크나 웹캠도 마찬가지이다. 운영체제와 응용프로그램이 장치를 지원하면 다행이지만 그렇지 않으면 장치를 사용할 수 없기 때문에 장치를 지원하는 운영체제를 설치해야 한다.

지금까지 라즈베리파이의 하드웨어적인 사양에 대해 설명하였고 다음은 라즈베리파이의 주변 장치를 배우고 라즈베리파이에 연결하는 방법을 소개한다.

• 라즈베리파이에 필요한 부품

라즈베리파이가 작동하려면 주변에서 쉽게 구할 수 있는 몇 가지 부품이 더 필요하다.

전원공급기

라즈베리파이 보드만 구매하면 전원 공급기가 포함되어 있지 않다. 전원공급기에 USB를 끼우고 마이크로 USB 커넥터로 전원을 공급한다. 그리고 PC의 USB 커넥터를 통해서도 전원을 공급할 수 있다. 라즈베리파이 모델에 따라 소모 전력이 다른점에 주의하자. 모델 A는 300mA(1.5W), A+는 200mA(1W), B는 700mA(3.5W), 모델 B+는 600mA(3.0W)의 전력을 소모한다. 이 정도는 일반적인 USB 커넥터로 공급하기에 충분한 소모 전력이다. 단, 모델 2B의 경우 2A(4W)로 전력소모가 다소 늘었다.

라즈베리파이에는 모델에 따라 1개 이상의 USB 포트를 제공하는데 각 포트는 100mA 이상 전력 공급에 제한이 있다. 라즈베리파이에 연결된 장치가 100mA 이상 소비하면 이상 증상이 생길 수 있다. 이 문제는 하나의 USB 포트의 전력 공급이 높을 때 생기는 문제로 여러 장치의 전력 소모가 100mA 미만이라면 문제는 없다. 예로 각각의 키보드와 마우스가 100mA까지 전력을 요구할 경우 작동이 가능하다. 이러한 사항에 대한 전력 공급은 500mA까지 한계를 갖는다. 일반적인 어댑터는 뒷면이나 하단에 전원 특성을 표기한 스티커가 부착되어 있어 쉽게 찾을 수 있다. 모델 B+는 1A에서 1.2A까지 그리고 모델 2는 2A까지 공급하는 어댑터를 활용하기를 권한다. 컴퓨터에 연결해도 기본 작동은 가능하다.

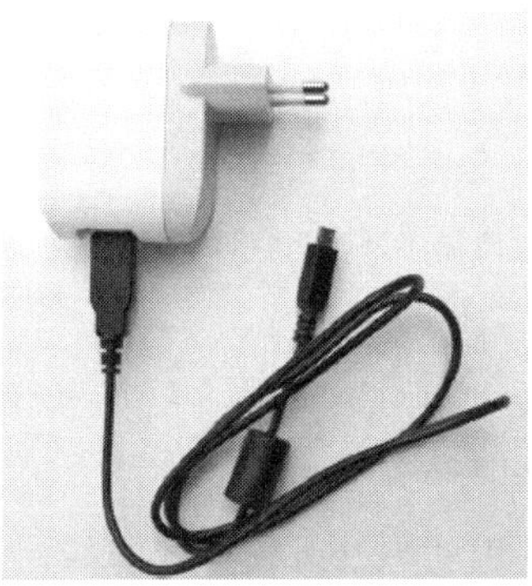

그림 58
USB 충전기

SD 카드

라즈베리파이는 운영체제가 담긴 SD 카드 없이는 동작하지 않는다. 운영체제가 저장된 SD 카드를 구매할 수도 있고 빈 SD 카드에 OS를 설치할 수도 있다.

운영체제가 탑재된 SD 카드를 구매하면 바로 부팅할 수 있으나 최신 버전이 아닐 가능성이 높으므로 권장하지 않는다. 빈 SD카드에 직접 운영체제를 설치할 경우 라즈베리파이 버전에 맞는 최신 버전의 소프트웨어를 설치할 수 있으므로 직접 준비하는 것을 권장한다.

카드의 용량은 라즈베리파이 운영체제의 용량보다 커야 한다. 라즈베리파이의 다양한 환경을 경험하려면 4GB의 용량이 넘는 카드를 사용하는 것이 좋다. 8GB 또는 16GB를 권장한다. 필요에 따라 32GB 또는 64GB SD카드를 사용할 수도 있다.

마우스와 키보드

라즈베리파이는 원격접속을 활용할 경우 키보드나 마우스 없이도 사용할 수 있다. 하지만 처음 구매하고 라즈비안을 설치할 때에는 USB 키보드와 USB 마우스가 꼭 필요하다.

만약 키보드가 응답하지 않으면 다른 키보드를 연결하거나 전원이 공급되는 USB 허브에 키보드를 연결해야 한다.

일부 무선 키보드와 무선 마우스는 리눅스에서 드라이버를 지원하지 않아 작동하지 않을 수 있다. 무선의 적용은 처음에는 유선 마우스와 키보드를 사용하고 하나씩 무선으로 바꾸기를 권한다. 필요할 경우 USB 허브를 활용할 수 있고 허브는 자체 전원 공급이 필요하다. 전원 공급을 라즈베리파이에 의존하는 허브를 사용하면 라즈베리파이는 심각한 전력 부담을 갖게 된다.

디스플레이

사용하는 모니터에 따라 HDMI 케이블이나 복합 비디오&오디오 케이블을 연결한다. HDMI를 사용하고 오디오가 지원되는 모니터를 사용하는 것이 제일 좋다.

네트워크 장비

모델 2나 모델 B, B+에는 RJ45 이더넷 포트가 제공되고 이 포트에 이더넷 케이블을 연결하면 네트워크에 연결된다. 모델 A와 모델 A+는 RJ45 이더넷 포트가 없어 인터넷을 사용할 수 없다. 만약 해당 모델에서 사용하고자 할 경우 USB 변환 이더넷을 USB에 연결하고 이더넷 케이블을 연결할 경우 사용할 수 있고 무선 어댑터를 장착하고 AP를 연결하는 방법으로 사용할 수 있다.

케이스의 추가

라즈베리파이는 케이스로 기판을 보호할 수 있다. 전기 부품은 표면이 전도성이기 때문에 먼지에 민감하다. 상황에 따라 케이스에 라즈베리파이를 넣어야 할 수도 있다.

기본적으로 SD 카드에 크로스-컴파일 프로그램으로 이미지를 복사하려면 컴퓨터가 필요하다. 라즈베리파이를 처음 설정하는 것은 약간 복잡하다. 아래 사진을 참고하여 모든 케이블을 연결해서 점검한다. 모델 2 및 모델 B+는 다음과 같은 연결을 갖출 수 있다.

그림 59
모델 2 및 모델 B+

그림에서는 2개의 일반 USB가 연결되었고 HDMI 케이블로 모니터를 연결한다. 마이크로 USB를 통해 전원을 넣은 상태의 예이다.

• 요약 및 다음

이 장에서는 라즈베리파이의 하드웨어와 라즈베리파이의 연결 장치에 대해서 소개하고 장치를 추가하는 방법과 장치를 설정하는 방법을 배웠다. 다만 이론으로는 라즈베리파이를 시작할 수 있지만 운영체제가 없으면 할 수 있는 일이 없다. 다음 장에서는 라즈베리파이에 리눅스 시스템을 설치하는 방법을 학습한다.

내용 요약

- 라즈베리파이 보드 소개
- 라즈베리파이 전원 연결하기
- 라즈베리파이를 모니터에 연결하기
- 라즈베리파이 외부 하드웨어 소개
- 라즈베리파이 입력 장치 소개

자가 평가

Q : 라즈베리파이에의 최신 모델명은?

A : 라즈베리파이 3 모델 B

Q : 모델 B+ 보드는 몇 개의 일반 USB 포트가 있는가?

A : 4개

Q : 라즈베리파이의 기본 영상 출력을 무엇인가?

A : HDMI

Q : 카메라는 어떠한 커넥터로 연결되는가?

A : CSI(Camera Serial Interface)

Q : 라즈베리파이는 어느 데이터를 읽어 부팅을 시도하는가?

A : SD 메모리 카드

제 2 장 SD에 운영체제 설치

학습목표

- 나에게 적합한 라즈베리파이 운영체제를 선택할 수 있다.
- NOOBS를 사용하여 라즈베리파이 SD 카드에 OS를 설치할 수 있다.
- 다양한 운영체제 환경에서 SD 카드에 라즈베리파이 OS를 설치할 수 있다.

라즈베리파이의 운영체제는 기본으로 리눅스를 사용한다. 리눅스는 무료이다. 리눅스 중 데비안이나 우분투 리눅스는 라즈베리파이에서 잘 작동한다. ARM 코어에서 작동하지 않는 리눅스는 활용하지 못한다. 이 장에서는 라즈베리파이의 운영체제 설치에 대해 학습한다.

먼저 데비안 리눅스 운영체제를 선택해 보자. 라즈베리파이의 운영체제는 SD 카드에 설치하므로 일반적인 컴퓨터에 운영체제를 설치하는 것과 많이 다르다.

여러 개의 SD 카드에 서로 다른 운영체제를 설치한 경우 SD 카드만 교체하면 완벽하게 다른 운영체제의 라즈베리파이로 작동된다. 따라서 하나의 라즈베리파이와 여러 개의 SD 카드가 있다면 SD 카드를 교체하는 것만으로도 라즈베리파이의 스타일을 완벽하게 바꿀 수 있다.

• 운영체제의 선택

데스크톱 PC는 바이오스가 설치되어 있고, 운영체제의 용량이 커서 설치용 DVD나 ISO 이미지를 다운로드해서 설치한다. 설치과정에서 컴퓨터의 하드웨어를 검색하고 해당 드라이버 파일들을 하드 드라이브로 복사한다. 그러나 라즈베리파이는 바이오스가 없어 DVD로 설치할 수 없고, 외부 USB 드라이브로 부팅할 수 없으며, ISO 이미지를 SD 카드에 복사할 수도 없다.

이미 구입할 때 라즈베리파이 시스템이 설치된 SD카드로 부팅할 수 있다. 그렇지 않으면 SD카드에 직접 리눅스 배포판 이미지를 만들거나 만들어진 배포판을 찾아 SD카드에 복사한다.

가장 쉬운 방법은 라즈베리파이 프로젝트 페이지에서 다운로드하는 방법이다. 라즈비안(Debian wheezy), Arch 리눅스 ARM, 페도라, RISC 운영체제 이미지, Bodhi Linux, openSUSE 등이 있다. 현재 구글 크롬 OS를 사용하기 위한 연구도 진행 중이다.

라즈베리파이를 처음 사용할 때에는 라즈비안(Debian wheezy) 운영체제를 추천한다. 라즈비안은 라즈베리파이 하드웨어를 잘 지원하며 설치도 쉽다. 라즈비안에는 인터넷 브라우저와 같은 프로그램도 포함하고 있다.

• 리눅스 베포판 소개

아치 리눅스(Arch Linux ARM)

아치 리눅스는 자원을 적게 소모하는 최소규모의 운영체제로 리눅스에 대한 전문적인 지식이 필요하다. 모든 환경설정은 사용자가 직접 설정해야 한다. 패키지 매니저가 편리하여 라즈베리파이를 서버로 사용하고자 할 때 추천한다.

그림 2-1 라즈비안(Debian wheezy) 데스크탑

다만 아치 리눅스는 콘솔 환경만 지원된다. 데스크톱이 필요한 경우 데비안을 추천한다.

리스크 운영체제(RISC OS)

라즈베리파이는 리눅스가 아닌 RISC OS 에서도 작동한다. RISC OS는 ARM에 처음으로 설계된 운영체제 중 하나였고 RISC OS는 유료이나 사용자가 많은 편이다.

코더(Coder)

코더는 사실 독자적인 운영체제가 아니라 라즈비안이다. 구글 연구원들이 라즈비안으로 웹 개발에 흥미를 가질 수 있도록 특별한 웹 개발 환경의 기능을 제공한 것이다.

만약 HTML5, CSS3 혹은 JavaScript 웹 어플리케이션 개발에 관심이 있다면 코더를 추천한다.

Raspbmc 리눅스

앞으로 Raspbmc 리눅스 배포판으로 라즈베리파이를 멀티미디어 센터로 사용한다. 이 경우 라즈베리파이는 기존의 SD 카드를 빼고 다른 운영체제가 담긴 SD 카드를 넣으면 다른 운영체제로 사용할 수 있다.

나에게 적합한 운영체제는 어떤 것일까? 라는 의문이 든다면 앞에서 소개한 몇 가지 방법을 시도할 수 있으나 NOOBS를 활용하기를 권한다.

• 라즈베리파이 OS 설치 NOOBS 살펴보기

NOOBS(New Out of Box Software)는 초보자가 운영체제를 쉽게 설치할 수 있도록 도와주는 프로젝트이다. NOOBS는 라즈베리파이 OS(라즈비안, 아치 리눅스, OpenElec, Pidora, RISC OS, Raspbmc) 중에 하나를 선택하면, 자동으로 설치를 한다.

NOOBS는 라즈베리파이의 다운로드 페이지에서 다운받을 수 있다. 인스톨러만 포함된 NOOBS Lite를 다운로드받아 설치할 수도 있고 1GB가 넘는 파일을 모두 다운로드받아 설치할 수도 있다.

NOOBS는 4GB 이상의 용량을 가진 SD 카드가 필요하다. SD카드는 FAT 파일 시스템으로 포맷해야 한다. 윈도우, Mac OS, Linux 등에서 PC에서 SD카드를 끼우고 쉽게 포맷할 수 있다.

포맷 된 SD카드에 압축이 풀린 OS를 복사해야 하는데 폴더는 버전 정보에 따라 이름이 다를 수 있다. 폴더의 이름은 NOOBS_v1.x와 유사해야 한다. 이름을 확인한 후 SD카드에 폴더를 복사 하자. SD 카드의 내용을 확인하고 이상이 없으면 NOOBS 설치를 위한 준비가 끝이 났다.

이제 SD 카드를 라즈베리파이 슬롯에 밀어넣고 마이크로 USB를 끼워 전원을 넣는다. NOOBS는 아래와 같이 간단한 메뉴로 사용자를 반긴다. 사용할 수 있는 운영체제를 보여 주며, 마우스와 키보드로 선택한다. 설치는 NOOBS가 자동으로 진행하는데 몇 분 정도 소요된다.

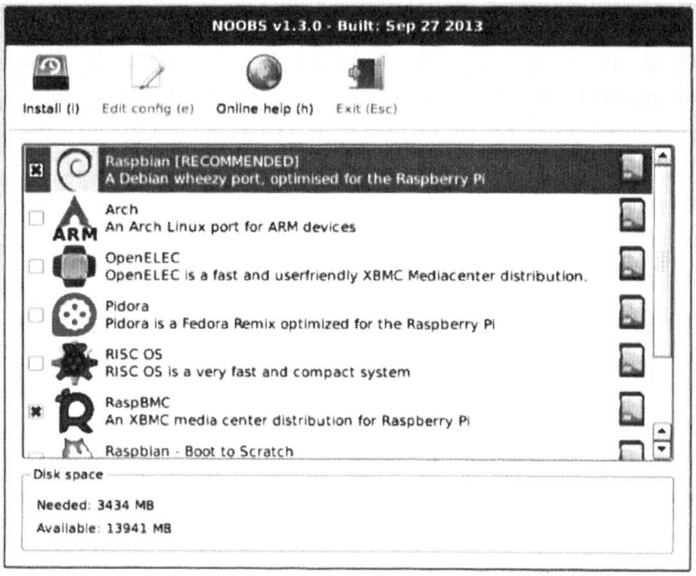

그림 2-2
NOOBS에서
OS선택하기

드물게 NOOBS가 디스플레이를 감지하지 못하는 경우도 있다. 이 경우 화면이 출력되지 않으며 몇 가지 설정을 확인해야 한다.

1. 모니터의 디스플레이 모드를 기본으로 HDMI로 설정한다.
2. HDMI 안전 모드를 선택하면 HDMI 출력으로 디스플레이에 연결하는데 도움을 준다.

이 문제를 제외하고도 다른 문제가 발생할 수 있다. 이럴 때에는 웹 브라우저를 열고 인터넷에서 "NOOBS 오류"로 검색할 수 있다. 만약 NOOBS를 사용하여 라즈비안을 설치한 경우 메인 매뉴에서 /boot/config.txt를 편집할 수 있다.

NOOBS는 설치를 마치고 라즈베리파이를 부팅하여 설치된 운영체제를 선택하여 부팅할 수 있도록 한다.

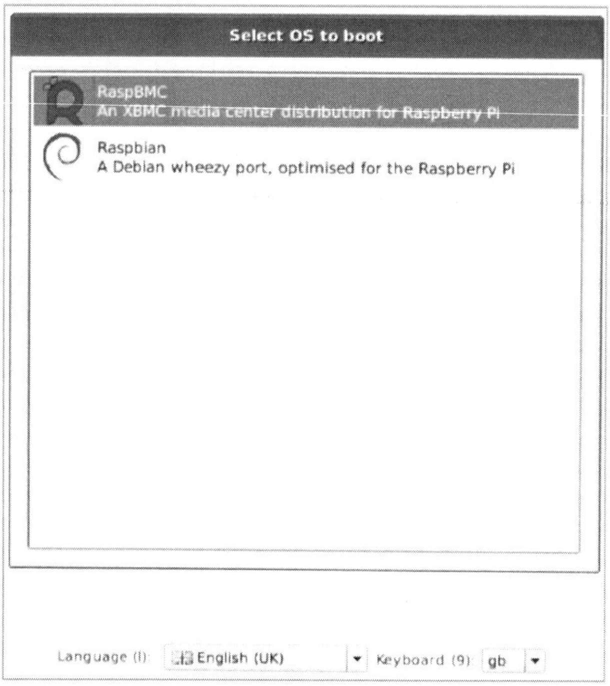

그림 2-3
운영체제를 선택해서 부팅할 수 있다.

주의

라즈베리파이가 부팅중일 때, Shift 키를 누르면 운영체제를 제거하거나 다른 운영체제를 설치할 수 있다. Shift 키를 누르는 경우 NOOBS 메뉴가 열리고 다른 운영체제를 선택할 수 있다. 단, NOOBS는 항상 모든 운영체제를 재 설치한다. 이로 인해 SD 카드에 담긴 모든 데이터를 잃을 수 있으므로 주의해야 한다.
NOOBS는 라즈베리파이에 가장 적합한 운영체제를 설치하고 살펴볼 수 있다. 그러나 몇 가지 단점이 있다. 예를 들어, 모든 운영체제를 지원하지는 않는다. NOOBS가 최신 버전을 담고 있지 않으면 SD 카드에 약간의 공간을 요구한다. 물론 SD 카드로 운영체제를 자주 바꾸면서 제거와 설치한다면 NOOBS를 사용하는 것이 제일 좋다. 다음은 어떻게 사용하는지를 배운다.

• 부팅 가능한 SD 카드 준비

라즈베리파이는 BIOS나 OS가 없고 SD 카드 슬롯만 있다. SD카드에 라즈베리파이를 부팅할 OS는 윈도우, 리눅스, 맥 컴퓨터에서 인터넷에서 다운받고, 압축을 푼 다음 복사를 해야 한다.

라즈베리파이용 OS 파일을 인터넷에서 다운받고 SD 카드에 부팅 이미지로 변환시키는 방법을 살펴보자. SD카드에 이미지를 기록하려면의 SD 카드 리더기가 장착된 노트북 또는 개인용 PC가 필요하다. 카드 리더기가 없으면 외장 USB용 카드 리더기를 사용해야 한다.

PC의 운영체제에 관계없이 공식 다운로드 사이트[4]에서 HTTP나 torrent를 사용해서 데비안 이미지를 다운로드받을 수 있다.

파일 이름은 '201X-XX-XX-wheezy-raspbian.zip'과 같이 되는데 이는 버전 정보에 따라 변경될 수 있다. 파일 이름은 새 버전에 맞춰 새롭게 갱신된다.

• 윈도우에서 SD 카드에 OS 복사

윈도우 환경에서는 Win32 Disk Imager 프로그램이 지원되므로 SD 카드에 운영체제를 설치하기 매우 쉽다. 이 프로그램은 무료이고 화면도 간단해서 보기도 쉽다. 설치는 아래 순서로 한다.

첫째, 웹 사이트에서 압축 파일을 다운로드받아 원하는 폴더에 압축을 푼다.

둘째, Win32DiskImager.exe를 더블 클릭한다. SD 카드 이미지를 기록하기 전에, 이미지가 유효한 파일인지 확인할 수 있다. 압축 파일의 SHA-1 오류를 검사하자. fciv를 활용하면 된다.

```
C:₩>fciv 201X-XX-XX-wheezy-raspbian.zip -sha1
//
// File Checksum Integrity Verifier version 2.05.
//
9d0afbf932ec22e3c29d793693f58b0406bcab86 201X-XX-XX-wheezy-raspbian.zip
```

긴 헥사 값이 다운로드 페이지의 숫자와 동일하면 이미지에는 문제가 없다. 만약 헥사 값이 서로 다르다면 다른 사이트에서 새로 다운로드해야 한다.

복사 프로그램이 실행되면 데비안 이미지와 카드 리더기의 드라이브 기호를 선택한다. 여기서 드라이브를 잘 못 선택하면 큰일난다. 실수하면 중요한 정보가 모두 날아간다.

---

4) http://downloads.raspberrypi.org/raspbian_latest

그 다음 [기록] 버튼을 클릭하면 이미지가 저장된다. 기록에는 몇 분이 소요되며 끝나면 라즈베리파이에 SD 카드를 넣어 사용할 수 있다.

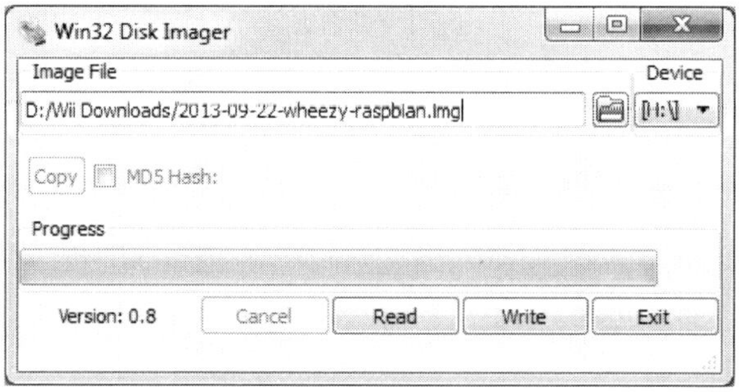

그림 2-4 Win32 Disk Imager

리눅스 환경에서 SD 카드에 OS 복사

리눅스 시스템에서 라즈베리파이에 사용할 SD 카드를 만드는 것은 절차가 조금 복잡하다. 다음 순서에 따라 신중하게 진행해야 하며, 중요한 정보를 잃을 수 있어 주의해야 한다. SD 카드를 카드 리더기에 바로 끼우지 말자. 리눅스 시스템에서 리더기를 읽는데 문제가 발생할 수 있다. 나중에 장치 이름을 정하는 단계에서 끼우자.

데비안이 담겨진 압축 파일을 공식 사이트[5]에서 다운로드한다. 압축 파일의 이름을 변경할 필요는 없다. 파일의 무결성 검사는 sha1sum 프로그램을 활용한다.

```
$ sha1sum 201X-XX-XX-wheezy-raspbian.zip
2 3 7 1 1 4 1 b b 0 5 6 0 f 7 e 4 6 5 4 3 e d 1 b c 9 3 9 9 3 3 5 7 7 a 9 b 1 8
201X-XX-XX-wheezy-raspbian.zip
```

다운로드 페이지에 있는 긴 16진수 숫자와 동일하면 파일에 오류가 없지만 그렇지 않을 경우 다른 위치에 이미지를 다운로드한다.

아래 명령어를 이용하여 이미지를 현재 폴더에 압축 해제한다.

```
$ unzip 201X-XX-XX-wheezy-raspbian.zip
Archive: 201X-XX-XX-wheezy-raspbian.zip
inflating: 201X-XX-XX-wheezy-raspbian.img
```

5) http://downloads.raspberrypi.org/raspbian_latest

이제 카드 리더기의 위치를 확인한다. 아래의 명령을 통해 연결된 모든 장치의 목록을 확인한다.

```
$ df -h
Filesystem Size Used Avail Use% Mounted on /dev/sda1 63G 15G 46G 24%
/udev 494M 4.0K 494M 1% /dev
tmpfs 201M 740K 200M 1% /run
none 5.0M 0 5.0M 0% /run/lock
none 501M 124K 501M 1% /run/shm
```

리더기에 SD 카드를 넣고 명령어를 다시 입력한다.

```
$ df -h
Filesystem Size Used Avail Use% Mounted on
/dev/sda1 63G 15G 46G 24% /
udev 494M 4.0K 494M 1% /dev
tmpfs 201M 772K 200M 1% /run
none 5.0M 0 5.0M 0% /run/lock
none 501M 124K 501M 1% /run/shm
/dev/sdc2 1.6G 1.2G 298M 81% /media/18c27e44-ad29-4264-9506-c93bb7083f47
/dev/sdc1 75M 29M 47M 39% /media/95F5-0D7A
```

마지막 줄을 보면 SD 카드의 이름은 sdc 이며, 2개의 파티션으로 sdc1과 sdc2가 만들진 상태이다. 다음 단계로 넘어가기 전에 모든 파티션을 unmount 해야 한다. 아래 명령어를 호출한다.

```
$ unmount /dev/sdc1
$ unmount /dev/sdc2
```

마지막으로 루트 권한으로 장치가 현재 사용 중인지 확인한 후, 옵션으로 카드 이미지의 이름을 지정하고, SD 카드로 복사하며, 다음으로 진행한다.

```
$ sudo dd bs=1M if=201X-XX-XX-wheezy-raspbian.img of=/dev/sdc
[sudo] password for jcshim:
2825+0 records in
2825+0 records out
2962227200 bytes (2.9 GB) copied, 460.427 s, 12.1 MB/s
```

이미지를 복사하는 데에는 몇 분이 소요된다. 전송이 완료되면 라즈베리파이가 데비안으로 부팅하기 위한 SD 카드가 완성된다.

• Mac OS X에서 SD 카드에 OS 복사

Mac에서 라즈비안 SD 카드를 준비하는 과정은 리눅스와 매우 비슷하지만 몇 가지의 차이가 있다. 몇 개의 명령을 수행하면 되는데, 집중할 필요가 있다.

카드 리더기에 SD 카드를 바로 넣지 말고 리더기 이름을 찾은 다음에 카드를 넣어야 한다. 라즈비안이 담겨진 압축 파일을 공식 사이트에서 받는다. 터미널을 열고 압축 파일이 담긴 폴더이름을 변경한다.

```
shim> shasum 201X-XX-XX-wheezy-raspbian.zip
2371141bb0560f7e46543ed1bc93993357 7a9b18
201X-XX-XX-wheezy-raspbian.zip
```

다운로드 페이지에서 본 것과 동일한 16진수 숫자가 나와야 하며 만약 일치하지 않으면 압축 파일이 손상되었으므로 다른 위치에서 다운로드해야 한다.

```
shim> unzip 201X-XX-XX-wheezy-raspbian.zip
Archive: 201X-XX-XX-wheezy-raspbian.zip
inflating: 201X-XX-XX-wheezy-raspbian.img
```

이제 카드 리더기의 이름을 식별해야 한다. 아래 명령을 실행하여 Mac에 연결된 모든 디스크 드라이브를 확인한다.

```
shim> diskutil list
/dev/disk0
#: TYPE NAME SIZE IDENTIFIER
0: GUID_partition_scheme *256.1 GB disk0
1: EFI 209.7 MB disk0s1
2: Apple_HFS Macintosh SSD 255.2 GB disk0s2
3: Apple_Boot Recovery HD 650.0 MB disk0s3
/dev/disk1
#: TYPE NAME SIZE IDENTIFIER
0: GUID_partition_scheme *500.1 GB disk1
1: EFI 209.7 MB disk1s1
```

```
2: Apple_HFS Macintosh HD 499.2 GB disk1s2
3: Apple_Boot Recovery HD 650.0 MB disk1s3
/dev/disk2
#: TYPE NAME SIZE IDENTIFIER
0: FDisk_partition_scheme *500.1 GB disk2
1: Apple_HFS macback 500.1 GB disk2s1
/dev/disk4
#: TYPE NAME SIZE IDENTIFIER
0: GUID_partition_scheme *1.5 TB disk4
1: EFI 209.7 MB disk4s1
2: Microsoft Basic Data MEDIA 1.5 TB disk4s2
```

시스템의 출력은 다양하지만, 지금은 SD 카드만 식별해야 할 필요가 있다. 카드 리더기에 SD 카드를 넣고 몇 초 후 명령을 다시 실행한다.

```
shim> diskutil list
/dev/disk0
#: TYPE NAME SIZE IDENTIFIER
0: GUID_partition_scheme *256.1 GB disk0
1: EFI 209.7 MB disk0s1
2: Apple_HFS Macintosh SSD 255.2 GB disk0s2
3: Apple_Boot Recovery HD 650.0 MB disk0s3
/dev/disk1
#: TYPE NAME SIZE IDENTIFIER
0: GUID_partition_scheme *500.1 GB disk1
1: EFI 209.7 MB disk1s1
2: Apple_HFS Macintosh HD 499.2 GB disk1s2
3: Apple_Boot Recovery HD 650.0 MB disk1s3
/dev/disk2
#: TYPE NAME SIZE IDENTIFIER
0: FDisk_partition_scheme *500.1 GB disk2
1: Apple_HFS macback 500.1 GB disk2s1
/dev/disk4
#: TYPE NAME SIZE IDENTIFIER
0: GUID_partition_scheme *1.5 TB disk4
1: EFI 209.7 MB disk4s1
2: Microsoft Basic Data MEDIA 1.5 TB disk4s2
/dev/disk5
#: TYPE NAME SIZE IDENTIFIER
0: FDisk_partition_scheme *15.9 GB disk5
1: Windows_FAT_16 RECOVERY 1.3 GB disk5s1
2: Linux 33.6 MB disk5s3
3: Windows_FAT_32 BOOT 62.9 MB disk5s5
4: Linux 14.5 GB disk5s6
```

내용을 살펴보면 Mac의 SD 카드가 /dev/disk5 인 것을 확인할 수 있다. 다만 사용자마다 위치가 다를 수도 있다. SD 카드의 위치가 /dev/disk5일 경우, 아래 명령어를 통해 제거한다.

```
shim〉 diskutil unmountDisk /dev/disk5
Unmount of all volumes on disk5 was successful
```

SD 카드를 unmount 한 다음에 마지막으로 라즈비안 이미지를 복사한다. 이 부분에서 주의해야 한다. 아래 명령은 장치에 이미지를 복사한다. 잘못된 명령으로 Mac의 주요 하드 드라이브나 소중한 USB 메모리 드라이브의 모든 자료가 손실될 수 있다. 명령을 확실하게 확인한 후 아래의 명령어를 실행한다.

```
shim〉 sudo dd bs=1m if=201X-XX-XX-wheezy-raspbian.img of=/dev/disk5
Password:
2825+0 records in
2825+0 records out
2962227200 bytes transferred in 496.170855 secs (5970176 bytes/sec)

shim〉 sudo dd bs=1m if=201X-XX-XX-wheezy-raspbian.img of=/dev/disk5
Password:
2825+0 records in
2825+0 records out
2962227200 bytes transferred in 496.170855 secs (5970176 bytes/sec)
```

이 명령은 조용히 진행되며 어떠한 메시지도 출력하지 않는다. 잠시 기다리면 이미지의 복사가 완료된다.

SD 카드를 만들 때 한 가지 주의해야 할 사항이 있다. 몇몇 사람들은 읽기/쓰기 오류나 SDHC 카드를 포함하여 카드가 맥북과 맥북프로에서 인식되지 않는 경우가 있다. 이 경우 맥북과 맥북프로에 외장형 카드 리더기를 사용하면 해결된다.

마지막으로 카드를 장치에서 제거한다.

```
shim〉 diskutil eject /dev/disk5
Disk /dev/disk5 ejected
```

Mac에서 라즈비안이 담긴 부팅 SD 카드를 만들었다.

• 요약 및 다음

어떤 운영체제든 부팅 가능한 SD 카드를 가지고 있어야 한다. 이제 부팅이 가능한 데비안 리눅스가 담긴 SD 카드가 있을 것이며 부팅하는데 사용할 수 있다. 다음은 데비안 리눅스를 갖고 어떻게 라즈베리파이를 시작하는지 배운다.

내용 요약

- 라즈베리파이는 SD 카드에 운영체제가 설치된다.
- 라즈베리파이에 설치할 수 있는 다양한 운영체제 소개
- NOOBS를 활용하여 라즈베리파이 OS 설치하기
- 윈도우 환경에서 SD 카드에 OS 복사하기
- 리눅스 환경에서 SD 카드에 OS 복사하기
- Mac OS X에서 SD 카드에 OS 복사하기

자가 평가

Q : 라즈베리파이의 운영체제는 어떤 저장 장치에 설치되는가?
A : SD 카드

Q : NOOBS로 설치한 OS를 재설치하기 위해서는 부팅시에 어떻게 해야 하는가?
A : 라즈베리파이가 부팅중일 때 Shift키를 누르고 있으면 된다.

Q : 웹 어플리케이션 개발에 유용한 코더(Coder)는 독자적인 OS인가?
A : 아니오. 코더는 웹 개발 환경을 제공한 라즈비안 OS이다.

Q : 윈도우 환경에서 SD 카드에 OS를 복사하기 위해 사용할 수 있는 프로그램은?
A : SDFormatter로 SD카드 포맷, Win32 Disk Imager로 이미지 복사.

제 3 장 라즈비안 설정

학습목표

- Raspi-config를 필요에 따라 제어할 수 있다.
- 메모리 레이아웃을 설정할 수 있다.
- 라즈비안의 콘솔 모드로 로그인할 수 있다.
- 라즈비안의 데스크톱 모드를 사용할 수 있다.
- apt-get을 필요에 따라 활용할 수 있다.
- 파이스토어에 대해 설명할 수 있다.

이 장은 라즈베리파이를 처음으로 실행하면서 기본 환경을 설정하는 방법을 학습한다.

• 라즈베리파이 첫 부팅

라즈베리파이 하드웨어와 SD 운영체제의 설치를 준비한 다음 라즈베리파이를 부팅하고 어떤 작업이 가능한지 살펴보는 것이 더 재미있다. SD 카드를 삽입하고 마이크로 USB 케이블을 연결하여 전원을 넣자. 일반적인 리눅스 부팅 과정처럼 라즈비안도 화면에 많은 메시지들이 나온다.

라즈비안의 설정은 Raspi-config 프로그램으로 하며 마우스가 아닌 키보드로 제어한다.

다음 메뉴 항목으로 이동하기 위해서는 키보드의 아래 방향키, 위 방향키는 이전 메뉴로 이동한다. 메뉴 항목을 선택하려면 탭 키를 누르거나 키보드 오른 방향키를 누른다. 이렇게 하면 선택된 버튼이 배경색으로 강조된다. 메뉴 항목은 스페이스바키나 엔터키를 누른다. Raspi-config를 나가려면 Esc 키를 누른다.

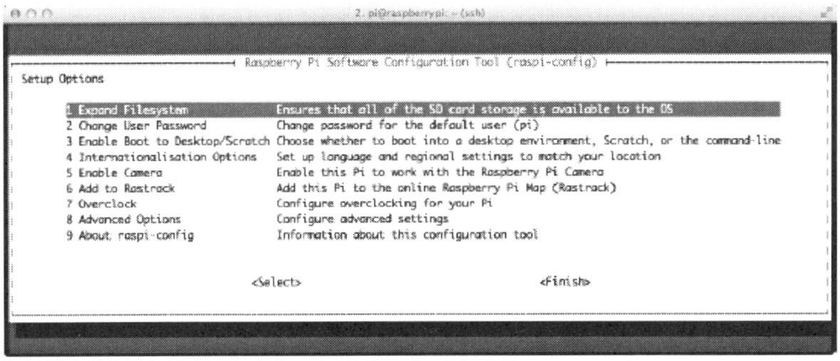

그림 3-1
Raspi-config는 작업을 쉽게 할 수 있도록 도와준다.

Raspi-config에 익숙해지려면 'About Raspi-config' 메뉴 항목을 선택하자. 이것은 Raspi-config가 무엇인지에 대한 설명이 있는 새 창을 열어준다. OK 버튼을 클릭하고 스페이스바를 누르면 메인 메뉴로 돌아온다. 메인 메뉴의 완료 버튼은 Raspi-config에서 나가는 버튼이다. Raspi-config에서 변경한 설정은 대부분 라즈베리파이를 재부팅해야 적용이 된다. 그래서 Raspi-config에서 완료 버튼을 누르면, 재부팅을 할 것인지를 묻는다. Raspi-config는 설정을 마치고 나면 다음 부팅과 함께 자동으로 시작되지 않지만 터미널에서 언제든지 실행할 수 있다.

```
pi@raspberry:~$ sudo raspi-config
```

다음으로, Raspi-config 옵션이 무엇을 하는 것인지에 대해 배운다. SD카드에 사용할 수 있는 공간을 늘리거나, 지역(국가) 설정을 한다. 여기서는 Raspi-config에서 가장 중요한 메뉴 항목에 대해 학습한다.

• SD카드의 모든 공간 사용하기

라즈비안 이미지는 루트 파일 시스템을 2GB로 제한한다. SD 카드의 실제 용량과는 상관없이 2GB로 제한이 되어 16GB SD카드에 복사를 했더라도, 2GB만을 사용할 수 있다. 이에 대한 용량 제한은 Raspi-config의 확장 파일시스템 메뉴에서 쉽게 변경할 수 있다. 메뉴 항목을 선택한 다음에 재부팅하면 라즈베리파이는 SD 카드의 모든 공간을 찾아 활용할 수 있도록 한다. SD 카드의 용량과 속도에 따라 시간이 걸릴 수 있다.

오버클록이 설정된 SD카드의 경우 파일 시스템의 크기를 변경한 후에 시스템 오류가 날 수 있는데, 보통 라즈베리파이를 재부팅 하면 해결이 된다. 처음으로 라즈베리파이가 부팅이 되고 나면, 사용자 이름은 'pi', 암호는 'raspberry'이다.

• 암호 변경

라즈베리파이에 로그인 하려면 사용자 이름 'pi', 암호 'raspberry'를 입력한다. 암호를 바꾸려면 Raspi-config에서 사용자 암호 변경 메뉴 "2. Change User Password"를 선택한다. 새 암호를 묻고, 암호에 대한 확인으로 한 번 더 묻는다. 보안상의 이유로, 123이나 aaa같은 단순한 암호를 선택할 수 없다. 참고로 'raspberry'는 쉽게 예측될 수 있어 좋은 암호가 아니다.

• 데스크톱 부팅 활성화시키기

기본적으로, 라즈베리파이는 그래픽 데스크톱 환경에서 시작하지 않는다. 대신 깔끔한 터미널 환경이 반겨준다. 만약 수동으로 데스크톱 환경을 시작하려면

```
$ sudo startx
```

명령을 입력한다.

```
"3. Enable Boot to Desktop/Scratch"
```

메뉴 항목은 라즈베리파이를 데스크톱 모드의 명령 줄 모드에서 시작할 지, 스크래치 프로그래밍 환경에서 시작할지에 대한 선택권을 준다.[6] 스크래치는 쉽게 애니메이션이나 게임을 제작하도록 돕는 그래픽 프로그래밍 언어이다.

• 키보드 설정과 지역(Locale) 변경

데비안은 기본으로 영국 키보드를 사용한다. 키보드 변경은 Raspi-config의 국제화 옵션의 키보드 레이아웃 변경하기 메뉴를 선택하여 변경할 수 있다. 설정 프로그램에서 키보드 형태를 처음 물을 때 선택한다.(다음 그림을 참조하자)

---

6) http://scratch.mit.edu/

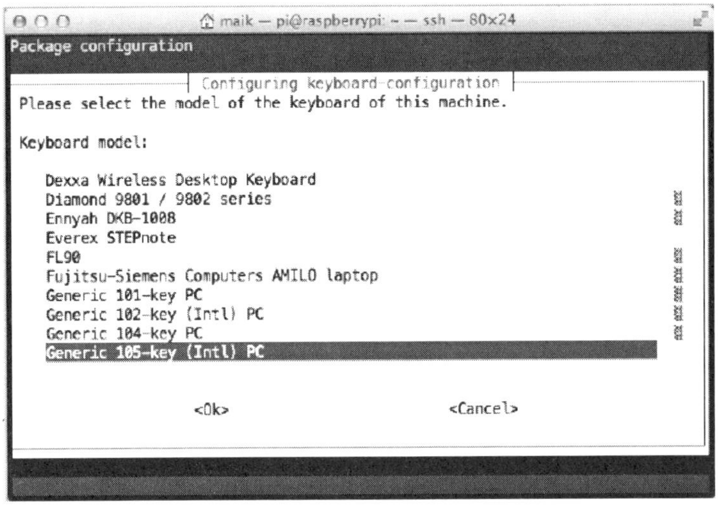

그림 3-2
키보드 유형의 선택

다음으로, 사용하는 언어를 지정한 후에, 몇 가지 특수키에 대한 동작을 구성한다.

새로운 키보드 레이아웃을 적용하려면, 완료 버튼을 눌러서 Raspi-config를 나가야 하고, 라즈베리파이를 재부팅해야 한다. 하지만 재부팅 전에 지역설정 변경을 고려해야 한

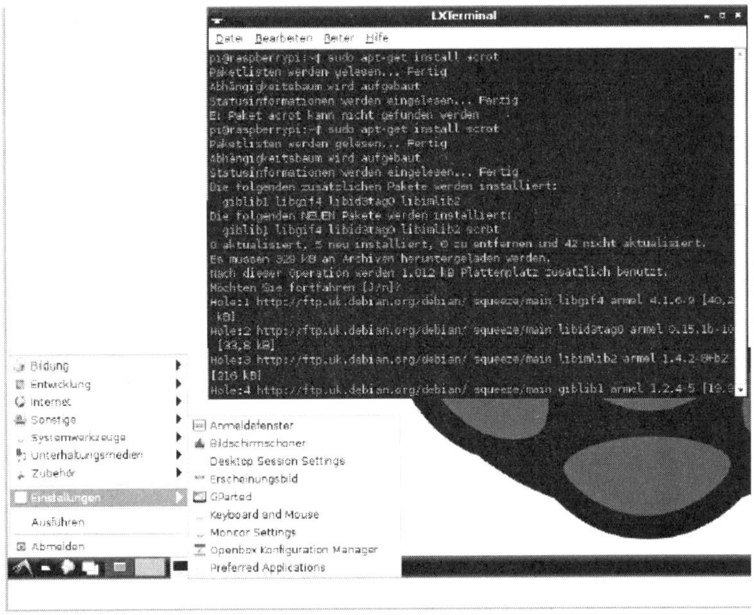

그림 3-3
LXDE의 독일어 버전

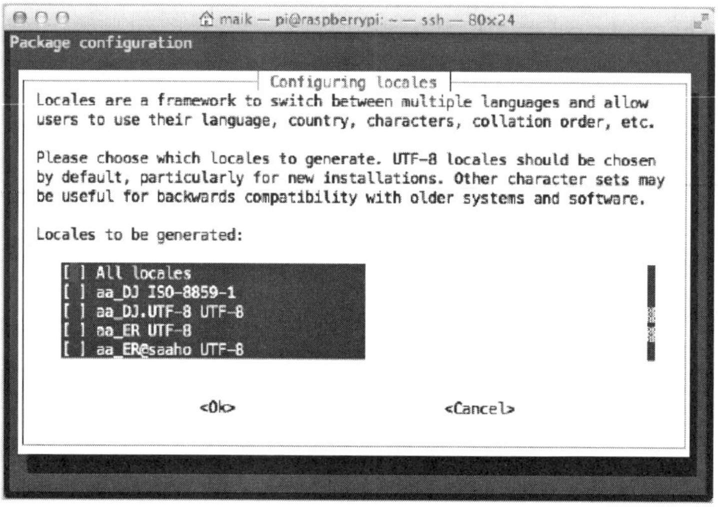

그림 3-4
지역의 생성

다. 지역설정은 단순히 키보드 선택보다 더 많은 것을 결정한다. 예를 들어 텍스트와 날짜 등의 데이터의 형식과 서식을 결정한다. 그리고 어플리케이션에서 메뉴 텍스트 같은 정보를 표시하는 시스템 언어에도 영향을 미친다. 그림 3-3의 예시에서 독일어 버전의 LXDE 데스크톱을 볼 수 있다.

Raspi-config의 지역(Locale) 변경 메뉴에서 지역설정을 설정할 수 있다. 설정 프로그램은 그림 3-4처럼 메뉴가 나온다.

여기서 원하는 지역을 목록에서 선택할 수 있다. 목록에서 방향키로 이동할 수 있고, 선택하거나 해제하기 위해서는 스페이스 바를 이용한다. 탭 키를 사용하면 지역 목록 사이에서 〈OK〉과 〈Cancel〉 버튼으로 커서를 옮길 수 있다. 버튼을 선택하기 위해서는 엔터키를 누른다.

지역을 선택하여 〈OK〉 버튼을 누른 뒤에, 기본 locale을 선택할 수 있다. 〈OK〉 버튼을 다시 누르면 완료된다.

• 시간 대역 및 시간과 날짜 설정

라즈베리파이는 저렴하여 시계가 없고 현재 날짜와 시간을 저장하지 못한다. 정확한 날짜와 시간을 저장할 수 없으면 인증서의 유효성 확인과 같은 암호화 작업에 치명적이다.

많은 목적으로 정확한 시간 정보가 필요하다. 라즈비안은 부팅시 인터넷의 시간 서버에 접근하고 현재 시간과 날짜를 가져와서 자동으로 설정한다.

그러므로 내부적으로 라즈베리파이는 정확한 시간과 날짜를 인터넷 시간 서버의 세계표준시를 통해 알지만, 표준시간대는 모른다. Raspi-config의 국제 옵션 메뉴에서 표준시간대를 변경한다는 말이 바로 그 말이다. 표준시간대 메뉴 항목을 선택하면 어디에 사는지 정확히 결정하기 위해 몇 가지 질문을 한다. 그런 뒤 Raspi-config는 프로필에 표준시간대 정보를 저장하고, 라즈베리파이가 재부팅되면 우리가 위치한 표준시간대를 볼 수 있다.

만약 라즈베리파이를 인터넷에 연결할 수 없다면, 이와 같이 날짜와 시간을 수동으로 설정할 수 있다.

```
pi@raspberry:~$ sudo date —set="2014-02-04 13:24:42"
```

이 방법은 약간의 문제가 있다. 예상한 만큼 정확하지 않고, 라즈베리파이를 부팅할 때마다 반복해야 하므로 설정하는 것을 잊기 쉽다.

• 라즈베리파이 카메라 활성화

카메라는 라즈베리파이를 위해 유용하므로 카메라를 사용하기 전에 카메라 사용 옵션을 활성화해야 한다.

• Rastrack에 라즈베리파이 추가하기

Rastrack[7)]은 지도상의 수천 개의 라즈베리파이들의 위치를 보여 주는 온라인 서비스이다. 라즈베리파이를 지도에 표시하려면, Rastrack 추가 메뉴 옵션을 선택하면 된다.

• 라즈베리파이 가속/오버클록 하기

기본적으로 라즈베리파이2의 내부 클록은 900MHz다. 매우 빠르지만 개인용 컴퓨터 PC에 비하면 대단한 성능은 아니다. Raspi-config의 오버클록 메뉴 항목을 통해 라즈베리파이를 PC처럼 오버클록할 수 있다. 이 메뉴에서 클록을 700MHz, 800MHz, 900MHz, 950MHz, 1GHz까지 설정할 수 있다. 오버클록은 라즈베리파이의 속도를 높이지만, 전원

7) http://rastrack.co.uk/

소모량이 많아지고 작동 온도가 높아진다.

> **참고** 전원공급기의 품질에 따라, 오버클록은 시스템에 안전성 문제를 초래해 피해를 야기할 수 있다. 오버클록은 라즈베리파이가 부팅할 때 시프트키를 누르면 작동되지 않는다. 그 후에 Raspi-config로 클록을 낮추면 된다.

• 라즈베리파이의 오버스캔 모드 설정하기

다양한 모니터에서 화면이 출력되도록 오버스캔과 언더스캔 상황이 고려되었다. 언더스캔은 디스플레이가 라즈베리파이 화면 전부를 사용하지 않아 실제 영상 주위의 검은색 프레임이 나타난다. 오버스캔은 반대로 화면의 가장자리가 잘려 전체 화면을 볼 수 없는 상황이다. Raspi-config의 고급 옵션 메뉴의 오버스캔 메뉴에서 오버스캔 모드를 켜거나 끌 수 있다.

• 메모리 레이아웃 조정하기

앞에서 배운대로 라즈베리파이의 램은 256MB, 512MB, 1GB이다. 다음 명령을 사용하면 라즈베리파이의 메모리가 얼마나 큰지를 확인할 수 있다.

라즈베리파이는 램을 CPU(두뇌)와 GPU(그래픽 책임 장치)로 나눈다. 예를 들어 라즈베리파이를 시버로 사용한다면 높은 그래픽 성능보나는 CPU에 램이 더 필요하다.

Raspi-config의 고급 옵션 메뉴의 메모리 분할 메뉴 항목을 통해 메모리 배열을 변경할 수 있다. 여기에서 GPU가 소유한 메모리를 확인할 수 있다. 사용량에 적합하게 설정하고 라즈베리파이를 재부팅해야 한다.

• SPI 커널 모듈 활성화하기

라즈베리파이는 프로젝트를 위한 훌륭한 플랫폼이다. SPI라는 프로토콜 장치를 사용할 수 있다. 직렬 주변기기 인터페이스 버스(Serial Periperial Interface Bus)는 특정한 커널 모듈에 의존하고, Raspi-config의 고급 옵션 메뉴에서 SPI 메뉴 항목을 사용하여 모듈을 사용하거나 중지시킬 수 있다.

• 오디오 출력 선택하기

라즈베리파이는 HDMI 또는 RCA연결 잭으로 오디오를 출력할 수 있다. HDMI를 이용한다면 보통 라즈베리파이를 화면에 연결할 때 오디오도 같이 출력된다. 만약 복합 커넥터로 라즈베리파이를 모니터에 연결한다면 오디오가 출력되지 않기 때문에 아날로그 RCA 커넥터를 이용한 오디오 출력이 필요하다.

라즈베리파이는 자동으로 연결된 잭을 인식한다. 만약 라즈베리파이가 자동으로 인식하지 못 할 경우 수동으로 설정해야 한다. Raspi-config 고급 옵션 메뉴의 오디오 항목에서 수동으로 설정할 수 있다.

• 데스크톱 시작하기

일반적인 운영체제는 데스크톱 환경으로 시작하지만 리눅스의 데스크톱 환경은 선택적이다. 그래서 데스크톱 환경을 수동으로 시작하는 일은 드물다. 라즈베리파이는 Raspi-config의 Enable Boot to Desktop/Scratch 메뉴 항목을 조정하면 부팅할 때 자동으로 데스크톱 환경으로 시작하도록 설정할 수 있다. 콘솔 환경을 잘 쓰지 않는다면 편리한 옵션이다. 해당 메뉴를 조정하지 않을 경우 라즈베리파이는 콘솔 로그인 화면으로 사용자를 반긴다.

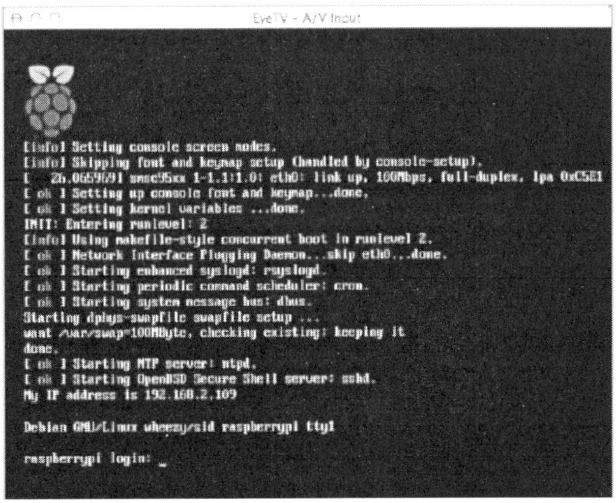

그림 3-4 라즈베리파이의 로그인 프롬프트

로그인 후 셸 프롬프트 화면이 지겨울 경우에는 아래의 명령으로 윈도우와 유사한 색감이 있는 친숙한 데스크톱 환경을 실행할 수 있다.

```
pi@raspberry:~$ startx
```

몇 초 후, 라즈베리파이는 산딸기가 배경화면인 멋진 데스크톱 환경으로 우리를 반긴다.

그림 3-5 라즈베리파이 데스크톱

이 데스크톱 환경의 이름은 LXDE[8]이고 리소스를 적게 사용하며 우수하다. 데스크톱 환경은 하단에 다른 데스크톱 환경에서 흔하게 볼 수 있는 툴바가 있는 가상화면이다.

응용프로그램을 시작하는 것은 윈도우8 이전 윈도우 시스템에서 시작하는 것과 비슷하다. 화면의 툴바 가장 왼쪽에 있는 작은 LXDE 로고를 클릭하여 어떤 응용 프로그램이 사용 가능한지 확인한다. 마우스를 이동해 프로그램 이름을 클릭해 팝업 메뉴를 탐색할 수 있다.

또한, 모든 데스크톱 해상도, UI 요소, 모양과 느낌 등등 많은 것을 구성할 수 있다. 시스템 preferences 메뉴를 이용하여 대부분의 설정을 변경할 수 있다.

LXDE를 나가려면, 화면의 우측 하단의 작은 전원 스위치 아이콘을 누른다. Raspi-config에서 데스크톱으로 부팅되도록 구성했다면, LXDE에서 로그아웃할 때 라즈베리파이가 완

8) http://lxde.org/

전히 종료된다. 그렇지 않으면 터미널 화면으로 돌아간다. 다음 명령어를 통해 터미널에서 라즈베리파이를 종료할 수 있다.

```
pi@raspberry:~$ sudo halt
```

그림 3-6 LXDE에서 많은 설정을 변경할 수 있다.

• apt-get을 통해 소프트웨어 관리

이제 데비안이 설치되었고 소프트웨어를 설치할 시간이다. 옛날에는, 리눅스에 새 소프트웨어를 설치하기가 어려웠다. 설치과정은 프로그램 소스코드를 다운받아 컴파일하고, 설치하기까지 과정을 사용자 스스로 해야 했다. 만일 프로그램이 다른 프로젝트나 라이브러리에 의존하는 경우, 컴파일러나 링커가 성가신 오류 메시지들을 출력하면, 오류를 검색하고 조사하고, 문제를 직접 해결했다. 문제를 해결한 후 또다시 다운로드한 후 컴파일하고 설치하는 등등의 일을 해야 했다.

다행스럽게도 그런 작업이 사라졌다. 대부분 리눅스 배포판들은 다운로드 과정과 새 소프트웨어의 설치 모두를 자동으로 하는 패키지 매니저를 함께 제공한다. 패키지 매니저들이 자동으로 모든 종속성 문제를 해결하며, 로컬 환경에서 컴파일하는 대신 이진 패키지를 다운로드하여 많은 시간을 절약할 수 있다. 그리고 패키지 매니저는 더 이상 필요 없는 것들을 없애는 것도 도와준다.

데비안 역시 패키지 매니저와 함께 제공된다. 그 이름은 apt-get(apt: Advanced Packaging Tool)이다. 여기서는 소프트웨어의 추가, 갱신 및 삭제 방법에 대해 학습한다.

• 새 소프트웨어 설치

라즈베리파이의 데비안 배포판은 최소한의 응용프로그램과 함께 제공된다. 라즈베리파이가 하드 드라이브를 가지고 있지 않지만, 라즈베리파이를 최대한 활용하기 위해서는 몇 가지 프로그램들을 설치해야 하므로 이 작업에 의미가 있다. 라즈베리파이에 소프트웨어를 설치하는 것이 데비안을 실행하는 일반 PC에서 소프트웨어를 설치하는 것과 전혀 다르지 않다. 동일한 곳에서 대부분의 필요한 소프트웨어를 찾을 수 있고 많은 응용프로그램을 선택할 수 있다. 아쉽게도 라즈베리파이는 ARM 코어 구조를 갖고 있어 모든 프로그램이 작동하지는 않는다. 경우에 따라 라즈베리파이보다 더 높은 사양을 요구하는 경우도 있어 실행되지 않는 경우도 있다. 이러한 문제를 해결하기 위해 여러 가지 소프트웨어를 찾아보는 것이 좋다.

여기서는 라즈베리파이에 PDF 리더를 설치한다. 이전에 Mac OS x나 마이크로소프트의 윈도우만 사용해 왔다면 아마 PDF리더에 대한 걱정하지 않겠지만, 라즈베리파이와 같은 리눅스 시스템에서는 PDF 리더를 설치하는 작업이 당연하지 않을 수도 있다.

웹사이트 전용 무료 PDF 리더가 있다.[9] 이들 중 Xpdf와 Evince라는 두 가지 PDF 리더가 있는데, 둘 다 설치하는 것이 부담스러우면 하나를 제거하자. install 명령을 사용하여 새 패키지를 설치할 수 있다. 설치하려면 인터넷이 연결되어야 한다. Xpdf[10]와 Evince[11]를 설치하기 위해서는 다음 명령을 실행한다.

```
pi@raspberry:~$ sudo apt-get install xpdf
pi@raspberry:~$ sudo apt-get install evince
```

다른 방법으로는, 이와 같이 한 번에 여러 개의 패키지를 설치할 수도 있다.

```
pi@raspberry:~$ sudo apt-get install xpdf evince
```

9) http://pdfreaders.org/
10) http://www.foolabs.com/xpdf/
11) http://projects.gnome.org/evince/

최신 버전의 라즈비안은 기본적으로 Xpdf가 설치되어 있다. 그 경우, apt-get 명령어는 이미 Xpdf가 설치된 상태라고 말한다.

이제 독립적으로 설치된 두 PDF 리더가 있고, 실행과 테스트를 하여 어느 것이 필요한지 확인할 수 있다. LXDE 데스크톱의 시작 메뉴의 그래픽 항목에서 두 응용 프로그램에 대한 바로가기를 찾을 수 있다. 또한, 터미널에서 다음 명령을 실행하여 프로그램들을 시작할 수 있다.(이 경우 데스크톱 환경이 실행되기 전에만 해당한다.)

```
pi@raspberry:~$ evince
```

또는

```
pi@raspberry:~$ xpdf
```

다음 그림에서, 같은 PDF 문서를 표현하는 두 프로그램을 볼 수 있다.

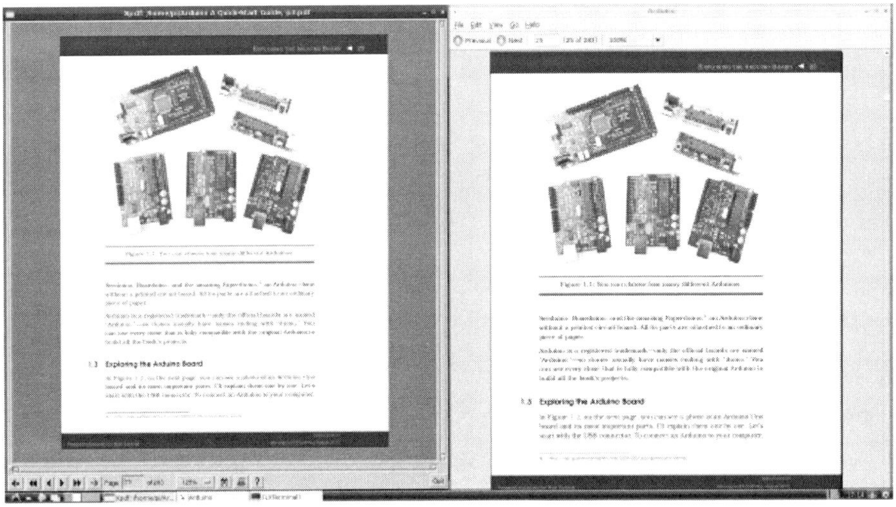

그림 3-7 같은 문서를 보여주는 두 PDF 리더

• 소프트웨어 삭제

잠시 동안 두 프로그램을 사용해 보고 더 좋은 것을 선택하자. Evince를 더 선호한다고 가정한다면 다음 명령을 사용하여 Xpdf를 삭제할 수 있다.

```
pi@raspberry:~$ sudo apt-get remove xpdf
Reading package lists... Done
Building dependency tree
Reading state information... Done
The following packages were automatically installed and are no
longer required:
cups-bsd cups-client fonts-droid ghostscript lesstif2
libcupsimage2 libfile-copy-recursive-perl libgs9 libgs9-common
libijs-0.35 libpaper-utils libpaper1 libpoppler19 libxp6 poppler-data
poppler-utils update-inetd
Use 'apt-get autoremove' to remove them.
The following packages will be REMOVED:
xpdf*
0 upgraded, 0 newly installed, 1 to remove and 24 not upgraded.
After this operation, 404 kB disk space will be freed.
Do you want to continue [Y/n]?
(Reading database ... 60245 files and directories currently installed.)
Removing xpdf ...
Purging configuration files for xpdf ...
Processing triggers for mime-support ...
Processing triggers for man-db ...
Processing triggers for menu ...
Processing triggers for desktop-file-utils ...
```

Xpdf 응용프로그램은 이제 사라졌다. 만일 응용프로그램은 삭제하고 싶지만 환경설정 파일은 남겨두고 싶다면, remove 명령어 대신 purge를 사용하자.

• 소프트웨어 최신 상태 유지

소프트웨어의 설치 과정을 눈에 거슬리지 않을 만큼 가능한 쉽게 만들기 위해 apt-get은 모든 가능한 패키지와 그 패키지에 종속된 파일들의 리스트를 포함한 작은 데이터베이스와 함께 작동한다. 이 데이터베이스는 몇 개의 파일로 구성된다. 보통 이 데이터베이스에 직접 작업하지 않지만, 데이터베이스를 업데이트하고 싶은 경우 다음 명령을 실행해야 한다.

```
pi@raspberry:~$ sudo apt-get update
```

이 명령은 라즈베리파이 중앙 서버로부터 최신 패키지 리스트를 다운로드하고, apt-get

의 로컬 데이터베이스를 업데이트한다. 그러므로 새 패키지를 설치하기 전에 apt-get 명령을 실행하면 해당 패키지가 가능한 최신의 버전이라는 것을 확신할 수 있다. 어떤 경우에는 이 명령을 두 번 실행해야 하는 경우도 있다는 것을 명심하자. apt-get은 이 경우에 충분하다.

만일 apt-get을 사용하여 라즈베리파이에 소프트웨어를 설치했다면, 종종 업데이트하기를 원할 것이다. 다음 명령은 라즈베리파이에 현재 설치된 모든 소프트웨어를 업데이트한다.

```
pi@raspberry:~$ sudo apt-get upgrade
```

이 명령을 실행하는 것은 시간이 다소 걸리지만, 완료되면 모든 단일 응용 프로그램과 라이브러리가 최신 버전인 라즈베리파이를 갖게 된다. 이를 위해 apt-get은 설치한 뒤 더 이상 필요 없는 어플리케이션에 대한 많은 파일을 다운받아야한다. 이 사용되지 않는 파일들을 쉽게 삭제할 수 있다.

```
pi@raspberry:~$ sudo apt-get autoclean
Reading package lists... Done
Building dependency tree...
Reading state information... Done
```

가끔 패키지와 패키지 버전 사이의 종속성이 바뀌는데, 그러면 어떤 패키지는 더 이상 필요가 없다. 필요 없는 패키지를 다음 명령을 사용하여 제거할 수 있다.

```
pi@raspberry:~$ sudo apt-get autoremove
Reading package lists... Done
Building dependency tree
Reading state information... Done
The following packages will be REMOVED:
ghostscript lesstif2 libxp6 poppler-data poppler-utils
0 upgraded, 0 newly installed, 5 to remove and 0 not upgraded.
After this operation, 15.3 MB disk space will be freed.
Do you want to continue [Y/n]?
(Reading database ... 49185 files and directories currently installed.)
Removing ghostscript ...
Removing lesstif2 ...
Removing libxp6 ...
Removing poppler-data ...
Removing poppler-utils ...
Processing triggers for man-db ...
```

이론적으로 데비안 시스템에서 소프트웨어를 관리하는 데 필요한 정보다.

• apt-file로 패키지 찾기

만일 설치를 원하는 패키지의 이름에 대해 정확히 안다면 apt-get만 필요하지만, 이름을 모르는 경우가 있을 수 있다. 예를 들어, 여전히 스스로 소스를 컴파일하여 많은 소프트웨어를 설치해야 하는 상황이라 가정한다. 만일 이 소프트웨어가 설치하지 않은 특정한 라이브러리에 의존한다면, 컴파일러나 링커는 에러 메시지와 함께 멈춘다. 보통 에러 메시지는 파일명을 빼먹은 것을 포함하고, 이 파일을 포함하는 모든 패키지를 검색할 도구를 갖고 있는 것이 좋다. apt-file은 이때 필요한 도구이고, 다음 명령으로 설치할 수 있다.

```
pi@raspberry:~$ sudo apt-get install apt-file
```

apt-get처럼, apt-file 명령도 모든 패키지와 그 종속성의 목록을 포함한 로컬 데이터베이스에 의존한다. 이 데이터베이스를 업데이트하기 위해, 다음 명령을 실행한다.

```
pi@raspberry:~$ sudo apt-file update
```

이제 특정 파일을 포함하는 패키지의 검색을 위해 apt-file을 사용할 수 있다. evince라는 이름의 멋진 PDF 리더에 대해 들었다고 가정해 보자. 그리고 evince를 사용하기 위해 설치해야 할 패키지가 무엇인지 모른다. 여기 보이는 명령어가 필요한 전부이다.

```
pi@raspberry:~$ apt-file -l search evince
evince
evince-common
evince-dbg
evince-gtk
gir1.0-evince-2.30
libevince-dev
libevince2
python-evince
```

evince에 대한 모든 패키지의 목록을 조회한 결과물 중에서 설치를 원하는 것을 선택할 수 있다. 설치하지 않은 패키지의 내용 목록 역시 apt-file를 사용할 수 있다.

```
pi@raspberry:~$ apt-file list evince
```

패키지 매니저들은 정말로 유용하고 모든 현대 리눅스 배포판이 패키지 매니저를 갖고 있다. 데비안은 apt-get, 페도라는 yum, 아치 리눅스는 pacman이라는 이름의 패키지 매니저가 있다. 문법은 조금씩 다르지만, 각각 패키지 매니저들은 모두 같은 흐름으로 작동한다.

• 라즈베리파이 스토어의 SW와 Media 이용

2012년 말에, 라즈베리파이 재단에서는 라즈베리파이 스토어[12)]와 IndieCity[13)]와 Velocix[14)]를 출시했다. 스토어에서 어플, 게임, 개발도구, 잡지나 영상 같은 미디어들을 무료 혹은 유료로 찾을 수 있다. 스토어는 두 종류의 상용 어플리케이션을 제공한다. 응용 프로그램을 원하는 경우에 기부를 할 수 있고 일부는 금액을 지불해야 한다.

라즈베리파이 스토어는 웹사이트에서도 사용할 수 있다. 다만, 전용 클라이언트를 사용하는 것이 더 편리하다. 최근의 라즈비안 이미지 파일은 라즈베리파이 스토어 클라이언트를 포함하고 있고, 데스크톱의 아이콘을 더블클릭하여 실행할 수 있다.

만일, 라즈베리파이 스토어 클라이언트가 없다면, 다음 명령을 사용하여 설치할 수 있다.

```
pi@raspberry:~$ sudo apt-get update
pi@raspberry:~$ sudo apt-get install pistore
```

어플리케이션은 매우 깔끔하다. 로그인 한 뒤에는 마우스 클릭 한 번으로 소프트웨어를 설치할 수 있다. 지금, 라즈베리파이 스토어에 몇 개뿐이지만 라즈베리파이에 유명세를 고려할 때 곧 소프트웨어는 늘 것이라 예상된다. 한 가지 재미있는 것은 Iridium Rising[15)] 은 라즈베리파이 전용 무료 게임인데 매우 고급 게임으로 보인다.

---

12) http://store.raspberrypi.com/
13) http://www.indiecity.com/
14) http://www.velocix.com/
15) http://store.raspberrypi.com/projects/iridiumrising

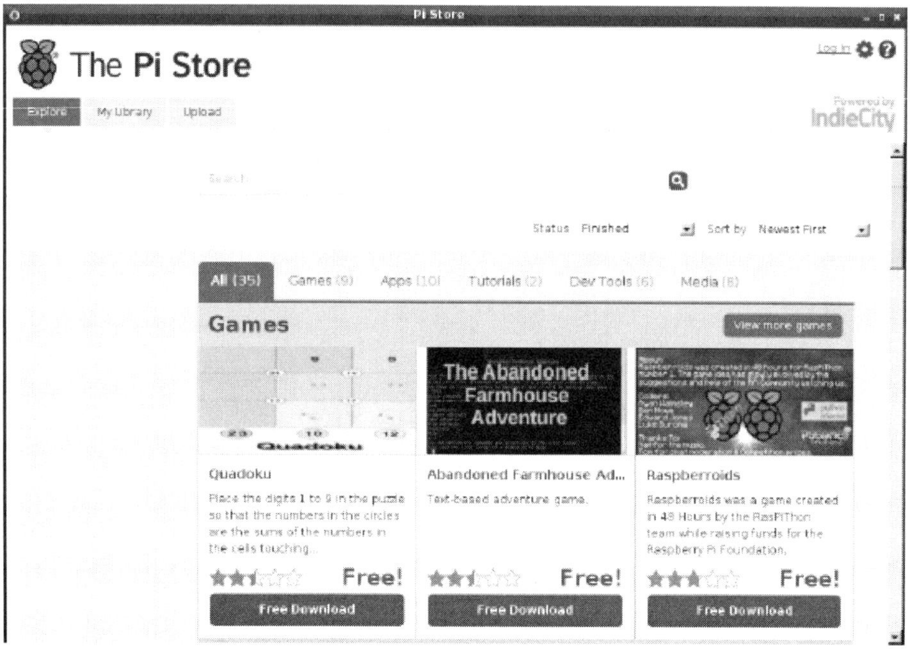

그림 3-8 라즈베리파이 스토어 네이티브 클라이언트를 가지고 있음

• 요약 및 다음

여기에서는 라즈베리파이를 처음으로 부팅하고, 개인의 선호에 맞게 환경을 설정하였다. 또한 소프트웨어의 설치, 업데이트, 삭제 방법 등의 운영방법도 배웠다.

라즈베리파이의 운영체제를 설치하고 환경 설정하는 것은 중요한 단계이지만, 일반 PC와는 대조적으로 라즈베리파이는 더 많은 환경 설정을 필요로 한다. 다음은, 라즈베리파이의 펌웨어와 필요한 사항을 어떻게 조정하는지에 대해 학습한다.

내용 요약

- 라즈베리파이 첫 부팅 과정
- 데스크톱 부팅 활성화
- 지역과 키보드 설정
- 시간대와 시간, 날짜 설정
- 카메라 활성화

- Rastrack 활성화
- 하드웨어 모듈 관리 및 활성화
- 소프트웨어 관리

자가 평가

Q : 리눅스는 어떤 요금으로 제공되는가?
A : 무료

Q : 라즈베리파이의 리눅스는 어떤 프로세서에서 작동하는가?
A : ARM 프로세서

Q : 운영체제는 어디에 설치되는가?
A : SD 메모리 카드

Q : 자원을 적게 소모하는 소규모의 운영체제로 전문적인 리눅스 지식이 필요하며, 모든 사용 환경을 사용자가 직접 설정하는 리눅스는 무엇인가?
A : 아치 리눅스 (Arch Linux)

Q : 운영체제를 쉽게 설치할 수 있도록 도와주는 프로젝트로 설치만 하면 다른 운영체제를 쉽게 받아 설치하거나 삭제할 수 있는 프로그램은 무엇인가?
A : NOOBS (New Out of Box Software)

제 4 장 펌웨어 구성

학습목표

- 커널과 펌웨어를 최신 버전으로 유지한다.
- 비디오 및 오디오 출력을 구성하고 테스트한다.

• 펌웨어 구성

라즈베리파이는 OS 뿐 아니라 하드웨어를 저 수준에서 제어하는 펌웨어가 필요하다. 예로 두뇌인 CPU, 그래픽 처리장치인 GPU나 카드 리더기를 구성하거나 제어가 필요한 경우가 있다. 비디오 출력에 문제가 있는 경우 펌웨어로 매개변수를 바르게 설정해야 한다. 이 장은 라즈베리파이의 펌웨어를 어떻게 구성하고 업데이트 하는지를 학습한다.

또한 필요할 경우 리눅스 커널을 업데이트해야 한다. 커널은 리눅스 시스템의 심장이라고 할 수 있는데 커널이 모든 프로세스와 하드웨어를 관리하기 때문이다. 모든 응용 프로그램들은 커널에 의존하고 이 장에서는 커널을 최신으로 유지하는 방법을 학습한다.

• 펌웨어와 커널 업데이트

데비안 이미지에는 라즈베리파이의 펌웨어와 함께 제공되지만 리눅스 커널과 라즈베리파이의 펌웨어 개발자들은 계속해서 업데이트를 제공해 준다. 새 업데이트는 버그를 고치거나 성능 향상을 포함한다. 때때로 커널과 펌웨어의 효율을 높이려고 업데이트할 때도 있다. 라즈베리파이에 설치된 커널과 펌웨어의 버전을 확인하기 위해 다음 명령을 실행한다.

```
pi@raspberry:~$ uname -a
Linux raspberrypi 3.12.35+ #733 PREEMPT Tue Jan 6 21:03:44 GMT 2015 armv6l GNU/Linux
pi@raspberry:~$ /opt/vc/bin/vcgencmd version
Jan  6 2015 21:14:02
Copyright (c) 2012 Broadcom
version 26e1e28d85832fedbbc72792f75071facbd89a48 (clean) (release)
```

GitHub[16]에서 최신 버전에 대한 모든 파일을 찾을 수 있고 SD 카드에 다운받을 수 있다. 새 커널과 펌웨어를 설치하려면 라즈베리파이의 /boot 디렉토리에서 몇 개의 파일을 바꾸어야 한다. /boot 디렉토리는 SD카드의 부트 파티션에 속해 있고 FAT 파일 시스템으로 포맷되어 있다. 그래서 라즈베리파이뿐만 아니라 모든 컴퓨터에서 읽고 쓸 수 있다. 다음 화면을 보면 내용을 확인할 수 있다.

```
pi@coder /boot $ ls -al
total 19188
drwxr-xr-x  5 root root   16384 Apr  6 18:07 .
drwxr-xr-x 23 root root    4096 Mar 28 05:41 ..
-rwxr-xr-x  1 root root    4423 Apr  6 18:07 bcm2708-rpi-b.dtb
-rwxr-xr-x  1 root root    4702 Apr  6 18:07 bcm2708-rpi-b-plus.dtb
-rwxr-xr-x  1 root root    5690 Apr  6 18:07 bcm2709-rpi-2-b.dtb
-rwxr-xr-x  1 root root   17900 Apr  6 18:07 bootcode.bin
-rwxr-xr-x  1 root root     120 Jan 31 15:38 cmdline.txt
drwxr-xr-x  3 root root    8192 Feb 21 06:27 coder_settings
-rwxr-xr-x  1 root root    1312 Feb 21 04:29 config.bak
-rwxr-xr-x  1 root root    1368 Mar 25 09:24 config.txt
-rwxr-xr-x  1 root root   18693 Apr  6 09:44 COPYING.linux
-rwxr-xr-x  1 root root      41 Apr  6 18:08 .firmware_revision
-rwxr-xr-x  1 root root    2362 Apr  6 18:07 fixup_cd.dat
-rwxr-xr-x  1 root root    6159 Apr  6 18:07 fixup.dat
-rwxr-xr-x  1 root root    9209 Apr  6 18:07 fixup_db.dat
-rwxr-xr-x  1 root root    9209 Apr  6 18:07 fixup_x.dat
-rwxr-xr-x  1 root root     137 Jan 31 16:24 issue.txt
-rwxr-xr-x  1 root root 3929888 Apr  6 18:07 kernel7.img
-rwxr-xr-x  1 root root 3975516 Apr  6 18:07 kernel.img
-rwxr-xr-x  1 root root    1447 Apr  6 09:44 LICENCE.broadcom
-rwxr-xr-x  1 root root   18974 Sep 25  2013 LICENSE.oracle
drwxr-xr-x  2 root root    8192 Apr  6 18:07 overlays
-rwxr-xr-x  1 root root  560344 Apr  6 18:07 start_cd.elf
-rwxr-xr-x  1 root root 4636072 Apr  6 18:07 start_db.elf
-rwxr-xr-x  1 root root 2656024 Apr  6 18:07 start.elf
-rwxr-xr-x  1 root root 3613768 Apr  6 18:07 start_x.elf
drwxr-xr-x  2 root root    8192 Feb 20 23:07 .Trashes
-rwxr-xr-x  1 root root    4096 Feb 20 23:07 ._.Trashes
```

그림 4-1 부트 디렉토리의 내용

start.elf 파일은 펌웨어를 포함하고 kernel.img 파일은 커널을 포함한다. 컴퓨터를 사용하여 새 커널과 펌웨어를 다운받고 카드 리더기를 통해 SD카드에 복사할 수 있다. 하지만 이 방법은 오류가 발생하거나 실수를 범하기 쉽다. 다행히도 rpi-update[17]는 자동

16) http://github.com/raspberrypi/firmware
17) https://github.com/Hexxeh/rpi-update

으로 모든 작업을 수행한다. 그것은 새 펌웨어 버전이 사용가능한지 필요하다면 다운로드가 필요한지를 검사한다. rpi-update는 라즈비안의 최신 버전을 자동으로 제공한다.

만일 rpi-update를 스스로 설치하였다면 먼저 필요한 몇 가지 패키지를 설치해야 한다.

```
pi@raspberry:~$ sudo apt-get install ca-certificates git-core
```

그 다음에 rpi-update를 다운로드하고, 실행 권한 +x를 부여한다.

```
pi@raspberry:~$ sudo wget http://goo.gl/1BOfJ -O /usr/bin/rpi-update
pi@raspberry:~$ sudo chmod +x /usr/bin/rpi-update
```

그 다음에 rpi-update를 실행한다.

```
pi@raspberry:~$ sudo rpi-update
```

rpi-update는 스스로 업데이트를 먼저 수행한다. 새 버전의 rpi-update가 사용 가능한지를 검사하고 나서 새 펌웨어나 커널을 사용할 수 있는지 검사한다. 사용할 수 있다면 필요한 파일을 다운로드하고 설치한다. 라즈베리파이가 새 펌웨어를 활성화시키기 위해 재부팅해야 한다. 현재 버전은 메모리 분할을 참조하는데 메모리 분할을 조정하기 위해 분할이 무엇이고 어떻게 구성하는지에 대해 학습할 필요가 있다.

• 비디오 출력 구성하기

/boot/config.txt 파일을 사용하여 다양한 방법으로 하드웨어의 동작을 구성할 수 있다. 이 파일은 라즈베리파이의 펌웨어에 대한 모든 환경설정을 포함한다. 나중에 몇 가지를 조정하므로 웹 브라우저에서 기술서[18]를 북마크해 두기를 권한다. 환경설정 파일을 사용하여 비디오 음성 출력을 조정할 수 있고 CPU의 클록속도를 변경할 수 있다.

대부분의 기본 설정은 잘 동작하지만 영상 출력이 잘 안될 수도 있다. 대부분 오버스캔과 언더스캔 문제일 수 있는데 특히 복합 영상 출력을 사용하면 문제가 생길 수 있다. 언더스캔의 경우에는 화면 전체에 영상이 출력되지 않아서 실제 출력영상을 둘러싼 검정색 프레임이 나타난다. 오버스캔의 경우는 정반대로 화면의 경계면이 잘린 영상이 나타날 수 있다.

---

18) http://elinux.org/RPi_config.txt

오버스캔에서 마지막 줄이 완전히 보이지 않을 수 있는데, 환경설정 옵션에서 몇 가지를 설정하여야 한다.

펌웨어와 커널 업데이트하기에서 학습 하였듯이 PC에서 직접적으로 /boot 디렉토리의 모든 파일에 접근할 수 있다. 라즈베리파이에서 nano나 vi 텍스트 편집기를 사용하여 /boot/config.txt 파일을 수정할 수 있다.

```
pi@raspberry:~$ sudo nano /boot/config.txt
```

디스플레이의 오버스캔을 조정하기 위해 설정 파일에 다음 내용을 추가하자.

```
# Adjust overscan.
overscan_left=10
overscan_right=20
overscan_top=0
overscan_bottom=10
```

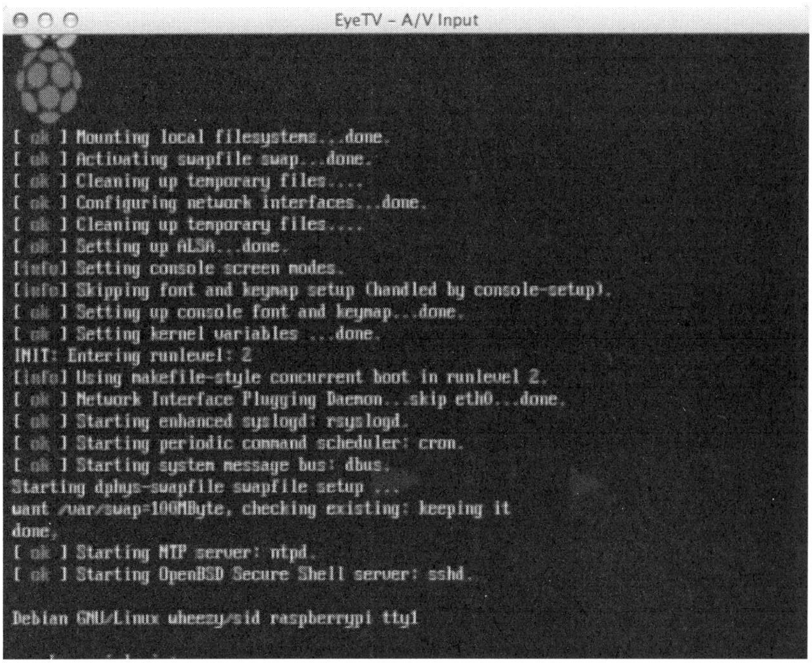

그림 4-2 화면이 잘리는 문제인 오버스캔

환경설정 파일은 단순한 형식으로 파라미터 이름, 등호와 값으로 구성된다. 환경설정 파일에 내용도 추가할 수 있다. 추가하려면 # 문자로 시작한다. 이전의 예시에서는 overscan_bottom 옵션을 10픽셀로 설정한 뒤 재부팅 하면 라즈베리파이는 화면의 아래쪽의 10픽셀을 여유로 둔다. 오버스캔 문제를 쉽게 해결한 것을 볼 수 있다.

언더스캔 문제를 해결하기 위해 같은 옵션 설정을 사용할 수 있다. 검정색 프레임을 제거하기 위해 화면 영역을 늘인다. 이러한 설정을 위해 옵션 값을 음수로 설정하면 된다.

```
overscan_left=-20
overscan_right=-10
```

/boot/config.txt 파일을 변경할 때마다 라즈베리파이를 재부팅해야 하고 동시에 올바른 화면 설정을 얻을 수 있다.

어떤 문제가 발생하면 그 사항을 기억할 수 있도록 모든 구성 파라미터의 목록을 살펴보는 것이 좋다. 어떤 옵션을 설정할 때는 조심해야 한다. 예를 들어 오버클록 옵션은 라즈베리파이를 보증받을 수 없다. 만일 라즈베리파이가 실행되지 않거나 화면이 나오지 않는다면 라즈베리파이와는 별도의 PC에 저장해 둔 /boot/config.txt 파일을 수정하여 마지막 설정으로 돌려야 한다. 만일 모든 설정을 잃은 경우 /boot/config.txt를 삭제하면 라

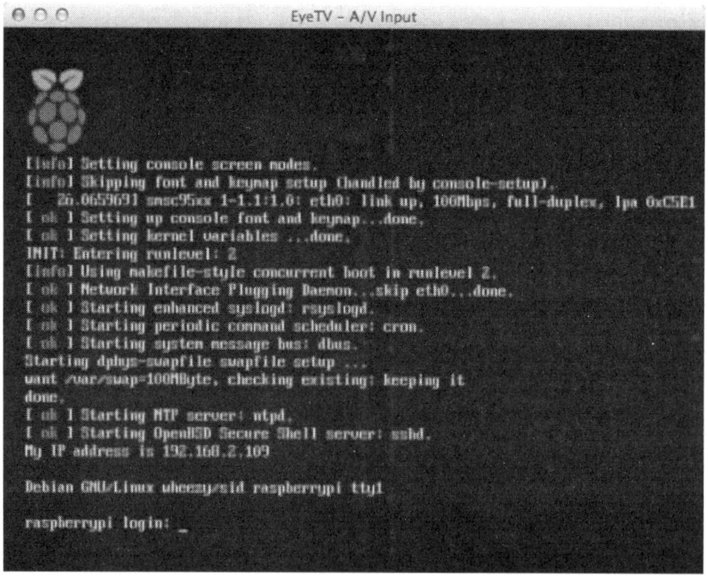

그림 4-3
쉽게 해결될 수 있는 문제인 오버스캔

즈베리파이가 기본 설정으로 시작된다. 온전한 상태의 라즈비안 이미지를 SD 카드에 복사해 올 수 있다.

• 오디오 시스템을 구성하고 테스트

오디오 출력은 리눅스 시스템에서 문제가 조금 있으나 라즈비안은 오디오를 기본 환경으로 사용 가능하다. 첫 오디오 테스트는 다음의 명령을 실행하자.

```
pi@raspberry:~$ cd /opt/vc/src/hello_pi/libs/ilclient
pi@raspberry:~$ make
pi@raspberry:~$ cd ../../hello_audio
pi@raspberry:~$ make
pi@raspberry:~$ ./hello_audio.bin
```

이 명령은 작은 테스트 프로그램을 컴파일하고 사이렌 소리를 실행한다. 프로그램은 아날로그 음성 잭을 통해 소리를 출력하고 플러그 인 방식의 헤드폰이나 스피커로 소리를 들을 수 있다. 다른 방법으로는 HDMI를 통해 소리를 재생할 수 있다.

```
pi@raspberry:~$ ./hello_audio.bin 1
```

라즈베리파이는 자동으로 음성을 출력한다. 라즈베리파이는 아날로그 출력과 HDMI 출력이 동시에 가능하다. 이 동작을 Raspi-config(**오디오 출력 선택하기**를 참고) 또는 amixer를 통해 변경할 수 있다. amixer는 음성 하드웨어의 구성을 돕는 작은 툴이다. 다음을 실행하여 옵션을 변경할 수 있다.

```
pi@raspberry:~$ amixer controls
numid=3,iface=MIXER,name='PCM Playback Route'
numid=2,iface=MIXER,name='PCM Playback Switch'
numid=1,iface=MIXER,name='PCM Playback Volume'
```

3개의 옵션만을 변경할 수 있고 각 옵션의 numid를 참고 한다. 옵션이 가진 실제 이름을 사용하는 것이 더 좋을 수 있지만 amixer의 개발자들은 이름 대신 숫자로 나타낸 ID값을 사용하였다. playback route 옵션의 numid는 3이다. 다음을 설정하자.

```
pi@raspberry:~$ sudo amixer cset numid=3 1
```

이 명령은 playback route를 1(아날로그 출력)로 설정한다. 0(자동) 또는 2(HDMI)로 설정할 수도 있다. 모든 것이 예상대로 작동할 때 amixer 명령을 /etc/rc.local 파일에 추가하여 라즈베리파이가 켜질 때 자동으로 실행하게 할 수 있다. nano와 같은 텍스트 에디터를 /etc/rc.local 파일에 다음 줄을 추가하자.

```
amixer cset numid=3 1
```

파일의 끝부분에 명령을 삽입하되 exit 0의 이전 줄에 넣자. 마지막 줄에 추가해서는 안 된다. 어떤 디스플레이는 HDMI 케이블을 제대로 찾지 못하는데 HDMI의 오디오 출력이 작동하지 않지만 비디오 출력은 작동하는 경우가 있다.

/boot/config.txt 파일에서 펌웨어 설정 파라미터 hdmi_drive를 2로 설정할 수 있다.

• 요약 및 다음

이 장에서는 라즈베리파이의 펌웨어를 구성하는 방법에 대해 학습했다. 이로서 디스플레이 문제를 해결할 수 있고 시스템 파라미터를 어떻게 조정하는지 알게 되었다. 다음은 라즈베리파이의 네트워킹에 대해서 살펴본다.

내용 요약

- rpi-update를 다운로드하고 실행하여 새 펌웨어를 설치한다.
- 비디오 출력을 구성하고 오버스캔, 언더스캔 문제 해결하기
- 오디오 환경을 구성하고 테스트하기

자가 평가

Q : 화면이 너무 크게 나와서 잘린 화면이 나오는 현상을 뭐라고 하는가?
A : 오버스캔

Q : 오버스캔 또는 언더스캔 문제 해결을 위해 어떤 파일을 수정하는가?
A : nano 편집기로 /boot/config.txt 파일을 수정한다.

Q : HDMI로 비디오만 출력되는 경우, hdmi_drive 파라미터를 어떤 값으로 설정하는가?
A : /boot/config.txt 파일에서 hdmi_drive를 2로 설정한다.

제 5 장 라즈베리파이 네트워킹

학습목표

- 리눅스의 웹 브라우징에 대해 이해한다.
- 라즈베리파이를 원격으로 사용할 수 있다.

라즈베리파이를 네트워크에 연결하면 더 흥미롭다. 라즈베리파이로 웹 서핑이나 트위터 같은 작업을 할 수 있다. 또한 보안 쉘을 이용하여 다른 컴퓨터에서 편리하게 작업할 수 있으며, 네트워크로 라즈베리파이에서 PC로 연결할 수도 있다. 반대로 라즈베리파이의 데스크탑 환경을 PC에서 공유할 수도 있다.

추가적으로, 라즈베리파이는 고정된 프로그램만이 아니라 PHP 등의 언어로 작성된 웹 응용프로그램을 실행할 수 있어, 저렴하면서 강력한 웹 서버로 사용할 수 있다.

• 웹에서 작업하기

컴퓨터는 웹 브라우저를 사용하는 것만으로도 이메일 확인, 비디오 시청, 트위터의 트윗, RSS 피드 등의 많은 작업이 가능하다. 이 모든 것들은 오늘날 대부분의 브라우저들이 HTML5, JavaScript, Flash, Java를 지원하기 때문에 가능하다. 이런 기술이 없다면 웹 환경은 90년대에서 벗어나기 힘들다고 볼 수 있다. 이런 좋은 기술들은 구글 크롬이나 모질라, 파이어 폭스와 같은 현대적인 브라우저에서만 작동한다.

라즈비안[19]에서는 Chromium을 설치하면 라즈베리파이가 빠르게 실행된다. 다만 현재 웹브라우저 자체만으로는 비디오 출력과 같은 기능을 모두 지원하지 않는다. 가장 큰 문제점은 라즈베리파이의 작은 메모리인데 웹 브라우저는 메모리를 많이 필요로 하기 때문이다. 라즈베리파이의 데비안 버전에 제공되는 브라우저는 Midori[20]이다. Midori는 메모리를 사용하지 않아서 좋다. Midori를 웹 브라우저로 사용하기에는 한계를 갖고 있다. Flash와 Java와 같은 기술들은 현재 라즈베리파이에 사용하기 어렵다. Flash나 Java applet을 사

19) http://hexxeh.net/?p=328117859
20) http://twotoasts.de/index.php/midori/

용하는 웹 사이트를 거쳐 올 경우 라즈베리파이의 브라우저에서 작동하지 않을 수 있다.

그러나 일반 브라우저를 사용하고 싶은 경우가 있다. 구글 크롬 브라우저의 초기 버전이 Chromium 프로젝트이다. 라즈베리파이에서 구글 크롬은 사용할 수 없지만, Chromium 브라우저는 사용할 수 있다. 현재 Chromium 포트는 느리지만, 설치하려면 다음 명령을 실행한다.

```
pi@raspberry:~$ sudo apt-get install chromium
```

다음 명령을 LXDE 데스크탑의 터미널에 입력하여 Chromium을 실행한다.

```
pi@raspberry:~$ chromium
```

어플리케이션 메뉴에서 Chromium 브라우저의 바로가기를 찾을 수 있다. 최대한 빠르게 찾을 수 있도록 GPU에 32MB의 RAM을 할당하자. 비슷한 방법으로 데비안(b)에서 Iceweasel과 Firefox Port를 설치할 수 있다.

```
pi@raspberry:~$ sudo apt-get install iceweasel
```

나중에 어플리케이션 메뉴의 인터넷 섹션에서 Iceweasel 브라우저의 바로가기를 찾을 수 있다. Chromium과 마찬가지로 라즈베리파이를 오버 클러킹하여 성능을 높이는 것을 고려할 필요가 있다.

a. http://www.chromium.org/

b. http://en.wikipedia.org/wiki/Mozilla_Corporation_software_rebranded_by_the_Debian_project#IceWeasel

Midori는 HTML5, CSS3, JavaScript를 읽을 수 있어도 자바 스크립트의 일부를 읽지 못해 모든 웹 사이트를 잘 읽지는 못한다. 예를 들면 라즈베리파이에서 구글 메일의 모든 기능을 사용할 수 없다. 또한 Midori는 Google 메일의 시작 화면을 표시하는데 시간이 오래 걸린다. 이런 불편한 문제는 Midori의 환경설정>동작 메뉴에서 Google 메일의 기본 HTML 보기를 선택해서 JavaScript를 비활성 상태로 변경하여 개선할 수 있다.

JavaScript를 비활성화하면 웹 사이트 이용시 반응 속도가 개선된다. 그러나 javaScript로 구현된 기능을 HTML 버전으로 되돌린다. 이 HTML 버전은 최소한의 기능을 제공한다.

트위터에서도 비슷하다. Midori는 트위터 화면을 표시할 수 있지만 느리다. 가장 좋은 방법은 트위터 모바일 웹 사이트[21]사이트를 이용하는 방법이다. 트위터 모바일 웹 사이트는 원래 사이트와 동일한 구조이고 모바일 버전으로 전환해도 트위터는 여전히 트윗을 잘 보여 주며 Midori에서도 잘 작동한다.

도움되는 방법은 Midori의 사용자 에이전트를 변경하는 것이다. 모든 웹 브라우저들은 모든 요청과 함께 고유 식별자를 보내는데 이 정보는 웹 서버에게 정확히 어떤 브라우저가 요청을 보냈는지를 알린다. 이 식별자는 사용자 에이전트라고 부르는데 어떤 웹사이트들은 사용자 에이전트의 정보가 인식 불가능한 경우 에러 메시지가 나온다. Midori에서, 환경설정>네트워크 메뉴에서 user agent를 변경할 수 있다. 이 방법으로 Midori가 Mozilla Firefox 브라우저, Safari, 또는 IPhone인척 할 수 있다.

어떤 사이트들은 무엇을 하든 간에 바로 작동하지 않을 수 있다. YouTube[22]를 예로 들면, HTML5 영상 또는 Flash라고 해도, 브라우저의 비디오 지원에 의존한다. 라즈비안의 Midori는 이런 기능을 빠르게 지원하지 않기 때문에 YouTube를 적절히 표시할 수 없다. 일부 자바 스크립트 코드에 따라 자바 애플릿을 필요로 할 경우 어떤 사이트는 Midori가 작동하지 않는다.

이 외에도, Midori는 특히 CPU 자원을 많이 사용한다. Midori는 웹사이트를 표시하기 위해 모든 CPU 자원을 필요로 한다. 한 페이지를 표시하는 데에 몇 분을 기다려야 한다.

• 라즈베리파이 웹이 미래 전망

라즈베리파이 팀은 멋진 웹 브라우저가 없는 것이 플랫폼의 가장 큰 문제임을 인식하고 있다. 괜찮은 해결책을 마련하기 위해 상황을 개선시기키 위해 노력하고 있다. 머지않아 정말 좋은 웹 브라우저를 만들 전망이다.

"Web"이라고 불리는 이 브라우저는, 오랜 시간동안 존재했다. 지금도 라즈베리파이의 초기 베타 버전의 포트를 사용할 수 있다.

a. http://www.raspberrypi.org/archives/5535
b. http://en.wikipedia.org/wiki/Web_%28web_browser%29

JavaScript를 사용하지 않도록 설정할 수 있고, 가장 인기 있는 웹사이트의 모바일 버

---

21) http://mobile.twitter.com
22) http://youtube.com

전을 사용하는 경우, 대부분은 Midori로 충분하다.

• 라즈베리파이에서 Secure Shell 사용하기

라즈베리파이는 네트워크에 연결해야 할 가능성이 높은데 그 말은 반대로 라즈베리파이를 다른 컴퓨터로부터 수용한다는 의미가 된다. 두 컴퓨터 사이에 안전하게 통신을 하는 가장 좋은 방법 중 하나는 SSH(Secure Shell)를 이용하는 것이다. SSH는 안전한 데이터 통신을 위한 네트워크 프로토콜이다. 데비안은 SSH를 사용하는데 필요한 모든 것들이 함께 제공된다. 간단히 몇 가지만 설정하면 된다.

• 라즈베리파이의 SSH 원격 접속

라즈베리파이에서 다른 컴퓨터로 접근하기 위해서는 아무것도 설정할 필요가 없다. 예를 들어, 라즈베리파이의 SSH를 실행하고 다른 컴퓨터의 이름과 비밀번호를 이용하여 예를 들면 jcshim.com 호스트의 관리자로 연결할 수 있다.

```
pi@raspberry:~$ ssh jcshim@jcshim.com
jcshim@jcshim.com's password:
Last login: Wed Jan 2 09:41:34 2015 from 192.168.0.11
jcshim@jcshim.com:~$ exit
logout
Connection to jcshim.com closed.
```

하지만, SSH를 이용하여 라즈베리파이에 연결하기 위해서는 가장 먼저 라즈베리파이에서 Raspi-config를 이용하여 SSH 서버를 사용하도록 설정하여야 한다.

```
pi@raspberry:~$ sudo raspi-config
```

고급 옵션 메뉴에서 SSH 메뉴 항목을 선택하고, SSH 서버를 활성화시킨다. 그 다음 완료 버튼을 눌러 Raspi-config를 종료한다. 재부팅한 뒤에, 라즈베리파이 부트 로그에는 새로운 메시지가 추가된다.

```
Starting OpenBSD Secure Shell server: sshd
My IP address is 192.168.0.10
```

이 메시지는 이제 SSH를 이용하여 라즈베리파이에 연결할 수 있고, 라즈베리파이의 IP 주소는 192.168.0.10임을 알려준다. 이 IP주소는 사용자마다 다를 수 있다. 나중에 라즈베리파이의 IP 주소를 확인하기 위해서는 다음 명령어를 입력한다.

```
pi@raspberry:~$ ip addr | grep 'inet .* eth0'
inet 192.168.0.10/24 brd 192.168.0.255 scope global eth0
```

첫 번째로 나타나는 IP 주소는 라즈베리파이의 주소다. 이 주소를 사용하여, 네트워크상의 다른 컴퓨터에서 라즈베리파이로 연결할 수 있다.

Mac이나 Linux 시스템에서는 명령 줄 도구를 이용하여 SSH를 시작할 수 있는데, 라즈베리파이의 사용자 IP 주소와 비밀번호를 이용하여 통과할 수 있다.

```
jcshim> ssh pi@192.168.0.10
pi@192.168.0.10's password:
Linux raspberrypi 3.10.25+ #622 PREEMPT Fri Jan 3 18:41:00 GMT 2015 armv6l
The programs included with the Debian GNU/Linux system are free software;
the exact distribution terms for each program are described in the
individual files in /usr/share/doc/*/copyright.
Debian GNU/Linux comes with ABSOLUTELY NO WARRANTY, to the extent
permitted by applicable law.
Last login: Tue Feb 4 20:55:56 2015

pi@raspberry:~$ exit
logout
Connection to 192.168.0.10 closed.
```

윈도우에서 라즈베리파이로 연결하기 위해서는, SSH 클라이언트가 필요한데, 가장 좋은 클라이언트 중 하나는 PuTTY[23] 이다. PuTTY는 아주 가벼운 프로그램이다. 실행 파일을 다운로드하고, 실행시키면 환경설정 화면이 나온다.

PuTTY로는 다양한 설정을 할 수 있고, 필요로 하는 세션의 각 유형에 대한 설정을 저장할 수 있다. 라즈베리파이에 접속하려면 라즈베리파이의 IP 주소를 입력하고 열기 버튼을 클릭하면 된다. 그러면 라즈베리파이의 일반적인 로그인 프롬프트 창이 나타난다.

23) http://www.chiark.greenend.org.uk/~sgtatham/putty/download.html

• Public-Private 키 쌍으로 라즈베리파이에 접속

만일 SSH를 통해 라즈베리파이에 자주 접속한다면, 로그인할 때마다 비밀번호를 입력하는 것은 짜증이 난다. 더 편리한 방법은 public-private 키 메커니즘을 이용하는 것으로, PC에 하나의 키를 생성해야 한다. 키는 각각 private, public라는 이름의 두 부분으로 구성되어 있는데, public 부분을 라즈베리파이로 복사한다. 다음 번에 PC에서 라즈베리파이로 로그인하는 경우, SSH는 public과 private 부분의 키가 일치 하는지를 확인한다. 만일, 여러 대의 컴퓨터에서 라즈베리파이에 접속하고자 한다면, 이 단락의 단계를 각각의 컴퓨터 모두에서 실행해야 한다.

새로운 키 쌍을 생성하기 전에 이미 하나를 가지고 있는지를 확인해야 한다. Linux나 Max OS X에서는 터미널을 열고 다음 명령어를 실행한다.

```
jcshim〉 ls ~/.ssh/id_rsa.pub
/Users/jcshim/.ssh/id_rsa.pub
```

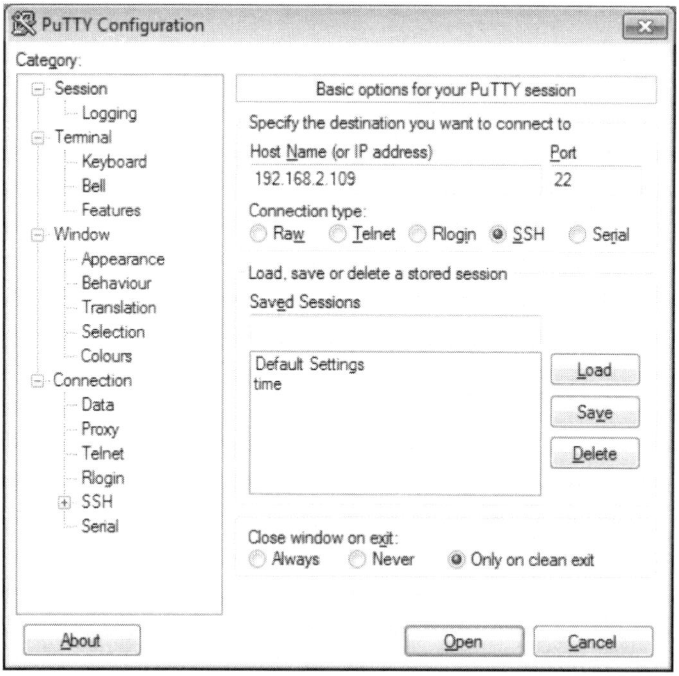

그림 5-1
PuTTY 환경설정 화면

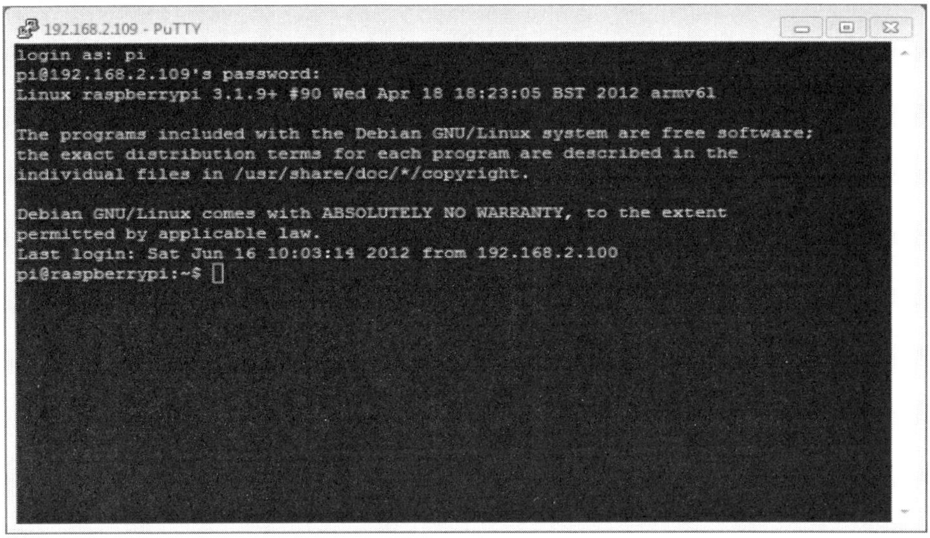

그림 5-2 윈도우에서 라즈베리파이로의 접속은 쉽다.

id_rsa.pub 파일은 public key를 포함하고 있고, 이전의 명령어를 나열하려고 한다. 출력이 이전의 출력과 같다면 이미 키를 가지고 있는 것이고, 다음에 설명된 대로 key 생성을 건너뛰고 라즈베리파이에 public key를 복사할 수 있다. 만일 그 대신 "No such file or directory"라는 메시지가 출력된다면, 다음과 같이 key를 생성해야 한다.

```
Generating public-private rsa key pair.
Enter file in which to save the key (/Users/jcshim/.ssh/id_rsa):
Enter passphrase (empty for no passphrase):
Enter same passphrase again:
Your identification has been saved in
/Users/bgkang/.ssh/id_rsa.
Your public key has been saved in
/Users/bgkang/.ssh/id_rsa.pub.
The key fingerprint is:
f0:09:09:49:42:46:42:6f:42:3b:42:44:42:09:6a:e8
your_email@youremail.com
The key's randomart image is:
+--[ RSA 2048]-----+
| . .o.. |
|+ ..o + . |
|o.o + B o |
|.+ o o B . |
| E = S . |
```

```
|..o|
|.|
||
||
+------------------+
```

이 명령어는 home 디렉토리에 키 쌍을 생성한다. id_rsa.pub 파일에서 public 키를 찾을 수 있다. 이 파일을 라즈베리파이에 전송하려면 SSH는 라즈베리파이의 사용자 home 디렉토리의 .ssh/authorized_keys 파일에 허가된 사람의 리스트를 보관한다. 다음의 명령어는 라즈베리파이의 권한 인증 리스트에 id_rsa.pub 파일을 추가한다.

```
jcshim> scp ~/.ssh/id_rsa.pub pi@192.168.1.10:/tmp
jcshim> ssh pi@192.168.2.10 "mkdir ~/.ssh"
jcshim> ssh pi@192.168.1.10 "cat /tmp/id_rsa.pub >> ~/.ssh/authorized_keys"
```

첫 번째 명령어는 id_rsa.pub 파일을 라즈베리파이의 /tmp 디렉토리로 복사하고, 두 번째 명령어는 SSH의 환경설정 데이터를 포함하는 .ssh라는 숨겨진 디렉토리를 생성한다. 마지막 명령어는 ~/.ssh/authorized_keys 파일에 내용을 추가한다. 만일 authorized_keys 파일에 여러개의 key를 추가할 계획이 아니라면, id_rsa.pub을 바로 복사해도 된다.

```
jcshim> scp ~/.ssh/id_rsa.pub pi@192.168.2.10:/home/pi/.ssh/authorized_keys
```

윈도우에서는 추가 도구를 사용할 수 있는데, PuTTY 다운로드 페이지에서 키를 생성하여 라즈베리파이에 복사하면 된다. 그림 5-3은 키를 생성하는 PuTTYgen 프로그램이다.

생성된 public 키를 파일에 복사하려면 PSCP를 이용한다. PSCP는 scp와 똑같고, DOS 프롬프트에서 다음 명령어를 실행하자.

```
C:₩> pscp id_rsa.pub pi@192.168.2.10:/home/pi/.ssh/authorized_keys
```

라즈베리파이는 이제 본격적으로 네트워크의 구성원이 된다.

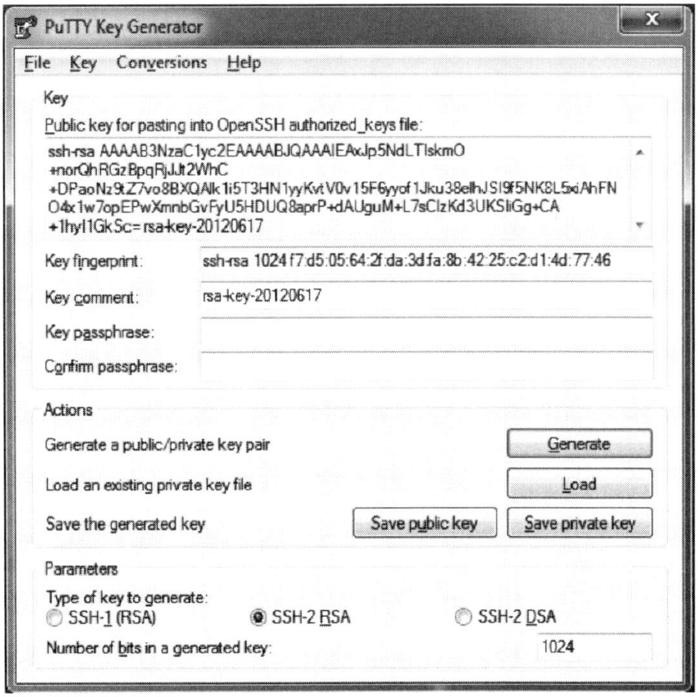

그림 5-3 PuTTYgen은 윈도우용 키를 생성

• VNC로 라즈베리파이 데스크톱 공유

SSH를 사용하여 라즈베리파이에 로그인하는 것은 편리하며 새로운 가능성을 열었다. 예를 들어 라즈베리파이의 파일 시스템에 접근하여 프로세스를 실행하거나 멈출 수 있고 현재 라즈베리파이의 상태를 볼 수 있다. 지금까지 SSH의 가장 큰 단점은 텍스트 터미널 환경에서만 작업이 가능한 것이다. 이러한 제한을 쉽게 극복하여 다른 컴퓨터의 마우스와 키보드로 라즈베리파이의 데스크탑을 제어할 수 있다. 한 해결책은 가상 네트워크 컴퓨팅(VNC)[24]을 이용하는 방법으로, 이 기술은 한 컴퓨터의 전체 화면 마우스 및 키보드 이벤트를 다른 컴퓨터로 전송한다.

VNC를 사용하기 위해서는 VNC 클라이언트와 서버가 필요하다. 서버는 제어될 대상 장치에서 실행하고, 클라이언트는 제어할 장치에서 실행한다. PC로 라즈베리파이를 제어

24) http://en.wikipedia.org/wiki/Vnc

하고 싶다면, 라즈베리파이에 VNC 서버를 설치해야 한다. VNC는 여러 가지가 있지만, 가장 좋은 방법 중 하나는 TightVNC[25]이다. TightVNC는 모든 주요 플랫폼에서 작동하며 무료일 뿐만 아니라 apt-get을 통해 설치할 수 있다.

```
pi@raspberry:~$ sudo apt-get install tightvncserver
pi@raspberry:~$ tightvncserver
You will require a password to access your desktops.
Password:
Verify:
Would you like to enter a view-only password (y/n)? n
New 'X' desktop is raspberrypi:1
Creating default startup script /home/pi/.vnc/xstartup
Starting applications specified in /home/pi/.vnc/xstartup
Log file is /home/pi/.vnc/raspberrypi:1.log
```

tightvncserver를 처음 실행했을 때, 비밀번호를 설정해야 한다. 나중에 VNC 클라이언트로 접속할 때는 지금 입력한 비밀번호를 입력해야 하는데 인증되지 않은 사용자가 접근하는 것을 막기 위함이다. 추가적으로 TightVNC는 보기용 비밀번호를 선택적으로 정의한다. 이 비밀번호는 클라이언트에게 읽기 전용 권한을 주며, 화면을 볼 수는 있지만 키보드나 마우스를 제어할 수는 없다. 보기용 비밀번호는 프리젠테이션에 유용하다.

비밀번호를 정의한 뒤에 TightVNC는 새로운 가상 스크린을 생성하고 PC나 MAC에서 접속할 수 있다. VNC의 장점은 필요한 만큼의 가상 스크린을 만들 수 있다는 점이다. 이 스크린들은 물리적 스크린과 통신할 필요가 없다. 많은 사용자들이 라즈베리파이에 접근할 수 있으며, 각각은 독립적인 데스크탑 환경을 받는다.

가상 스크린을 할당받기 위해서는 두 가지가 필요하다. 라즈베리파이의 IP 주소와 스크린의 포트 주소이다. VNC의 기본 포트 번호는 5900이고, 1번 스크린에 접속하기 위해서는 포트번호 5901번을 사용한다. 앞의 명령어로 생성한 스크린에 접속하기 위해서는 네트워크 주소 192.169.2.10:5901을 사용해야 한다. 사용자마다 IP 주소는 다르다.

이제 라즈베리파이의 VNC 서버 주소를 알고, VNC 클라이언트를 이용하여 PC나 MAC에서 접속할 수 있다. MAC에서 접속하는 것은 매우 쉬운데, 그 이유는 MAC은 VNC 클라이언트가 함께 제공되기 때문이다. Safari 웹 브라우저를 사용해서 VNC 서버에 접속할 수 있다. 단순히 vnc://129.168.2.10:5901 웹 주소를 입력하는 것만으로도 Safari는 화면

25) http://www.tightvnc.com/

공유 응용프로그램을 생성한다. 미리 정의한 비밀번호를 입력하면 완료된다. 다음 그림은 결과 화면이다.

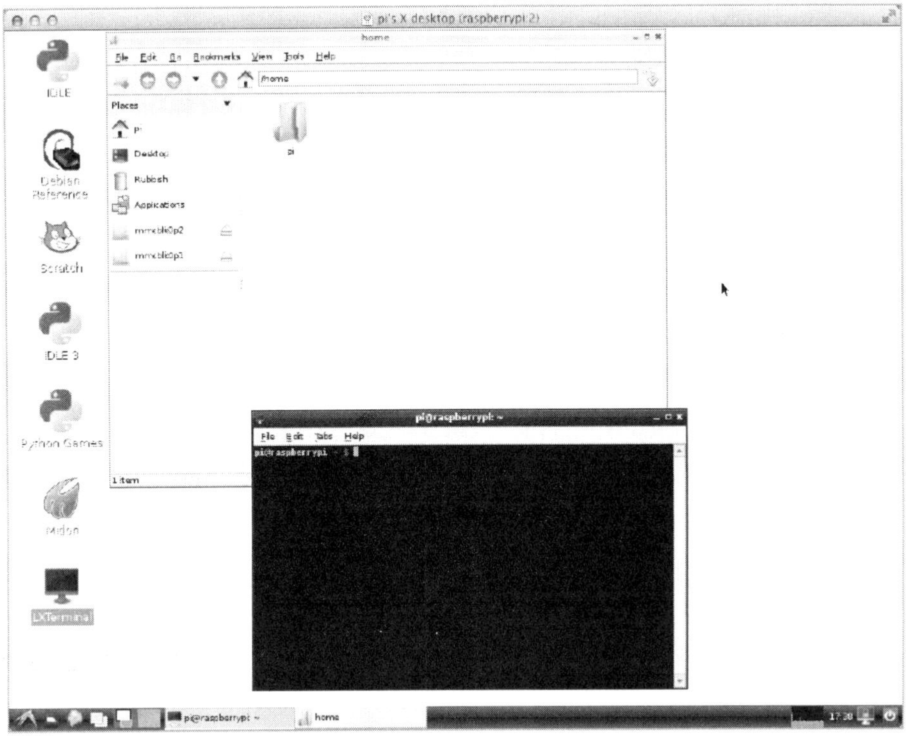

그림 5-4 MAC으로 라즈베리파이 제어하기

윈도우와 리눅스에서도 순서가 비슷하지만, VNC 클라이언트를 먼저 설치해야 한다. 설치는 쉬운데 TightVNC는 윈도우와 리눅스 모두에서 작동하고 클라이언트가 포함되어 있다.

라즈베리파이로 PC나 MAC을 제어하는 것 역시 쉽다. 먼저 VNC 서버를 PC에 설치한다. 윈도우와 리눅스 모두 TightVNC가 좋다. MAC OS X는 통합VNC 서버를 단순히 활성화하면 되기 때문에 더 쉽다. 시스템 환경설정에서, 공유를 선택하고 화면 공유를 활성화한다. 컴퓨터 설정 버튼을 클릭하여 비밀번호를 입력한다. 다음은 환경설정 패널 그림이다.

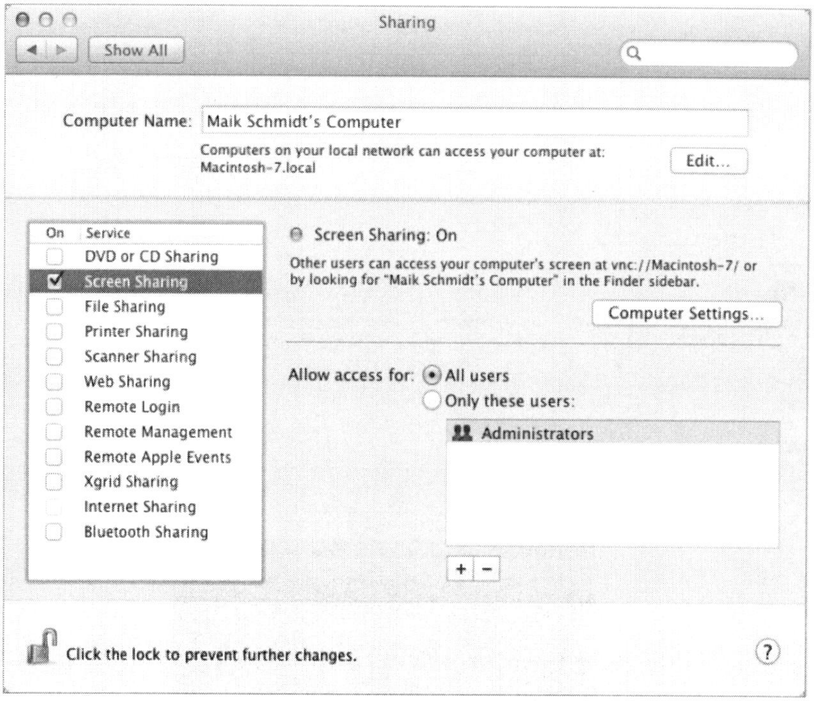

그림 5-5
MAC의 화면 공유는 쉽다.

이제 라즈베리파이에 VNC 클라이언트가 필요하고, xtightvncviewer가 좋다. apt-get으로 설치한다.

```
pi@raspberry:~$ sudo apt-get install xtightvncviewer
```

그 후에 라즈베리파이의 데스크탑에서 터미널을 열고 클라이언트를 실행한 뒤, PC의 IP 주소와 VNC 포트로 통과한다.

```
pi@raspberry:~$ xtightvncviewer 192.168.2.100:5900
```

MAC 데스크탑 창 안의 라즈베리파이의 화면이다. 만일 작동하지 않는다면, IP 주소와 포트 번호를 확인한다. 보통 포트번호는 5900이지만, 다른 VNC 서버에서는 다를 수 있다.

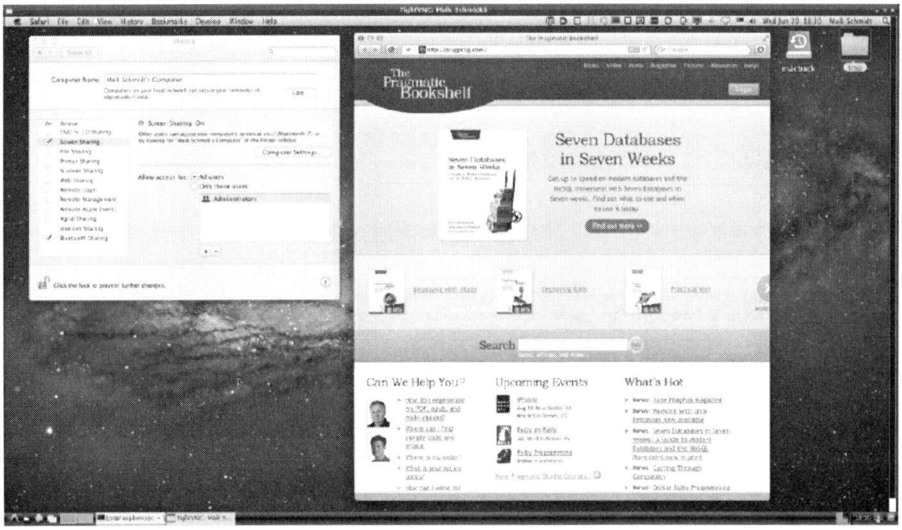

그림 5-6 라즈베리파이에서 MAC 제어하기

• 웹 서버 설치

비록 라즈베리파이는 웹 서버 하드웨어와 비교하면 장난감 같지만, 라즈베리파이는 여전히 로컬 네트워크에서 정보를 제공하기에는 강력하다. 정적 웹사이트 뿐 아니라 데이터베이스와 웹 응용 프로그램을 사용한 동적 콘텐츠도 생성할 수 있다. 또한 웹 기술을 통해 GPIO 포트의 접속도 제공할 수 있다.

라즈베리파이를 웹 서버로 바꾸기 위해서는 첫 번째로 HTTP 서버가 필요하다. HTTP 서버는 Hypertext Transfer Protocol(HTTP)을 이해하는 네트워크 서비스이다. 많은 좋은 제품들 중에서 선택할 수 있으며, Apache HTTP 서버[26]나 Nginx[27]도 있지만, Lighttpd[28]가 가장 좋다. 이는 매우 작은 메모리가 필요하기 때문에 라즈베리파이에 가장 알맞기 때문이다.

Lighttpd의 설치와 실행 과정은 아주 쉽다.

```
pi@raspberry:~$ sudo apt-get install lighttpd
```

26) http://httpd.apache.org/
27) http://nginx.org/
28) http://www.lighttpd.net/

설치가 완료된 후에, lighttpd를 가동 및 실행하여 라즈베리파이의 IP 주소로 PC의 웹 브라우저를 가리킬 수 있다. 예를 들어, 다음 그림은 서버의 시작 페이지이다.

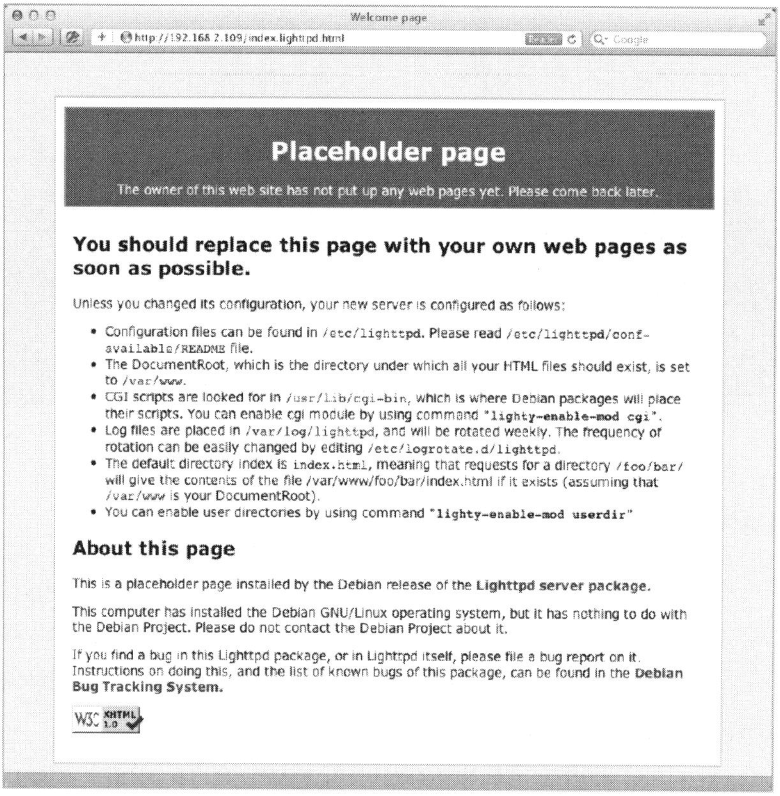

그림 5-7 Lighttpd의 시작 페이지

자신의 웹 사이트를 제작하려면 Lighttpd의 문서 루트에 웹 사이트 관련 모든 파일이 있어야 한다. Lighttpd의 기본 document 루트는 /var/www이다. 운영 체제 그룹의 www-data가 그룹의 구성원만이 쓸 수 있는 권한이 있는지 확인해야 한다. 다음 명령어는 라즈베리파이의 사용자를 www-data 그룹에 추가하고, 이에 따라 /var/www 디렉토리에 쓰기 권한 플래그를 설정한다.

```
pi@raspberry:~$ sudo adduser pi www-data
pi@raspberry:~$ sudo chown -R www-data:www-data /var/www
pi@raspberry:~$ sudo chmod -R 775 /var/www
```

로그인 한 뒤에 새 웹페이지를 생성할 수 있다. nano 등과 같은 어떠한 텍스트 편집기로도 할 수 있다. 다음 명령어는 index.html이라는 새 파일을 만들고, 이 파일은 첫 번째 웹사이트의 시작 페이지가 된다. 다음 텍스트를 입력하자.

```
Networking/index.html
<!DOCTYPE html>
<html>
<head>
<title>Hello, world!</title>
</head>
<body>
<h1>Hello, world!</h1>
</body>
</html>
```

입력을 완료했을 때, Ctrl+X 키를 눌러 nano를 종료한다. Y를 눌러서 파일의 저장을 확인하고, 그 뒤 엔터키를 눌러서 파일명을 확인한다. 그 뒤에, 브라우저가 새 웹페이지를 가리키도록 하면 다음과 같은 결과를 볼 수 있다.

그림 5-8 새 웹페이지를 접속한 결과

PC에서 index.html 파일을 수정하고 싶다면, 라즈베리파이에 파일을 복사한다. IP 주소를 사용자의 라즈베리파이의 IP 주소로 교체해야 한다.

```
jcshim> scp index.html pi@192.168.2.10:/var/www
```

단지 몇 가지의 명령어를 사용하여, 라즈베리파이를 HTML 페이지와 같은 정적 콘텐츠를 제공할 수 있는 완전한 웹 서버로 바꿨다. 이 웹서버는 유용하지만, 가끔은 더 동적인 콘텐츠가 필요하다. 예를 들어, 데이터베이스의 데이터나 라즈베리파이에 부착된 센서가 수집한 환경 데이터를 페이지에 삽입할 필요가 있다. 동적 콘텐츠를 생성하기 위해서는 프로그래밍 언어가 필요하다. 많은 방법 중에서 선택할 수 있다. PHP[29]는 많은 자원을 사용하지 않고 쉽게 설치할 수 있기 때문에 라즈베리파이에서 좋은 선택이다.

```
pi@raspberry:~$ sudo apt-get update
pi@raspberry:~$ sudo apt-get install php5-cgi
pi@raspberry:~$ sudo lighty-enable-mod fastcgi-php
pi@raspberry:~$ sudo /etc/init.d/lighttpd force-reload
```

이 명령어들은 PHP 해석기를 설치하고 Lighttpd 서버에서 FastCGI 모듈을 사용할 수 있게 한다. FastCGI[30]는 동적 웹사이트의 속도를 높여주기 때문에 사용하는 게 좋다.

작동을 확인하기 위해서, /var/www/index.php 파일을 생성하여 다음 내용을 입력한다.

```
Networking/index.php
<?php
phpinfo();
?>
```

브라우저가 생성된 새 파일을 선택하면 php 정보 페이지가 나온다. 이 페이지는 PHP의 info 페이지로, 현재 실행중인 시스템인 PHP에 대한 많은 정보를 포함한다. PHP는 동적으로 웹 페이지를 생성한다. 모두 잘 작동하는 것을 볼 수 있고, 이제 라즈베리파이에서 웹 응용프로그램을 빌드할 수 있다.

• 와이파이 추가하기

오늘날 무선 네트워크는 어디에나 있다. 커피 숍, 공항, 호텔은 대체적으로 고객을 위한 와이파이를 제공한다. 아마 집에서도 무선 네트워크를 사용하며, 가족과 식사하는 도중에도 스마트폰을 이용해 중요한 서비스에 편리하게 접속할 수 있다. 윈도우나 MAC OS X에서는 프로세스가 거의 보이지 않기 때문에 무선 네트워크 접속에 많이 신경 쓸 필요가 없다.

---

29) http://www.php.net/

30) http://www.fastcgi.com/

하지만 라즈베리파이에서는 좀 다른데 라즈베리파이의 하드웨어는 기본적으로 와이파이를 지원하지 않는다. USB 포트에 꽂을 수 있는 와이파이 스틱(stick)이 필요하고, 스틱의 종류에 따라 라즈비안은 자동으로 환경을 구성하지만, 직접 설정해야 할 경우도 있다. 여기서는 두 가지 방법 모두 학습할 수 있다.

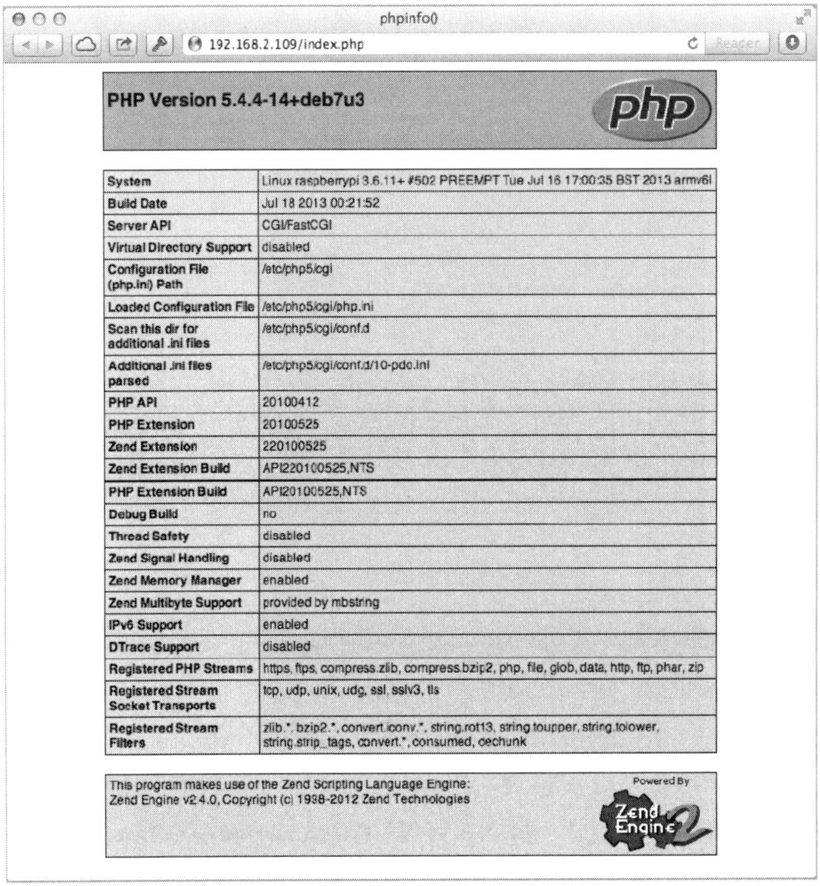

PHP Version 5.4.4-14+deb7u3

System	Linux raspberrypi 3.6.11+ #502 PREEMPT Tue Jul 16 17:00:35 BST 2013 armv6l
Build Date	Jul 18 2013 00:21:52
Server API	CGI/FastCGI
Virtual Directory Support	disabled
Configuration File (php.ini) Path	/etc/php5/cgi
Loaded Configuration File	/etc/php5/cgi/php.ini
Scan this dir for additional .ini files	/etc/php5/cgi/conf.d
Additional .ini files parsed	/etc/php5/cgi/conf.d/10-pdo.ini
PHP API	20100412
PHP Extension	20100525
Zend Extension	220100525
Zend Extension Build	API220100525,NTS
PHP Extension Build	API20100525,NTS
Debug Build	no
Thread Safety	disabled
Zend Signal Handling	disabled
Zend Memory Manager	enabled
Zend Multibyte Support	provided by mbstring
IPv6 Support	enabled
DTrace Support	disabled
Registered PHP Streams	https, ftps, compress.zlib, compress.bzip2, php, file, glob, data, http, ftp, phar, zip
Registered Stream Socket Transports	tcp, udp, unix, udg, ssl, sslv3, tls
Registered Stream Filters	zlib.*, bzip2.*, convert.iconv.*, string.rot13, string.toupper, string.tolower, string.strip_tags, convert.*, consumed, dechunk

This program makes use of the Zend Scripting Language Engine:
Zend Engine v2.4.0, Copyright (c) 1998-2012 Zend Technologies

Powered By Zend Engine 2

그림 5-9 라즈베리파이에서의 동적 웹 페이지 제공

• WiFi Config로 와이파이 설정

라즈비안에서 와이파이를 설정하는 가장 쉬운 방법은 WiFi Config라는 그래픽 도구를 이용하는 것이다. 와이파이 스틱을 USB 포트에 꽂고 LXDE 데스크탑을 실행한다.

```
pi@raspberry:~$ startx
```

데스크탑에 WiFi Config 아이콘이 있다. 더블클릭하여 실행하면 응용 프로그램이 작동된다.

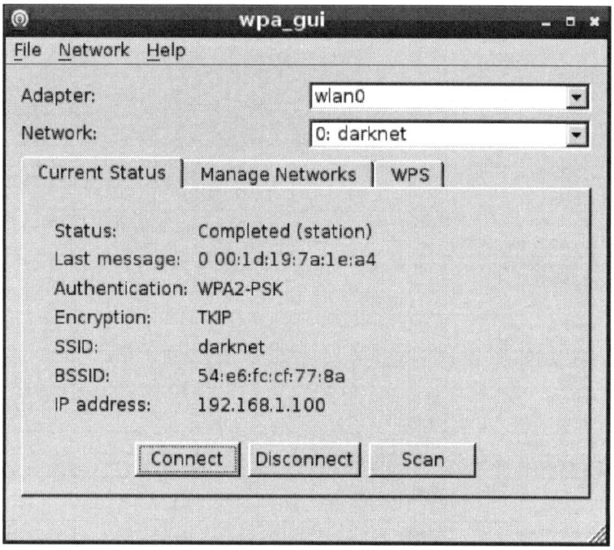

그림 5-10 WiFi Config는 무선 네트워크를 검색할 수 있다.

Adapter: 드롭다운 메뉴를 열어 wlan0을 선택한 뒤, [Scan] 버튼을 눌러 무선 네트워크를 찾는다. 네트워크를 찾고 그 이름을 클릭하면 환경설정 대화상자가 나타난다.

보통 여기서는 PSK 항목에 WiFi의 비밀번호만 입력하면 되고, 다른 건 변경 할 필요가 없다. Save 버튼을 눌러 메인 메뉴로 돌아온 뒤에 Connect 버튼을 눌러 라즈베리파이를 무선 네트워크에 연결한다. 정상적으로 작동한다면 File〉Save Configuration menu 메뉴를 이용하여 현재 설정을 저장한다.

라즈비안과 WiFi Config가 WiFi스틱을 인식시키는 가장 좋은 방법은 라즈베리파이를 무선 네트워크에 조인(join)을 시키는 것이다. 하지만 불행하게도 WiFi Config가 모든 WiFi 스틱에서 작동하지 않는다. 이 경우에는 와이파이를 직접 설정해야 한다.

• 와이파이 스틱을 직접 설정하기

와이파이를 명령 줄 모드에서 직접 설정하는 그리 어렵지 않다. 와이파이 스틱을 라즈베리파이의 USB 포트에 꽂고 lsusb 명령어를 실행하여 라즈베리파이가 정확하게 찾는지를 확인한다.

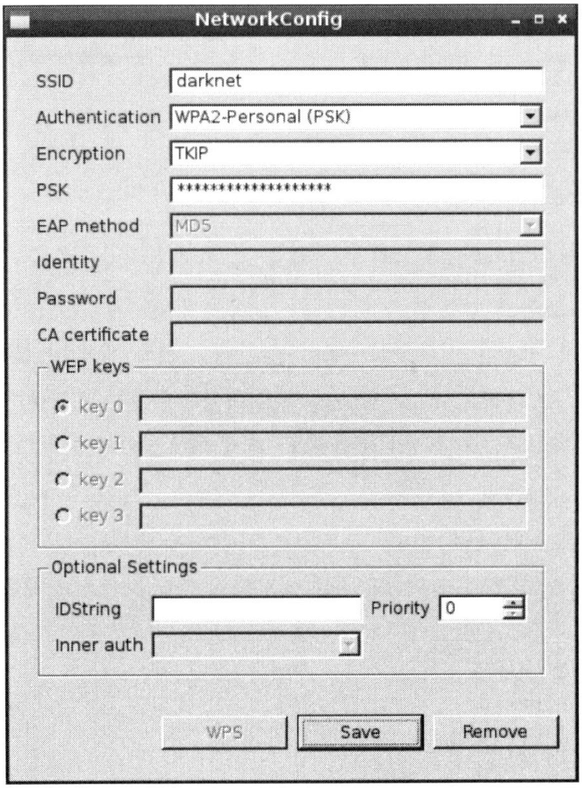

그림 5-11
WiFi Config에서 많은 파라미터를 변경할 수 있다.

```
Bus 001 Device 001: ID 1d6b:0002 Linux Foundation 2.0 root hub
Bus 001 Device 002: ID 0424:9512 Standard Microsystems Corp.
Bus 001 Device 003: ID 0424:ec00 Standard Microsystems Corp.
Bus 001 Device 004: ID 050d:0237 Belkin Components F5U237 USB 2.0 7-Port Hub
Bus 001 Device 005: ID 04e8:2018 Samsung Electronics Co., Ltd WIS09ABGN
LinkStick Wireless LAN Adapter
Bus 001 Device 006: ID 046d:c312 Logitech, Inc. DeLuxe 250 Keyboard
Bus 001 Device 007: ID 046d:c05a Logitech, Inc. Optical Mouse M90
```

이 경우 device-005는 Samsung에서 제조된 와이파이 스틱이다. 라즈베리파이의 부트 메시지에서 dmesg 명령어를 사용하여 WLAN 스틱이 정확히 초기화되었는지를 더 자세히 살펴볼 수 있다.

```
pi@raspberry:~$ dmesg | less
...
usb 1-1.3.6: new high speed USB device number 5 using dwc_otg
usb 1-1.3.6: New USB device found, idVendor=04e8, idProduct=2018
usb 1-1.3.6: New USB device strings: Mfr=1, Product=2, SerialNumber=3
usb 1-1.3.6: Product: 802.11 n WLAN
usb 1-1.3.6: Manufacturer: Ralink
usb 1-1.3.6: SerialNumber: 1.0
...
```

스페이스바를 누르면 한 페이지를 내려가고, B 키를 누르면 한 페이지를 올라간다. Q 키를 누르면 셸 프롬프트로 돌아간다. 위 상황에서 볼 수 있듯이 Samsung 스틱은 Ralink사 와이파이 칩셋을 사용한다. 데비안은 이 칩셋을 바로 인식해 편리하다. 만일 와이파이 스틱이 초기화된 직후 dmesg의 출력이 에러를 포함한다면, 라즈베리파이 wiki[31)]를 확인하여 와이파이 스틱 펌웨어를 직접 다운로드하고, 리눅스 커널을 구성해야 한다.

에러가 발생하지 않는다면 데비안 리눅스는 와이파이 스틱을 성공적으로 인식한다. 다음 명령어로 현재의 라즈베리파이의 무선 네트워크 인터페이스 상태를 확인할 수 있다.

```
pi@raspberry:~$ iwconfig
lo no wireless extensions.
eth0 no wireless extensions.
wlan0 IEEE 802.11abgn ESSID:off/any
Mode:Managed Access Point: Not-Associated Tx-Power=20 dBm
Retry long limit:7 RTS thr:off Fragment thr:off
Power Management:on
```

라즈베리파이가 무선 네트워크에 연결되지 않은 순간에도 wlan0 인터페이스를 실행할 수 있다. 다음 명령어는 무선 네트워크를 찾는 명령어이다.

31) http://elinux.org/RPi_VerifiedPeripherals#USB_WiFi_Adapters

```
pi@raspberry:~$ sudo iwlist scan | grep ESSID
ESSID:"darknet"
ESSID:"valhalla"
```

이 경우, darknet과 valhalla라는 2개의 무선 네트워크가 통신 범위 안에 있다. 그 중 하나와 연결하기 위해서는 /etc/network/interfaces 환경설정 파일을 nano 등의 텍스트 편집기로 편집한다. 환경설정 파일의 내용은 다음과 같이 변경해야 한다.

```
auto lo
iface lo inet loopback
iface eth0 inet dhcp
allow-hotplug wlan0
iface wlan0 inet manual
wpa-roam /etc/wpa_supplicant/wpa_supplicant.conf
iface default inet dhcp
```

이 내용은 라즈베리파이가 이더넷 연결 없이 부팅된 경우, wlan0 인터페이스를 자동으로 활성화한다. 또한 DHCP(Dynamic Host COnfiguration Protocol)를 이용하여 IP 주소를 라즈베리파이에 얻어온다.

와이파이 인증을 구성해야 한다. /etc/wpa_supplicant/wpa_supplicant.conf 파일을 텍스트 편집기로 열어서 다음 코드를 입력한다.

```
ctrl_interface=DIR=/var/run/wpa_supplicant GROUP=netdev
update_config=1
network= {
ssid="darknet"
psk="dontTellAny0ne"
proto=RSN
key_mgmt=WPA-PSK
pairwise=TKIP
auth_alg=OPEN
}
```

물론, ssid와 psk 파라미터를 알맞게 조정해야 한다. 꼭 라즈베리파이를 재부팅할 필요는 없다. 다음 명령어를 실행하여 라즈베리파이를 무선 네트워크에 접속하도록 만들 수 있다.

```
pi@raspberry:~$ sudo ifup wlan0
Internet Systems Consortium DHCP Client 4.2.2
Copyright 2004-2011 Internet Systems Consortium.
All rights reserved.
For info, please visit https://www.isc.org/software/dhcp/
Listening on LPF/wlan0/00:12:fb:28:a9:51
Sending on LPF/wlan0/00:12:fb:28:a9:51
Sending on Socket/fallback
DHCPDISCOVER on wlan0 to 255.255.255.255 port 67 interval 8
DHCPDISCOVER on wlan0 to 255.255.255.255 port 67 interval 14
DHCPDISCOVER on wlan0 to 255.255.255.255 port 67 interval 14
DHCPREQUEST on wlan0 to 255.255.255.255 port 67
DHCPOFFER from 192.168.1.1
DHCPACK from 192.168.1.1
bound to 192.168.1.11 -- renewal in 2983 seconds.
```

이제 라즈베리파이의 IP 주소는 192.168.1.11이고, 네트워크에 무선으로 연결되었다. 사용자마다 IP 주소는 다르다. ping 명령어를 이용하여 Google 웹사이트에 접속되는지 확인한다.

```
pi@raspberry:~$ ping -c 3 google.com
PING google.com (173.194.69.100) 56(84) bytes of data.
64 bytes from google.com (173.194.69.100): icmp_req=1 ttl=45 time=26.7 ms
64 bytes from google.com (173.194.69.100): icmp_req=2 ttl=45 time=32.3 ms
64 bytes from google.com (173.194.69.100): icmp_req=3 ttl=45 time=34.8 ms
--- google.com ping statistics ---
3 packets transmitted, 3 received, 0% packet loss, time 2002ms
rtt min/avg/max/mdev = 26.752/31.338/34.863/3.395 ms
```

보이는 대로, 라즈베리파이는 이제 와이파이를 통해 인터넷에 연결되었다. 다음 명령어를 이용하면 신호 세기 등에 대한 통계를 얻을 수 있다.

```
pi@raspberry:~$ iwconfig
lo no wireless extensions.
eth0 no wireless extensions.
wlan0 IEEE 802.11abgn ESSID:"darknet"
Mode:Managed Frequency:2.442 GHz Access Point: 54:E6:FC:CF:77:8A
Bit Rate=135 Mb/s Tx-Power=20 dBm
Retry long limit:7 RTS thr:off Fragment thr:off
Power Management:on
Link Quality=40/70 Signal level=-70 dBm
```

```
Rx invalid nwid:0 Rx invalid crypt:0 Rx invalid frag:0
Tx excessive retries:1 Invalid misc:6 Missed beacon:0
```

라즈베리파이와 같은 컴퓨터는 하나 이상의 IP 주소를 가질 수 있다. 이더넷이나 와이파이에 연결이 되면 부팅 메시지에 다음 내용과 비슷하게 출력된다.

```
My IP address is 192.168.2.10 192.168.1.101
```

라즈베리파이가 2개의 네트워크에 연결되었고, 각 네트워크는 다른 IP 주소를 가지고 있다는 의미이다.

• 고정 IP 주소 설정하기

지금까지 DHCP를 이용하여 모든 네트워크를 구성했다. 즉, 라우터가 라즈베리파이에 IP 주소를 자동으로 할당한 것이다. 이 IP 주소는 유일한 값이지만 변경될 수 있다. 어떤 경우에는 고정 IP 주소를 할당하는 것이 더 유용하다. IP 주소가 항상 동일하게 유지된다. 해당 IP 주소를 네트워크상의 다른 장치가 사용하고 있지는 않는지 확인해야 한다. 다른 장치가 이미 사용 중일 경우 네트워크상에서 충돌이 발생하여 통신이 되지 않는다.

고정 IP 할당은 동적 IP 할당과 크게 다르지 않다. 먼저 /etc/network/interfaces 파일을 수정해야 한다. 이 파일은 동적 IP 주소를 이더넷 장치에 할당하는 파일이다. 또한, 와이파이 장치에 고정 IP 주소 192.168.1.15를 할당한다.

```
auto lo
iface lo inet loopback
iface eth0 inet dhcp
allow-hotplug wlan0
iface wlan0 inet manual
wpa-roam /etc/wpa_supplicant/wpa_supplicant.conf
iface home inet static
address 192.168.1.15
netmask 255.255.255.0
network 192.168.1.0
gateway 192.168.1.1
```

netmask, network, gateway가 정확한 주소인지 확인한다. 또한 192.168.1.15가 무선 네트워크상의 다른 장치에서 사용 중인지 확인이 필요하다.

In this case, the static interface's name is "home." You have to connect it to the Wi-Fi credentials by changing /etc/wpa_supplicant/wpa_supplicant.conf slightly:

```
ctrl_interface=DIR=/var/run/wpa_supplicant GROUP=netdev
update_config=1
network= {
ssid="darknet"
psk="t0p$ecret"
proto=RSN
key_mgmt=WPA-PSK
pairwise=TKIP
auth_alg=OPEN
id_str="home"
}
```

id_str="home" 부분만 추가한다. 라즈베리파이를 재부팅한 뒤에 동적 이더넷 주소 및 고정 무선 주소를 수신한다. 이제 라즈베리파이의 IP 주소는 고정된다.

• 요약 및 다음

이 장에서는 라즈베리파이를 네트워크에 통합하는 것을 학습했다. SSH를 통해 라즈베리파이에 편리하게 접속할 수 있고, 웹 서버로도 사용할 수 있다.

내용 요약

- 일상적인 웹 작업하기
- 라즈베리파이의 SSH 원격 접속
- Public-Private 키 쌍으로 접속하기
- PuTTY 사용하기
- VNC 사용하기
- 웹 서버 사용하기
- 와이파이 사용하기

자가 평가

Q : 라즈비안 기본 브라우저인 Midori는 HTML5, CSS3는 읽을 수 있지만 비슷한 다른 언어의 일부를 읽지 못해 활용에 문제가 있다. 해당 언어는 무엇인가?

A : JavaScript

Q : 트위터의 경우 일반적인 접속에 있어 로딩이 다소 긴 문제가 있는데 어떻게 하는가?

A : 모바일 모드로 접속하면 해결된다.

Q : PC와 라즈베리파이를 안전하게 통신하도록 도와주는 네트워크 프로토콜은 무엇인가?

A : SSH

Q : PC와 라즈베리파이를 연결하며 키보드와 마우스로 제어권을 갖고, 데스크 탑의 전체 화면을 전송해 제어하는 기술을 무엇이라 하는가?

A : 가상 네트워크 컴퓨팅(VNC)

Q : 라즈베리파이를 HTTP 웹 서버로 사용하고자 할 때 Apache와 Lighttpd중에 리소스가 적고 가벼운 서버는?

A : Lighttpd

3부 GPIO 응용

제 1 장 GPIO로 LED 제어 (디지털 출력)

학습목표

- 명령어를 이용해 GPIO 핀을 제어할 수 있다
- 셀 스크립트로 메모리 부족 알람 소프트웨어를 작성할 수 있다
- 웹 서버로 메모리 사용량을 출력할 수 있다
- 회로에 문제가 생긴 경우 점검 및 해결할 수 있다

라즈베리파이는 컴퓨터 프로그래밍과 전자관련 프로젝트를 할 수 있도록 만들어졌다. 라즈베리파이의 확장 헤더 핀을 통해 전자관련 프로젝트를 쉽게 구현할 수 있다.

이 장에서는 전자 제품을 제작하고 라즈베리파이로 제어하는 방법을 배운다. 먼저 발광 다이오드(LED)로 기본 회로를 GPIO를 이용하여 만든다. 리눅스 셀 명령을 사용하여 LED를 제어하고 또 컴퓨터 프로그래밍을 사용하여 LED를 켜거나 끈다.

그리고 라즈베리파이에 작은 메모리 경보를 구축하여 남은 메모리를 파악하는 방법도 배운다. 이는 신호등처럼 작동하는데, 남은 메모리의 양이 매우 적을 경우 붉은 빛을 낸다. 또한 웹 브라우저에서도 메모리 경보의 결과를 볼 수 있도록 한다.

• 필요 기자재

이 단원의 모든 프로젝트를 실습하려면 몇 개의 부품이 필요하다.

- 브레드보드
- 5mm LED (빨간색, 노란색, 초록색)
- 220Ω ~ 1kΩ의 크기를 갖는 저항
- 4개의 점퍼 와이어

이 부품들은 인터넷의 전자부품 쇼핑몰에서 쉽게 구입할 수 있다. 대표적으로 국내는 프라이봇, 아이씨 뱅큐, 해외 사이트로는 element14, SparkFun, Adufruit, 등이 있다. 이런 부품들을 낱개로 구입하는 것 보다는 팩으로 구입하면 훨씬 저렴하다.

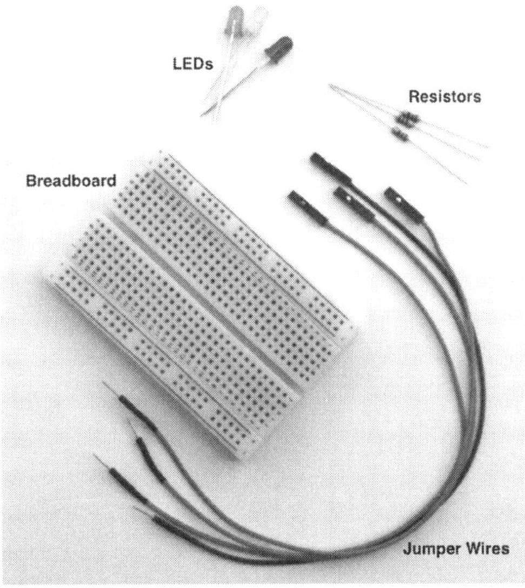

그림 1-1
필요한 부품들

• 라즈베리파이3의 GPIO 핀

라즈베리파이의 핀을 활용하면 다양한 센서와 모듈을 라즈베리파이에 활용할 수 있다. 라즈베리파이의 핀은 총 40핀이 있으며 2행 20열로 구성되어 있다. 상단 행은 짝수 핀으로, 다른 행은 홀수 핀으로 구성된다. 즉 첫 번째 핀은 1이고, 레이블 1을 찾을 수 있다.

다음 그림에서 핀의 번호와 의미를 볼 수 있다. GND 핀은 접지를 제공한다. 3.3V와 5V 핀은 다른 외부 장치를 라즈베리파이에 연결할 때 전원을 공급한다.

핀은 디지털 입력 혹은 출력 핀으로 사용할 수 있는 범용 입/출력 (GPIO, Generalpurpose input/output) 핀이라 불린다. 버튼으로 상태를 읽어 LED를 켜고 끄는 용도로 GPIO핀을 사용할 수 있다. 대부분의 핀은 같은 기능을 수행 할 수 있도록 구성되 어있지만 일부 GPIO 핀들은 특별한 용도로 사용된다. 일부 핀은 모터를 사용할 수 있도록 펄스 변조 PWM을 지원한다. 좀 더 복잡한 프로젝트를 만든다면 해당 핀을 자세히 알아보는 것이 좋다.

Pin#	NAME	NAME	Pin#
01	3.3v DC Power	DC Power 5v	02
03	GPIO02 (SDA1 , I2C)	DC Power 5v	04
05	GPIO03 (SCL1 , I2C)	Ground	06
07	GPIO04 (GPIO_GCLK)	(TXD0) GPIO14	08
09	Ground	(RXD0) GPIO15	10
11	GPIO17 (GPIO_GEN0)	(GPIO_GEN1) GPIO18	12
13	GPIO27 (GPIO_GEN2)	Ground	14
15	GPIO22 (GPIO_GEN3)	(GPIO_GEN4) GPIO23	16
17	3.3v DC Power	(GPIO_GEN5) GPIO24	18
19	GPIO10 (SPI_MOSI)	Ground	20
21	GPIO09 (SPI_MISO)	(GPIO_GEN6) GPIO25	22
23	GPIO11 (SPI_CLK)	(SPI_CE0_N) GPIO08	24
25	Ground	(SPI_CE1_N) GPIO07	26
27	ID_SD (I2C ID EEPROM)	(I2C ID EEPROM) ID_SC	28
29	GPIO05	Ground	30
31	GPIO06	GPIO12	32
33	GPIO13	Ground	34
35	GPIO19	GPIO16	36
37	GPIO26	GPIO20	38
39	Ground	GPIO21	40

그림 1-2 라즈베리파이3의 GPIO핀

• 기본 회로 만들기

이제 기본적인 회로를 만들어 보자. 라즈베리파이에 LED를 연결하여 빛나게 하려면 LED, 저항, 브레드 보드, 암/수 2개의 점퍼 와이어가 필요하다. 이러한 부품을 사용하여 아래의 회로를 구축할 수 있다.

실제 회로를 구축하기에 앞서 부품이 어떻게 작동하는지 살펴보자. 브레드보드는 시험 회로를 만들 때 유용한 도구다. 납땜할 필요 없이 LED와 저항만으로 연결할 수 있다. 브레드보드의 크기는 다양하지만, 모두 비슷한 특성을 지닌다. 대부분의 브레드보드는 상단과 하단에 2행의 소켓이 있고, 그 사이에 많은 소켓이 정렬되어 있다. 특정 행이나 열은 소켓으로 연결되어 있다. 위 그림과 같이 기본 회로는 브레드 보드의 마지막 두 번째 행의 라즈베리파이에 접지 핀을 연결한다. 이는 자동으로 라즈베리파이의 접지가 행의 모든 소켓을 연결한다. 같은 이유로 LED가 저항을 거쳐 두 번째 열에 연결된다. 저항은 LED의 간접 핀과 접지의 핀 사이에 연결한다. LED의 다른 커넥터에서는 바로 라즈베리

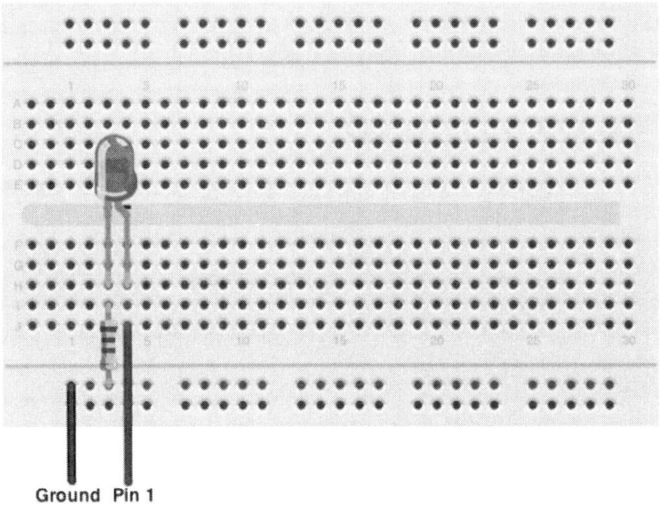

그림 1-3
기본 회로

파이의 1번 핀과 같은 열에 연결한다.

LED는 발광 다이오드의 줄임말로, 기본적으로 다이오드라고 부른다. 다이오드는 한 방향으로만 전류가 통과하며 그 효과로 LED는 빛이 난다. LED를 작동시키는 것은 어렵지 않다. 다만 몇 가지 주의가 필요한데 첫째로, 극성을 바르게 연결해야 한다. LED는 길이가 다른 2개의 다리를 가지며 짧은 것은 음극으로 라즈베리파이의 접지 핀에 연결해야 한다. 전원 공급 장치나 GPIO핀도 양극과 음극을 구분한다. LED의 경우 목 부분을 만지면 평평한 면이 있는 쪽의 핀이 음극이고 둥근 쪽에 달린 핀이 양극이다. 기본 회로 그림에서는 양극이 길어 약간 구부러져 있다. LED를 사용할 때는 항상 저항을 같이 사용해야 한다. 저항 없이 사용하면 전류가 지나치게 많이 흘러 LED가 망가질 수 있다. 저항은 흐르는 전류의 양을 제한하여 LED를 보호한다. 낮은 저항을 사용 할수록 LED는 밝게 빛난다. 330Ω나 470Ω 저항을 사용하는 것이 적당하다.

이제 실제 회로를 구축해 보자. LED의 방향을 확인하고 브레드보드에 연결한다. LED의 커넥터는 힘을 약하게 주여 약간 구부릴 필요가 있다. 커넥터가 브레드보드에 맞지 않는다면 커넥터를 자를 수도 있다. 커넥터를 절단하면 회로에 연결하기 쉬워지지만 커넥터를 자를 때 잘린 부분이 눈에 튀지 않도록 주의해야 한다.

그 다음은 저항을 연결하는데 방향을 확인할 필요는 없다. 연결하기 전에 커넥터를 구부려야 한다. 물론 짧게 절단하면 연결하기 쉬워진다.

마지막으로, 라즈베리파이의 브레드보드에 2개의 점퍼와이어를 연결한다. 라즈베리파이의 암 브레드보드에는 여러 핀으로 연결한다. 핀을 정확하게 연결했는지 확인하고 라즈베리파이를 켠다. 모든 회로가 정확하게 구성되었다면 LED가 켜진다.

• GPIO 핀을 이용한 LED의 제어

이 장에서는 소프트웨어를 사용해서 LED를 제어한다.

하드웨어를 직접 프로그래밍하는 작업은 어려운 일이다. 그러나 WiringPi 프로젝트를 이용하면 쉽다. WiringPi는 복잡한 기능을 인터페이스로 감춘 오픈소스 프로젝트다. WiringPi가 아두이노와 매우 닮아 아두이노 프로젝트를 해봤다면 친숙할 것이다. WiringPi는 아두이노의 대부분을 라즈베리파이에 적용하였다.

WiringPi가 아니더라도 라즈베리파이의 하드웨어를 프로그래밍하는 것은 쉽다. 다만 그럴 경우 GPIO라는 작은 명령 줄 방식의 코드를 작성하여 하드웨어를 제어한다.

다음 순서를 따라 WiringPi를 설치할 수 있다.

```
pi@raspberry:~$ cd /tmp
pi@raspberry:~$ sudo apt-get install git-core
pi@raspberry:~$ sudo apt-get update
pi@raspberry:~$ sudo apt-get upgrade
pi@raspberry:~$ git clone git://git.drogon.net/wiringPi
pi@raspberry:~$ cd wiringPi pi@raspberry:~$ ./build
```

이 명령어는 WiringPi 라이브러리와 GPIO 명령을 설치한다. C, C++, Python, Ruby 등의 다양한 언어로 WiringPi를 사용할 수 있다. 여기서는 짧지만 효과적인 셸 스크립트에서 WiringPi를 사용한다. 모든 작업에 앞서 가장 먼저 알아야 할 것은 모든 GPIO의 명령문이다. GPIO 명령문은 유용한 많은 옵션을 지원하지만 가장 중요한 것은 모드, 읽기, 쓰기이다. 예를 들어 GPIO 18번 핀을 출력모드로 사용하는 명령은 아래와 같다.

```
pi@raspberry:~$
gpio -g mode 18 out
```

모든 GPIO핀은 in, out, pwm, up, down, 혹은 tri 모드 중 하나로 설정될 수 있다. 지금은 in과 out에만 관심을 가지면 된다. 디지털 신호를 읽으려면 GPIO 핀을 in으로 설정한다. 디지털 신호를 출력하려면 한 번만 핀의 모드를 설정하면 되고 핀의 설정과 함께 핀의 모드를 기억한다. 이후에 GPIO 핀을 출력으로 설정하고자 한다면, 아래 명령어로 설정할 수 있다.

```
pi@raspberry:~$ gpio -g write 18 1
```

쓰기모드를 끄는 것도 비슷하다.

```
pi@raspberry:~$ gpio -g write 18 0
```

마지막으로, GPIO 18번 핀의 상태를 읽으려면 아래 명령으로 작동한다.

```
pi@raspberry:~$ gpio -g read 18 0
```

이 명령어는 현재 신호가 있다면 1을 반환하고 그렇지 않다면 0을 반환한다. GPIO를 사용하면 브레드보드에 부착된 LED를 쉽게 제어할 수 있다. 참고로, 전원 공급 핀은 라즈베리파이의 GPIO 핀 중 하나에만 연결되어야 한다. 예를 들어, GPIO 18번을 사용한다면, 그 핀은 물리배치상 12번에 속한다. 즉 GPIO 핀 배치와 라즈베리파이에서 사용하는 핀 번호 체계가 다르다. 기본적으로 WiringPi는 자신만의 번호 체계를 가진다. 기본적으로 WiringPi는 자신의 번호 체계, 10을 사용하지만 첫 시험을 위해 여기서는 공식 GPIO 핀 이름을 사용한다. 다행히, GPIO가 -g 옵션으로 핀 번호를 전달받는다.

그래서 이 회로에서는, 1번 점퍼선을 분리하여 12번 핀에 연결한다. 그런 다음 아래 명령어를 실행한다.

```
pi@raspberry:~$ gpio -g mode 18 out
pi@raspberry:~$ gpio -g write 18 1
```

이 명령어는 LED를 켜고 아래 명령어는 LED를 끈다.

```
pi@raspberry:~$ gpio -g write 18 0
```

GPIO의 더 많은 명령과 옵션을 매뉴얼에서 제공한다. 예를 들어 readall은 모든 GPIO 핀의 상태를 보여 주는 명령어로, 모든 GPIO핀의 상태를 살펴볼 수 있다.

몇 개의 부품과 한 줄의 명령문으로, 처음으로 만든 회로를 라즈베리파이로 제어할 수 있다. 다음 단락에서는 지금까지 이야기한 기술을 사용하여 더 복잡한 프로젝트를 만든다.

```
+-----+-----+---------+------+---+--Pi 3--+---+------+---------+-----+-----+
| BCM | wPi |   Name  | Mode | V | Physical | V | Mode | Name    | wPi | BCM |
+-----+-----+---------+------+---+----++----+---+------+---------+-----+-----+
|     |     |    3.3v |      |   |  1 || 2  |   |      | 5v      |     |     |
|   2 |   8 |   SDA.1 |   IN | 1 |  3 || 4  |   |      | 5V      |     |     |
|   3 |   9 |   SCL.1 |   IN | 1 |  5 || 6  |   |      | 0v      |     |     |
|   4 |   7 | GPIO. 7 |   IN | 1 |  7 || 8  | 1 | ALT0 | TxD     | 15  | 14  |
|     |     |      0v |      |   |  9 || 10 | 1 | ALT0 | RxD     | 16  | 15  |
|  17 |   0 | GPIO. 0 |   IN | 0 | 11 || 12 | 0 | IN   | GPIO. 1 | 1   | 18  |
|  27 |   2 | GPIO. 2 |   IN | 0 | 13 || 14 |   |      | 0v      |     |     |
|  22 |   3 | GPIO. 3 |   IN | 0 | 15 || 16 | 0 | IN   | GPIO. 4 | 4   | 23  |
|     |     |    3.3v |      |   | 17 || 18 | 0 | IN   | GPIO. 5 | 5   | 24  |
|  10 |  12 |    MOSI |   IN | 0 | 19 || 20 |   |      | 0v      |     |     |
|   9 |  13 |    MISO |   IN | 0 | 21 || 22 | 0 | IN   | GPIO. 6 | 6   | 25  |
|  11 |  14 |    SCLK |   IN | 0 | 23 || 24 | 1 | IN   | CE0     | 10  | 8   |
|     |     |      0v |      |   | 25 || 26 | 1 | IN   | CE1     | 11  | 7   |
|   0 |  30 |   SDA.0 |   IN | 1 | 27 || 28 | 1 | IN   | SCL.0   | 31  | 1   |
|   5 |  21 | GPIO.21 |   IN | 1 | 29 || 30 |   |      | 0v      |     |     |
|   6 |  22 | GPIO.22 |   IN | 1 | 31 || 32 | 0 | IN   | GPIO.26 | 26  | 12  |
|  13 |  23 | GPIO.23 |   IN | 0 | 33 || 34 |   |      | 0v      |     |     |
|  19 |  24 | GPIO.24 |   IN | 0 | 35 || 36 | 0 | IN   | GPIO.27 | 27  | 16  |
|  26 |  25 | GPIO.25 |   IN | 0 | 37 || 38 | 0 | IN   | GPIO.28 | 28  | 20  |
|     |     |      0v |      |   | 39 || 40 | 0 | IN   | GPIO.29 | 29  | 21  |
+-----+-----+---------+------+---+----++----+---+------+---------+-----+-----+
| BCM | wPi |   Name  | Mode | V | Physical | V | Mode | Name    | wPi | BCM |
+-----+-----+---------+------+---+--Pi 3--+---+------+---------+-----+-----+
```

그림 1-4 readall 명령의 출력

```
pi@raspberrypi ~ $ gpio readall
```

• 메모리 부족 알람 제작

소프트웨어로 LED를 수동으로 제어하는 일은 거의 없다. 하지만 이제 상태 표시기로 LED를 사용한다. 예를 들어 많은 USB 장치가 데이터를 읽거나 쓰기 작업을 할 때 LED를 사용한다.

여기서는 3개의 LED를 라즈베리파이의 현재 메모리 사용 상태 표시기로 사용한다. LED는 신호등과 같은 색으로 사용량을 의미한다. 라즈베리파이의 메모리가 매우 적다면 빨간빛을 켜고 사용가능한 메모리의 양이 많다면 초록빛을 켠다. 나머지 상황에는 노란빛을 켠다.

세 개의 LED를 제어하기 위해 원래의 LED 회로 구성을 두 번 반복한다. 실제 생활에서 볼 수 있는 것으로, 마지막으로 만들었던 회로와 매우 유사하다. 원래의 LED 회로를 2번 복사해 3개의 LED 제어를 만들 수 있다.

이 회로는 소프트웨어를 작성하기에 유용하다. 프로그래밍 언어는 넓은 범위에서 선택할 수 있지만, GPIO 명령 덕분에 간단한 셸 스크립트를 사용하여 프로젝트의 소프트웨어를 구현할 수 있다.

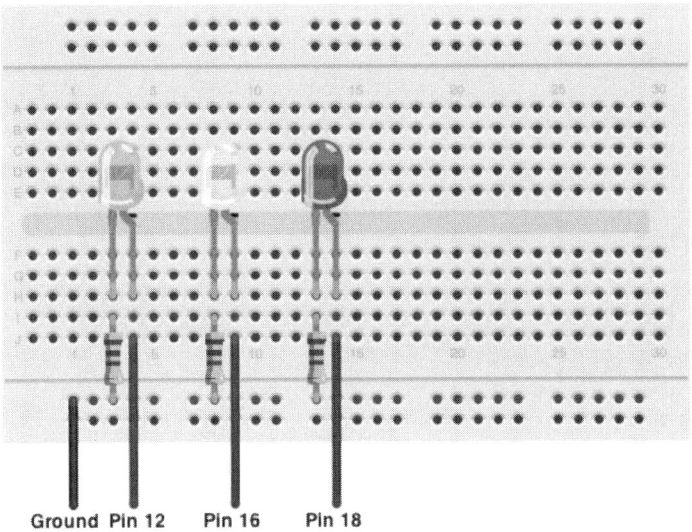

그림 1-5
메모리 알람 회로 다이어그램

그림 1-6
메모리 알람 회로

파일 이름 gpio/memwatch.sh

```
#!/bin/bash
green=18
yellow=23
red=24

init_leds()
{
  for i in $green $yellow $red
  do
    gpio -g mode $i out
    gpio -g write $i 0
  done
}

set_led()
{
   led_status=`gpio -g read $1`
   if [ "$led_status" -ne 1 ]
   then
    init_leds
    gpio -g write $1 1
   fi
}

cleanup()
{
  init_leds
  exit 0
}

init_leds
trap cleanup INT TERM EXIT
```

첫 3줄은 LED가 연결된 GPIO핀의 구성을 정의한다. 구성된 핀의 숫자가 GPIO18, GPIO23, GPIO24인 점에 유의하자. 이는 확장 헤더의 12, 16, 18번 핀을 뜻하지 않는다. 6번 줄 init_leds() 함수는 3개의 LED의 모드를 출력으로 설정하고 LED 모두 끈다. set_led() 함수는 꺼진 LED중 1개를 점등한다. LED를 켜기 전에 LED가 이미 켜져 있는지 확인한다.

이렇게 하면 현재의 상태가 변경되지 않으면 LED가 깜빡이지 않는다. 마지막으로, cleanup() 함수는 모든 LED를 꺼버리고 프로그램을 종료한다. 이제 init_leds()를 호출한다. 주의할 것은 프로그램을 정리하기 전에 정지시켜야 하는데 마지막 줄에서 trap 명령을 사용할 수 있다. 이 명령은 cleanup() 메소드가 종료될 때 연동되는 것으로 닫히기 전에 스크립트를 종료하고 cleanup()을 호출한다.

이제 모든 사항들이 초기화되었고, 부저 알람의 코드를 작성할 수 있다. 라즈베리파이의 현재 메모리 상태를 측정하는 방법을 찾아야 하는데 이 문제점을 완벽하게 해결하는 free 명령어가 있다.

```
pi@raspberry:~$ free

             total       used       free     shared    buffers     cached
Mem:        190836      40232     150604          0       6252      21068
-/+ buffers/cache:      12912     177924
Swap:            0          0          0
```

free 명령어를 사용하여 전체 메모리와 잔여 메모리를 확인할 수 있다. 이 결과를 활용하여 메모리 사용량을 퍼센트로 계산한다. 그 후에는, 퍼센트 값에 따라 LED를 키게 한다. 아래를 보고 어떻게 하는지 참고하자.

```
파일이름 gpio/memwatch.sh
while :
do
  total='free | grep Mem | tr -s ' ' | cut -d ' ' -f 2'
  free='free | grep Mem | tr -s ' ' | cut -d ' ' -f 4'
  available=$(( free * 100 / total ))
  echo -n "$available% of memory available -> "

  if [ "$available" -le 10 ]
  then
    echo "Critical"
    set_led $red
  elif [ "$available" -le 30 ]
  then
    echo "Low"
    set_led $yellow
  else
    echo "OK"
  set_led $green
  fi
  sleep 10
done
```

메모리 모니터는 현재 메모리의 상태를 지속적으로 확인해야 한다. 3번과 5번 줄에서 free 명령어를 각각 사용해서 관련된 메모리를 측정한다. 두 번의 free 호출 사이에 현재 메모리 사용량이 변동이 생기면 잘못된 결과임을 주의 하자.

다음 줄은 임계값에 사용할 수 있는 메모리를 비교한다. 자유 메모리가 전체 메모리의 10% 이하일 경우 프로그램은 적색 LED를 켠다. 만약 10에서 30% 사이라면 노란색 LED를 켠다. 나머지 경우에는 녹색 LED가 빛난다. 마지막으로 CPU 시간을 너무 많이 사용하지 않도록 프로그램을 10초간 잠재운다.

이제 셸 스크립트에 입력하거나 코드 위의 파일 이름을 클릭하여 다운로드하고 라즈베리파이에 복사한다. 다음 명령어는 스크립트를 실행 파일로 설정한다.

```
pi@raspberry:~$ chmod a+x memwatch.sh
```

아래 명령어로 실행할 수 있다.

```
pi@raspberry:~$ ./memwatch.sh
78% of memory available -> OK
```

메모리 알람을 테스트하기 위해, LXDE 데스크탑 환경의 터미널에서 스크립트를 시작한다. 몇 개의 다른 어플리케이션을 실행해 보고, 사용하는 메모리양에 따라 어떻게 변하는지 살펴보자.

• GPIO 상태를 브라우저에서 보여 주기

앞에서 라즈베리파이에 웹 서버와 PHP를 어떻게 설치하는지 배웠다. 이제 이 웹 서버를 사용해서 라즈베리파이의 현재 메모리 사용량을 웹 브라우저에 출력할 수 있다. PHP 코드를 라즈베리파이의 /var/www 폴더로 복사한다.

```
파일명: gpio/memwatch.php
<?php
function led_is_on($number) {
  $status = trim(@shell_exec("/usr/local/bin/gpio -g read " . $number));
  if ($status == "0") {
    return False;
```

```
    } else {
        return True;
    }
}
$green = 18;
$yellow = 23;
$red = 24;
echo "<h1>Memory Usage is "
if (led_is_on($green))  {
    echo "OK"
}
elseif (led_is_on($yellow))  {
    echo "Low"
}
elseif (led_is_on($red))  {
    echo "Critical"
}
else {
    echo "Unknown"
}
echo ".</h1>"
```

memwatch.sh 스크립트를 시작하고 memwatch.php 파일에 브라우저로 접근한다. 예를 들어 라즈베리파이의 IP 주소가 192.168.2.19라면 살펴볼 URL은 http://192.168.2.19/memwatch.php 이다. 브라우저는 라즈베리파이의 현재 메모리 사용 상황에 대한 짧은 메시지를 출력한다.

이전에 PHP를 사용해 본 경험이 있다면, 프로그램의 작동에 대해 이해할 수 있을 것이다. led_is_on() 함수가 GPIO 명령을 호출하여 현재 GPIO 핀의 상태를 읽는다. 핀이 켜져 있으면 True를 그렇지 않으면 False를 반환한다. 그 후 프로그램은 어느 LED가 켜져 있는지 확인하고 그에 해당하는 메시지를 출력한다.

실습한 것처럼 네트워크에서 사용할 수 있는 장치를 쉽게 만들 수 있다.

• 작동되지 않으면 어떻게 할까?

이런 장치를 만드는 것은 매우 간단하지만, 전자 부품을 사용해 본 경험이 없다면 제대로 작동하지 않을 수 있다.

작동하지 않아도 간단하게 해결이 가능하므로 당황하지 말자. 첫 번째로 연결된 모든 부품이 정확한 핀에 위치했는지 점검할 수 있다. 그런 다음 LED의 극성을 점검하자. 물론 모든 부분이 정확하게 들어가야 한다. 브레드보드가 새 것이라면 연결하는 것은 까다로울 수 있다.

회로 구성이 완료될 때까지 전원을 연결하지 않도록 유의하자.

• 요약 및 다음

이 장에서는 LED 프로젝트를 만들고 라즈베리파이로 제어하는 방법을 배웠다. 몇 개의 저렴한 부품만 있으면, 재미있고 유용하게 만들 수 있다. 다음 장에서는 더욱 흥미로운 사용방법을 학습한다. 예를 들면, 디지털 센서와 아날로그 센서를 라즈베리파이에 연결해 움직임을 감지하고 현재 온도를 측정한다.

내용 요약

- 라즈베리파이의 GPIO 핀 소개
- 회로를 구성하여 LED 점등하기
- 메모리 부족 알람 제작하기
- GPIO상태를 브라우저에서 보여주기
- 오작동시 해결 방법 소개

자가 평가

Q : 라즈베리파이의 GPIO 핀은 총 몇 개인가?
A : 40개

Q : 18번 핀을 출력 모드로 설정하려면 어떻게 입력하는가?
A : gpio –g –mode 18 out

Q : 전체 메모리와 잔여 메모리를 확인할 수 있는 명령어는 무엇인가?
A : free

Q : led_is_on() 함수는 led가 켜져 있으면 어떤 값을 반환하는가?
A : True

제 2 장 GPIO 디지털 동작감지

학습목표

- 동작 감지기 제작에 필요한 PIR 센서를 안다.
- GPIO핀을 제어하기 위한 라이브러리를 설치할 수 있다.
- 파이선 코드를 작성하고 라이브러리를 추가할 수 있다.
- 라즈베리파이 동작 감지기가 움직임을 감지한다.

우리 주변에서 다양한 센서를 볼 수 있다. 밤에 복도에 들어서면 출입구의 등이 자동으로 켜지고, 마트 입구 문이 자동으로 열리는 경우가 많다.

자동차의 온도 센서는 히터를 작동시켜 사이드 미러가 어는 것을 방지하고, 거리 센서는 아주 좁은 공간에 주차하는 것을 돕는다.

물론 스마트폰이나 태블릿에도 센서가 내장되어 있다. 예를 들어, 가속도 센서는 화면을 가로모드와 세로모드로 자동으로 바꾸고, 게임에 적용하고 있다.

센서를 PC에 부착하는 것은 쉽지 않지만 라즈베리파이는 다르다. 아두이노 같은 마이크로컨트롤러 보드에 센서를 사용하는 것만큼 쉽지는 않지만, 약간의 노력을 기울이면 센서를 연결하여 활용할 수 있다.

• 필요한 기자재

이 장의 모든 프로젝트를 구현하기 위해서는 다음 부품이 필요하다.

- 절반 크기의 브레드보드
- PIR 센서
- TMP36 온도 센서
- MCP3008-I/P 아날로그-디지털 변환 컨버터
- 암/수 점퍼 와이어 6개
- 와이어

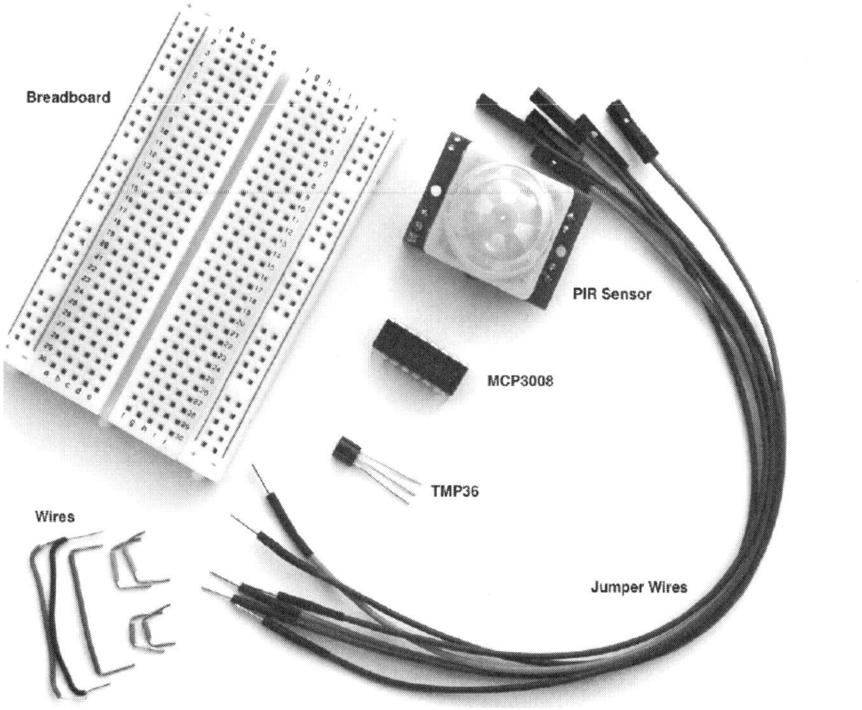

그림 2-1
필요한 기자재

앞에서 브레드보드와 와이어에 대해 학습하였다. 국내의 디바이스 마트 등 대부분의 라즈베리파이 공급 사이트는 언급된 두 센서와 MCP3008 칩을 판매하고 있다. 국외의 경우 아다푸르트(Adafruit)사는 PIR 센서(제품 ID189), TMP36(제품 ID 165), MCP3008(제품 ID 856)를 판매하고 있다. 만일 패럴랙스(Parallax)사의 PIR 센서를 선호한다면 Rev A[32]을 권장한다. 이 센서의 새 버전인 Rev B가 조금 더 좋지만, 라즈베리파이에 사용하기에는 출력 전압이 너무 높다. 또한 Rev A가 5 달러나 더 싸고 대부분의 용도에 충분하다.

다른 용도로 사용되는 제품을 구입하지 않도록 MCP3008은 정확한 버전을 구입해야 한다. 브레드보드에 사용할 수 있는 MCP3008-I/P(16핀)이 필요하다.

> **경고**
>
> 센서를 라즈베리파이의 3.3V를 초과한 출력단자에 직접 부착하지 말 것. 라즈베리파이가 손상을 입을 수도 있다! 라즈베리파이에 새 부품을 구입할 때는 각별히 주의하자.

---

32) 제품번호 찾기 910-28027 at http://www.parallax.com/

• 라즈베리파이 동작 감지기

적외선 동작 감지기는 어두운 상태에서 누군가가 휴게실에 들어가면 이를 감지하여 등을 킨다. 이 장에서는 이 감지기들이 어떻게 동작하는지, 그리고 라즈베리파이를 동작 감지기로 만드는 방법을 배운다.

• 라즈베리파이에 PIR 센서 연결하기

많은 동작 감지기들은 수동 적외선(PIR) 센서[33]를 사용한다. PIR 센서는 적외선을 감지하고, 적외선 스펙트럼에 어떠한 변화가 생길 때마다 통지한다. 이것이 동작 감지기가 하는 일의 전부이다. 거의 모든 물체가 적외선을 방출하기 때문이다. 모든 물체들은 특정한 적외선을 방출하지만 이러한 값은 급작스럽게 변경되지는 않는다. 하지만 사람이나 동물이 눈 앞에 접근하면 센서는 큰 변화를 감지하고 신호를 보낸다.

PIR 센서는 사용하기는 쉽지만 내부 구조는 다소 복잡하다. 다음 그림에서 확인 가능한 패럴랙스사의 PIR 센서(Rev A)를 예제에서 사용한다. 이 센서는 동작을 변경할 수 있는 점퍼를 갖고 있다. 점퍼가 H.[34] 바로 옆에 꽂혀 있는지 확인하자.

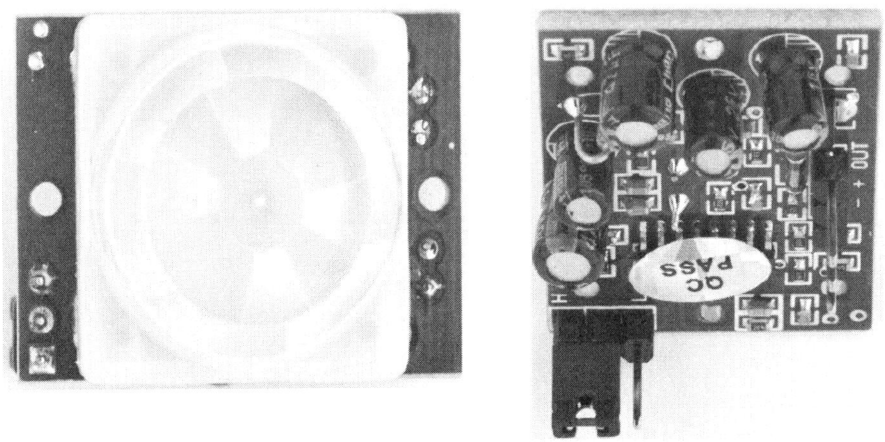

그림 2-2 수동식 적외선 센서(PIR 센서)의 앞과 뒷면

[33] http://en.wikipedia.org/wiki/Passive_infrared_sensor
[34] http://www.ladyada.net/learn/sensors/pir.html, 모든 센서에 대한 자세히 설명되어 있다.

또한 센서는 암/수 점퍼 와이어를 사용하여 라즈베리파이와 연결하는 세 개의 핀을 갖고 있다. 그림을 보면, 센서의 전원 핀과 라즈베리파이의 5V 핀을 연결하고, 라즈베리파이의 GND 핀과 센서의 GND 핀을 연결한다. 마지막으로 센서의 신호 핀을 라즈베리파이의 GPIO23 핀에 연결한다. 보통은 핀 정보가 센서에 적혀 있지만 센서의 데이터 시트에서도 확인 가능하다.

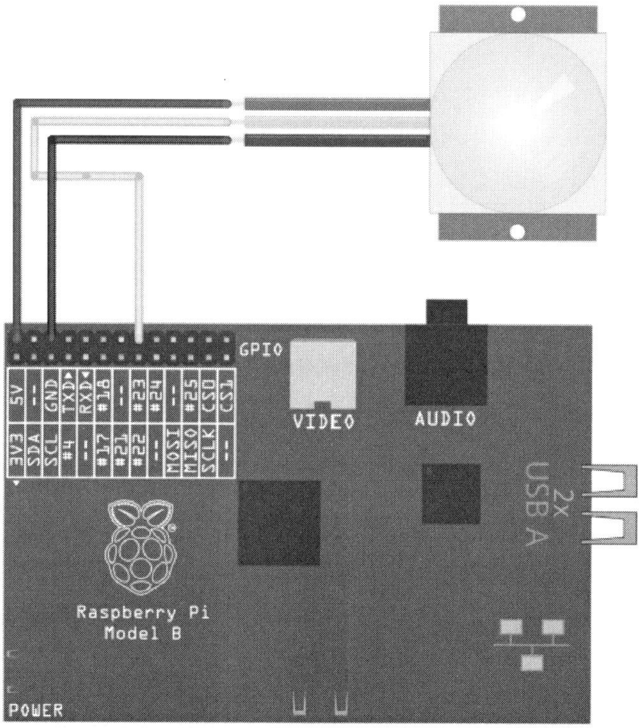

그림 2-3
PIR 회로

센서가 움직임을 감지하지 않으면 신호 핀에 전류를 출력하지 않는다. 센서가 움직임을 감지하면 HIGH 신호를 출력한다. HIGH 신호는 특정한 전류 값을 가지는데 센서의 데이터 시트에서 확인할 수 있다.

> **경고**
> 다시 경고하는데, 절대로 라즈베리파이에 3.3V 이상을 출력하는 센서를 연결해서는 안 된다. 라즈베리파이에 손상이 갈 수 있다.

• PIR 센서 제어하기

이제 배선작업이 완료되었고 소프트웨어를 이용하여 센서를 제어해야 한다. 라즈베리파이에서 프로그래밍을 할 때는 파이선[35)]이 적합하다. 파이선은 배우기 쉽고 RPi 라이브러리[36)]는 라즈베리파이의 GPIO 핀을 제어하기 위한 편리한 많은 함수를 제공한다. 파이선은 라즈비안에 내장되어 있지만 RPi는 따로 설치해야 한다.

```
pi@raspberrypi:~$ sudo apt-get update
pi@raspberrypi:~$ sudo apt-get install python-dev python-rpi.gpio
```

위 두 명령어를 실행하는 것으로 준비를 마치고, PIR 센서를 사용하여 작업하기 위한 새로운 파이선 클래스를 정의하자.

```
파일명: Sensors/pir.py
        import RPi.GPIO as GPIO
        class PassiveInfraredSensor:
        def __init__(self, pin):
                self.pin = pin
                GPIO.setmode(GPIO.BCM)
                GPIO.setup(self.pin, GPIO.IN)

        def motion_detected(self):
          return GPIO.input(self.pin)
```

파이선 코드를 처음 접해 보는 경우도 대부분 이해가 가능하다. 코드를 줄별로 분석하기 전에 파이선의 공백 처리 방법에 대해 알아야 한다. 다른 프로그래밍 언어들이 중괄호를 사용하여 코드 블록을 생성하거나 begin과 end 같은 특정 키워드를 사용하는 반면에 파이선은 들여쓰기를 사용한다.

파이선은 코드 블록을 생성할 때 들여쓰기를 사용하던지 탭을 사용하던지는 상관하지 않지만 일관성 있게 사용해야 한다. 즉 공백 4개를 사용하여 들여쓰기를 하여 첫 줄을 블록을 잡았다면 다음 줄 역시 4개의 공백을 이용하여 들여쓰기를 해야 한다.

첫 줄에서 RPi의 GPIO 함수를 import하면 코드에서 GPIO 함수들을 사용할 수 있다. 그 후에 PassiveInfraredSensor 라는 이름의 새로운 클래스를 정의한다.

35) http://www.python.org/

36) http://code.google.com/p/raspberry-gpio-python/

PassiveInfraredSensor 객체를 생성할 때마다 파이선은 __init__() 함수를 호출한다. 이 함수는 두 개의 인자를 받는데 self는 새롭게 생성된 객체이고, pin은 연결한 센서의 핀 번호이다. 파이선은 첫 번째 인자를 자동으로 초기화한다.

네 번째 줄에서 객체에 핀 번호를 저장하고 설정을 시작한다. GPIO.setmode() 함수를 이용해 핀에 번호를 붙인다. GPIO.BCM 변수 다음의 RPi 라이브러리는 브로드콤(Broadcom)사의 정의된 핀 번호를 따른다. 여기서는 라즈베리파이의 GPIO 23에 연결하였으므로 핀 번호는 23번이다.

또는 GPIO.BOARD에서 모드를 설정할 수 있다. 이 경우 RPi는 라즈베리파이 보드에 정의된 핀 번호로 해석하고 현재 설정 값 대신 16번 핀을 사용해야 한다. 마지막으로 6번째 줄의 GPIO.setup()을 호출하여 입력 핀에 연결되어 있는 핀을 켠다.

다음은 motion_detected()라는 메서드를 정의한다. 이 메서드는 GPIO.input() 함수를 호출하여 신호를 핀 번호에 전달한다. 메서드는 센서가 동작을 감지한 경우 결과값으로 True를 리턴한다. 또 파이선은 self 인자를 자동으로 설정한다.

PassiveInfraredSensor 클래스는 이제 완벽해졌고 동작 감지기에 사용해 보자. 다음 프로그램은 PIR 센서가 동작을 감지하였는지 주기적으로 검사하는 프로그램이다. 이 프로그램은 누군가가 움직이면 메시지를 출력하고 2초 이상 움직임이 없어도 역시 메시지를 출력한다.

Sensors/pir_demo.py

```
from pir import *
import time

PIR_PIN = 23
pir = PassiveInfraredSensor(PIR_PIN)

last_state = False
while True:
    if (pir.motion_detected() == True):
        if (last_state == False):
            print "움직임이 감지됨"
            last_state = True
    else:
        if (last_state == True):
            print "움직이지 않음"
            time.sleep(2)
            last_state = False;
```

첫 두 줄은 import한 PassiveInfraredSensor 클래스와 날짜와 시간을 조작하기 위한 파이선의 함수이다. 그리고 나서 PIR_PIN이라는 상수를 정의하고 신호 핀의 번호를 설정한다. 다음 줄에서 처음으로 새 PassiveInfraredSensor 객체를 생성할 때 인자로 상수를 사용한다.

감지 알고리즘은 7번째 줄부터 시작한다. PIR 센서의 마지막 상태를 last_state라는 변수에 저장한다. 그 후에 무한 루프를 시작하고 PIR 센서가 현재 동작을 감지했는지를 검사한다. 감지한 경우 감지한 것이 새로운 움직임인지 이전에 감지한 움직임인지 검사를 한다. 새로운 움직임이라면 "움직임이 감지됨"이라는 메시지를 출력한다.

PIR 센서에 움직임이 감지되지 않았다면 이전에 감지된 움직임을 검사한다. 이전에 움직임이 감지됐었더라면 "움직이지 않음"이라는 메시지를 출력하고 다시 시작하기까지 2초를 기다린다. 전체적으로 메시지 출력으로 상태 변화 여부를 확인한다. 이것은 동작 감지기가 헤매는 것을 방지할 수 있다.

이제 프로그램을 실행시키고 PIR 센서 앞에서 움직이거나 가만히 서 있어 보자.

```
pi@raspberrypi:~$ sudo python pir_demo.py
움직임이 감지됨
움직이지 않음
```

라즈베리파이가 움직임 감지기로 잘 작동 하는데 메시지를 출력뿐만 아니라, 이메일을 보낼 수도 있다. 도난 경보기나 홈 자동화 시스템으로 사용할 수도 있다.

라즈베리파이에 디지털 센서를 장착할 때는 센서의 출력 전압이 라즈베리파이의 사양에 맞아야 한다. 아날로그 센서로 작업하는 것은 조금 더 복잡하다.

• 요약 및 다음

이번 장에서는 PIR 센서로 움직임을 감지하였다. 파이선 프로그램을 사용하였고 들여쓰기에 주의를 해야 한다.

다음은 실내 온도를 측정해 보자.

내용 요약

- PIR 센서 구입 및 부착 시 주의 할 점
- PIR 센서의 핀을 라즈베리파이의 GPIO에 연결하는 방법
- RPi 라이브러리 설치하기
  파이선 코드를 작성하고 RPi 라이브러리 추가하기
- 라즈베파이 동작 감지기 코드를 실행시켜 결과 확인하기

자가 평가

Q : PIR 센서는 어떠한 원리로 동작을 감지할 수 있는가?
A : 물체가 방출하는 적외선을 감지하여 변화가 생기면 통지한다.

Q : PIR 센서가 움직임을 감지했을 경우 어떤 신호를 출력하는가?
A : HIGH 신호를 출력한다.(신호의 전류 값은 데이터시트에서 확인할 수 있다.)

Q : 파이선 코드를 작성할 때 코드 블록을 어떻게 생성하는가?
A : 동일한 수준의 들여쓰기나 탭으로 코드 블록을 생성한다.

Q : 파이선에서 외부 라이브러리를 추가하는 코드는 무엇인가?
A : import lib; 로 추가한다.

Q : pir_demo.py 라는 이름의 파이선 코드를 실행하는 방법은 무엇인가?
A : sudo python pir_demo.py

제3장 GPIO 아날로그 온도 측정

학습목표

- 아날로그-디지털 변환기의 필요성에 대해 이해한다.
- MCP3008에 대해 이해한다.
- 회선을 설계해 온도를 측정할 수 있다.

• 파이에서 온도 측정하기

디지털 센서도 좋지만, 아날로그 센서가 더 이점이 많다. 자연현상은 대부분 아날로그로 존재하므로 아날로그 센서는 온도나 가속도 같은 현상을 측정하기에 적합하다.

아날로그 센서는 보통 특정한 매개변수를 측정하고 입력 신호의 전류 크기와 일치하는 전압을 출력한다. 예를 들어 TMP36과 같은 온도 센서는 높은 온도에는 높은 전압을, 낮은 온도에 대해서는 낮은 전압을 출력한다.

라즈베리파이와 같은 디지털 컴퓨터는 아날로그 전압 신호를 이해하지 못한다. 디지털 신호만 해석할 뿐이다. 아두이노 같은 마이크로 컨트롤러 보드는 아날로그 신호를 기본적으로 지원한다. 전압 신호를 이진수로 변환하는 아날로그-디지털 변환기를 갖고 있기 때문이다. 라즈베리파이에서 같은 기능을 하려면, 아날로그-디지털 변환기를 장착하여야 한다.

• A/D 변환기 MCP3008

MCP3008[37]은 아날로그-디지털 변환기이다. 동시에 8개의 아날로그 신호를 읽어낼 수 있고 가격이 싸며 사용하기 쉽다. 10비트의 결과를 출력하는데 아날로그 센서 전압 신호에 대응하여 0에서 1023 범위의 숫자를 반환한다. 아래의 그림에서 핀을 확인할 수 있다.

37) http://www.microchip.com/wwwproducts/Devices.aspx?dDocName=en010530

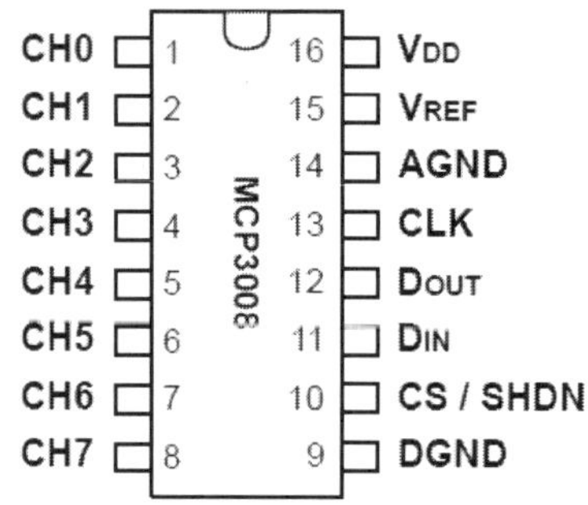

그림 3-1 MCP3008 A/D의 핀 레이아웃

좌측의 1번부터 8번까지의 핀을 통해 8개의 아날로그 센서를 연결할 수 있다. 오른쪽의 위쪽 4개 핀은 전원 공급과 접지(VDD, VREF, AGND, DGND)에 사용된다. 아래쪽 4개의 핀(CLK, DOUT, DIN, CS)은 전류의 전압 신호를 디지털 숫자로 읽을 수 있다.

MCP3008이 4개의 디지털 핀만으로 10비트로의 변환이 가능한지 의아할 수도 있다. 일반적으로는 핀이 10개가 필요하다고 생각할 수 있다. 얼핏 보기에는 좋은 생각처럼 보이나 10개의 핀을 추가하는 것은 낭비다. MCP3008과 라즈베리파이 둘 다 더 많은 핀을 필요로 한다.

MCP3008은 직렬 주변 장치 인터페이스(SPI)[38]로 통신을 구현한다. SPI는 마스터와 많은 슬레이브 장치간의 직렬 연결의 동기화를 가능하게 한다. 마스터와 슬레이브 장치들은 직렬 버스로 연결되어 있다. 라즈베리파이는 마스터 장치이고 MCP3008은 슬레이브 장치이다. 라즈베리파이가 아날로그 신호를 읽기를 요청할 때마다 MCP3008로 메시지를 보내고 응답을 돌려받는다. 두 장치간의 SPI 버스를 구현하기 위해서는 4개의 와이어가 필요하다.

아래 그림은 라즈베리파이와 MCP3008의 연결 방식을 보여 준다. 두 장치들은 SPI를 통해서 통신한다.

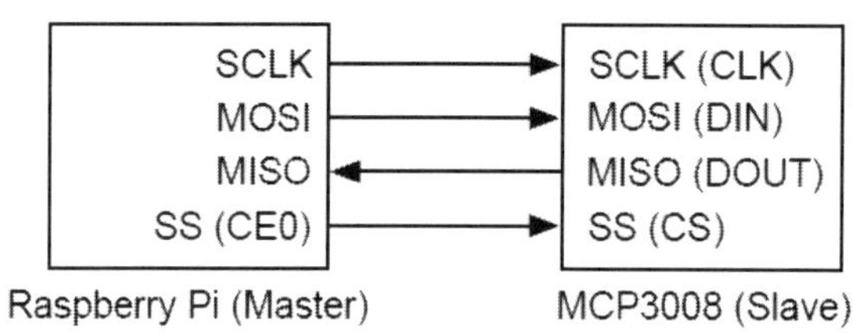

그림 3-2 두 SPI 장치들을 연결하는 방법

38) http://en.wikipedia.org/wiki/Serial_Peripheral_Interface_Bus

SPI는 엄격한 사양을 갖고 있지 않기 때문에, 각 제조사별로 다른 핀과 상표를 사용한다. SCLK 라인은 마스터와 슬레이브 장치가 공통 클록(clock) 신호를 사용하여 작업을 동기화한다. MOSI(Master Out, Slave In) 라인은 마스터가 슬레이브로 데이터를 전송하기 위한 라인이고, 반대로 MISO(Master In, Slave Out) 라인은 마스터가 슬레이브에게 데이터를 돌려받기 위한 라인이다. SS(Slave Select) 라인을 사용하면 마스터가 작업하기를 원하는 슬레이브를 선택한다.

소프트웨어에서 SPI 통신망을 구현하는 것은 어렵지 않다. 라즈베리파이의 하드웨어는 SPI를 지원하며, 라즈비안도 SPI를 지원한다. 다음 장에서는 SPI를 어떻게 활성화하는지에 대해 학습한다.

• 라즈베리파이에서 SPI 활성화하기

기본적으로 라즈비안은 SPI가 꺼져 있다. raspi-config를 사용하거나 설정 파일을 조정하여 활성화해야 한다. raspi-config의 고급 옵션 메뉴에서 SPI라는 옵션이 있다. 이 옵션을 선택하면 SPI가 활성화된다.

SPI를 수동으로 활성화하고 싶다면 설정 파일을 편집하면 된다.

/boot/config.txt 파일을 편집한다.

```
pi@raspberrypi:~$ sudo nano /boot/config.txt
```

이 파일은 SPI와 I^2C 정보를 포함한 부팅 정보 전반적인 내용을 포함하고 있다.

```
dtparam=i2c_arm=off
dtparam=spi=off
```

SPI을 지원하려면 해당 줄을 아래와 같이 편집한다.

```
dtparam=i2c_arm=on
dtparam=spi=on
```

```
pi@raspberrypi:~$ sudo nano /etc/modules

spidev
```

한 단어를 입력하고 저장한다. 그 후에 라즈베리파이를 다시 시작한다.

```
pi@raspberrypi:~$ sudo reboot
```

이제 라즈베리파이는 두 개의 SPI 장치를 지원한다. 다음 명령어를 입력하여 확인할 수 있다.

```
pi@raspberrypi:~$ ls /dev/spidev*
/dev/spidev0.0 /dev/spidev0.1
```

다음에서는 MCP3008 및 라즈베리파이에 온도 센서를 연결한다.

• 전체 선을 연결하기

이제 SPI가 어떠한 원리로 작동하는지 살펴보자. 라즈베리파이에 MCP3008을 연결하고 MCP3008과 TMP36 온도 센서를 연결할 필요가 있다.

라즈베리파이의 전원과 접지 핀을 브레드보드에 연결해야 한다. 브레드보드의 좌측 두 행에 전원과 접지를 연결한다. 거기에서, 짧은 와이어를 다른 곳에 배치함으로써 전원과 접지를 분배할 수 있다.

다음으로는 MCP3008 칩을 연결한다. 이때 올바른 방향인지 확인해야 한다. 칩들은 보통 상단에 U자 모양의 표시가 있다. MCP3008도 마찬가지다. 1번 핀은 U자 표시 좌측에 있다. 브레드보드에 조심스럽게 끼운다. 모든 핀을 단단히 눌러야 하지만 첫째 양쪽 핀만 확인하면 나머지 핀들도 홈에 맞는다. 칩을 뺄 때는 작은 드라이버를 지렛대로 사용하여 뺄 수 있다. 또한 라즈베리파이에 MCP3008을 연결할 때는 매우 조심해야 한다.

TMP36 센서는 핀이 3개뿐이라 연결하기 쉽다. 브레드보드에 센서를 꽂고 정확한 방향을 확인한다. 센서의 전원 핀을 라즈베리파이의 3.3V 핀에 연결하고, 접지 핀은 라즈베리파이의 접지와 연결한다. TMP36의 신호 핀을 MCP3008의 1번 핀(CH 0)에 연결하면 배선이 끝난다. 소프트웨어 코드를 작성하여 온도가 얼마인지 알아보자.

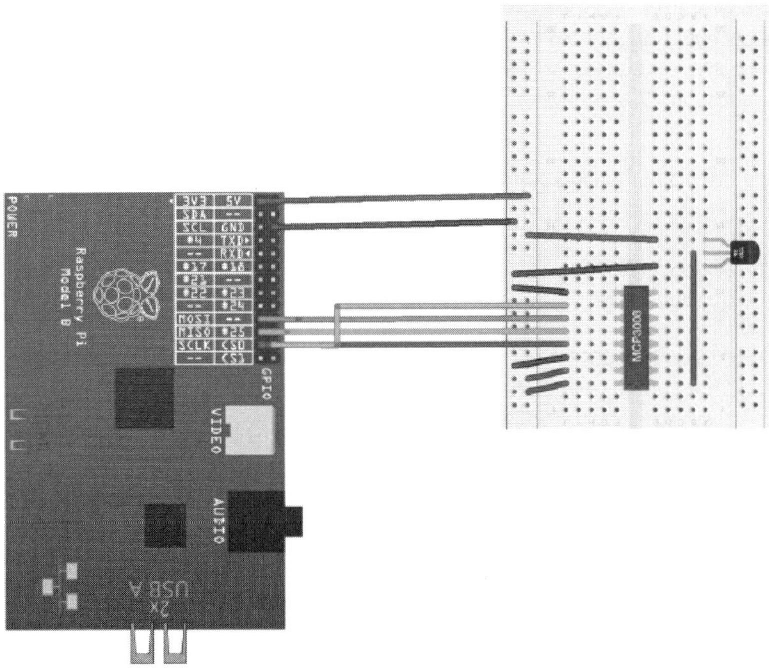

그림 3-3 라즈베리파이와 TMP36 연결 회로

표 211 라즈베리파이와 MCP3008 연결 핀 배치

라즈베리파이 핀	MCP3008 핀
1 (3.3V)	16 (VDD)
1 (3.3V)	15 (VREF)
6 (GND)	14 (AGND)
6 (GND)	9 (DGND)
23 (SCLK)	13 (CLK)
21 (MISO)	12 (DOUT)
19 (MOSI)	11 (DIN)
24 (CE0)	10 (CS)

• MCP3008 제어하기

MCP3008은 SPI 장치이고, 라즈베리파이의 SPI 하드웨어를 이용하여 통신할 방법을 찾아야 한다. py-spidev[39]는 SPI 통신에 필요한 것들을 제공하는 작은 라이브러리이다. 아래의 명령어를 이용하여 설치한다.

39) https://github.com/doceme/py-spidev

```
pi@raspberrypi:~$ sudo apt-get install python-dev python-rpi.gpio
pi@raspberrypi:~$ git clone git://github.com/doceme/py-spidev
pi@raspberrypi:~$ cd py-spidev
pi@raspberrypi:~$ sudo python setup.py install
```

파이선을 이용하여 MCP3008 클래스를 구현하려면 아래의 내용이 필요하다.

```
파일명: Sensors/mcp3008.py
        import spidev

        class MCP3008:
        def __init__(self, bus = 0, client = 0):
        self.spi = spidev.SpiDev()
        self.spi.open(bus, client)

        def analog_read(self, channel):
                if (channel < 0 or channel > 7):
                        return -1
                result = self.spi.xfer2([1, (8 + channel) << 4, 0])
                return ((result[1] & 3) << 8) + result[2]
```

짧은 클래스지만 약간의 설명이 필요하다. 첫 번째 줄은 이전에 설치했던 spidev 라이브러리를 import한 줄이다. 그 후에 MCP3008 클래스를 정의한다. 이전의 PassiveInfrared 클래스에서와 같이 MCP3008 오브젝트를 새로 생성할 때마다 호출되는 __init__() 메서드를 정의한다. __init__() 메서드에는 3개의 매개 변수가 필요하다. 새로 생성된 인스턴스(self), 사용된 SPI 버스(bus)의 개수, 가져오고 싶은 클라이언트(slave)의 개수이다. 5번 줄에서는 새로운 SpiDev 오브젝트를 생성하고 다음 줄에서 장치와 연결한다.

지금까지 SPI 장치와 통신 채널을 설정했다. 즉 __init__()메서드 내에서 한 일은 MCP3008에만 해당하는 것이 아니다. analog_read()는 다른 모든 SPI 장치에서 동일하게 사용된다. 이 메서드는 포트 번호를 가져오고 아날로그 센서를 읽어 연결된 포트로 값을 반환한다. 포트번호가 0에서 7 사이인지, 반환 시에 -1을 반환하지는 않는지 확인한다.

아래에서 두번째 줄에서 SpiDev 오브젝트의 xfer2() 메서드를 이용해서 메시지를 전송한다. xfer2() 메서드는 바이트의 배열을 SPI 프로토콜을 사용하여 전송한다. 3바이트를 전송하는데 이 3바이트가 무엇을 의미할까? MCP3008 데이터 시트[40]는 MCP3008이 어떠

40) http://ww1.microchip.com/downloads/en/DeviceDoc/21295d.pdf

한 데이터를 다루고 재전송하는지에 대해 자세하게 설명되어 있다. 입력 메시지는 아래 그림과 같다.

0	0	0	0	0	0	0	1		1	D2	D2	D0	x	x	x	x		x	x	x	x	x	x	x	x

그림 3-4 MCP3008 입력 메시지

이 3바이트 내의 대부분의 비트들은 상수 값을 가진다. 단지 3비트만이 D0, D1, D2라는 이름을 갖고, 읽고자 하는 채널의 수를 포함한다. 즉 첫 바이트는 항상 1이고 마지막 바이트는 항상 0이다. 두 번째 바이트는 채널 번호의 약간 이동한 버전을 포함한다. x와 0이 표시된 모든 비트를 설정한다.

MCP3008의 응답 메시지 역시 3바이트로 구성되어 있고 의미는 아래와 같다.

?	?	?	?	?	?	?	?		?	?	?	?	?	0	B9	B8		B7	B6	B5	B4	B3	B2	B1	B0

그림 3-5 MCP3008 응답 메시지

0번부터 10번 사이의 비트만 관심을 가지고 나머지는 무시하자. 12번 줄은 이 관심 있는 비트를 추출해서 하나의 숫자로 반환한다. MCP3008 클래스에서 현재 온도를 읽는 것은 쉽다.

파일명: Sensors/tmp36_demo.py

```
from mcp3008 import *
import time

mcp = MCP3008()
TMP36_CHANNEL = 0

while True:
        analog_value = mcp.analog_read(TMP36_CHANNEL)
        voltage = 3.3 * analog_value / 1024
        temperature_c = (voltage * 1000 - 500) / 10
        temperature_f = 9.0 / 5.0 * temperature_c + 32.0
        print "Temperature: %.1fC (%.1fF)" % (temperature_c, temperature_f)
        time.sleep(1)
```

MCP3008 클래스와 파이선의 time 함수를 import한 다음에 4번 줄에서 새로운 MCP3008 오브젝트를 생성한다. 5번 줄은 TMP36 센서와 연결된 채널 상수를 정의한다.

루프를 시작하고 analog_read() 메서드를 호출하여 TMP36의 현재 값을 읽어온다. 9번 줄에서 이 값을 센서로 방출할 수 있는 특정한 전압으로 바꾼다. 다음 줄은 센서의 데이터 시트[41]를 통해 알 수 있는 식을 사용하여 특정한 섭씨온도로 계산한다. 이 값을 화씨온도로도 변환할 수 있고 둘 다 출력할 수도 있다. 그 후에 1초를 기다리고 현재 온도를 다시 측정한다. 프로그램을 실행해 보면 출력은 아래와 같이 나온다.

```
pi@raspberrypi:~$ sudo python tmp36_demo.py
Temperature: 20.9C (69.6F)
Temperature: 20.9C (69.6F)
```

이제 라즈베리파이를 사용하여 현재 온도를 측정할 수 있다. 라즈베리파이에 아날로그 센서를 부착하는 방법과 SPI 장치와 작업하는 방법도 배웠다.

• 작동하지 않는 경우

온도 측정이 제대로 작동하지 않는 경우 MCP3008을 브레드보드에 장착할 때 실수로 핀이 구부러지지 않은지 확인하자.

PIR 센서와 TMP36의 핀들도 역시 면밀히 검토해 보자. PIR 센서의 배선이 TMP36과 함께 섞여 있을 수 있다.

• 요약 및 다음

이 장에서 디지털 센서와 아날로그 센서를 사용하는 법과 SPI 장치를 제어하는 법을 배웠다. 또한 라즈베리파이는 장치를 연결하는 또 다른 인기 있는 표준인 I^2C[42]를 지원한다. 만일 더 야심찬 프로젝트를 구축하고 싶다면, 라즈베리파이 확장 보드를 구입하는 걸 고려해 보아도 좋다. Adafruit Prototypin Pi Plate[43] 는 프로토타입을 더 쉽게 만들

41) http://www.analog.com/static/imported-files/data_sheets/TMP35_36_37.pdf

42) http://en.wikipedia.org/wiki/I%C2%B2C

43) http://adafruit.com/products/801

수 있다. Gertboard[44]는 프로토타입을 더 안전하게 만들 수 있다.

다음은 빛 저항 센서로 조도를 측정해 보자.

내용 요약

- 라즈베리파이에서 온도 측정하기
- A/D 변환기 MCP3008
- 라즈베리파이에서 SPI 활성화하기
- 전체 선을 연결하기
- MCP3008 제어하기

자가 평가

Q : 아날로그-디지털 변환기로 8개의 신호를 읽어내며 저렴한 부품은 무엇인가?
A : MCP3008

Q : SPI 활성화를 위해 터미널에 어떤 명령어를 입력해서 설정해야하는가?
A : raspi-config

Q : MCP3008의 응답 메시지는 몇 바이트로 구성되는가?
A : 3바이트

---

44) http://www.raspberrypi.org/archives/411

제 4 장 GPIO 실내 조도 측정

학습목표

- 광 소자(LDR)의 빛 측정 원리를 이해한다.
- 광 소자를 회로에 부착할 수 있다.
- 조도 측정 프로그램 작동 원리를 이해한다.

• GPIO의 디지털 핀을 활용한 조도 측정

라즈베리파이는 디지털 컴퓨터이므로 A/D 변환기가 없어서 아날로그 입력을 받을 수 없고 모든 GPIO는 디지털 입출력 핀이다.

따라서 아날로그 값은 외부에 AD변환 IC 칩을 연결해서 사용한다. 그러나 RC회로를 이용하면 간단하게 빛의 밝기를 측정할 수 있다. 정확한 빛의 밝기를 측정하는 목적이 아니고, 실내에 전등이 켜지거나 꺼진 경우, 손으로 센서를 막은 경우 등을 감지할 수 있다.

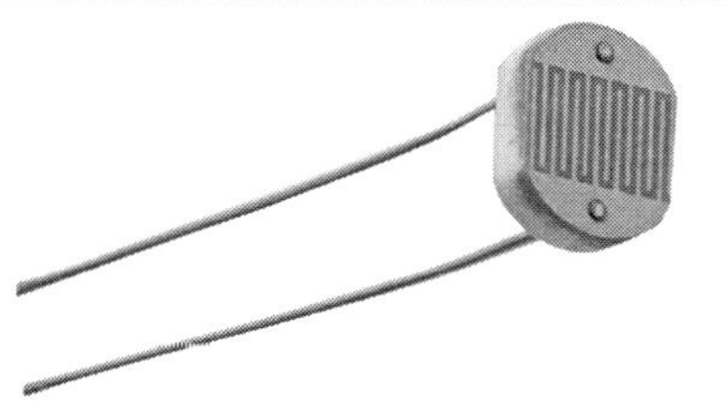

그림 4-1
빛 저항 LDR:
Light Dependent
Register

빛을 측정하는 소자를 LDR(Light Dependent Register)이라고 한다.

전자공학의 기초 회로 중에 "RC" 충전 회로가 있다. 커패시터와 저항을 직렬로 연결하고 진압을 양쪽에 공급하면 커패시터가 충전이 된다. 최대 충전량의 63%에 도달하기까지는 저항에 커패시터를 곱한 값에 해당하는 시간이 소요된다. LDR을 사용하면 빛의 양에 따라 충전 시간이 달라진다. 이것을 시간상수라 한다.

$$t = R * C$$

여기서 t는 시간, R은 저항(단위: 옴) 그리고 C는 커패시터(단위: 페러드)

이 방법은 GPIO 핀 "High" 값이 3.3V의 63%인 2V에 가깝게 될 때까지 어느 정도 시간이 소요 되는지를 측정한다. 그래서 GPIO 핀이 Low 입력에서 High 입력으로 바뀌는데 걸리는 시간이 't'와 같다.

10KΩ 저항과 1uF 커패시터의 경우 약 1밀리 초가 걸린다. 어두운 경우 LDR이 약 10MΩ 정도 이므로 약 1초 정도가 소요된다.

3.3V 사이에 저항 값이 반드시 있도록 하려면 2.2KΩ 저항을 LDR과 직렬로 연결해야 한다. 회로는 다음과 같다.

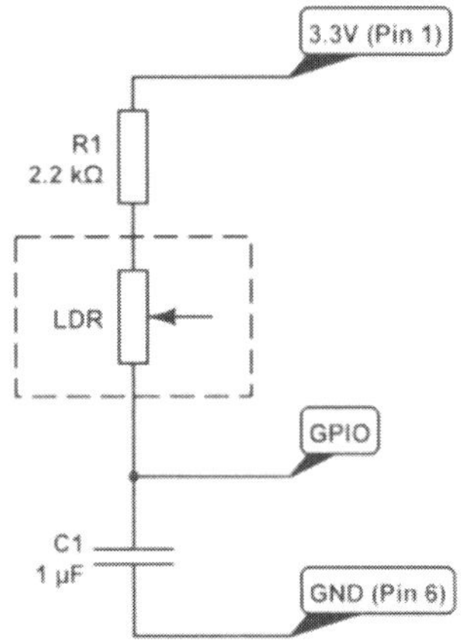

그림 4-2 RC 직렬회로

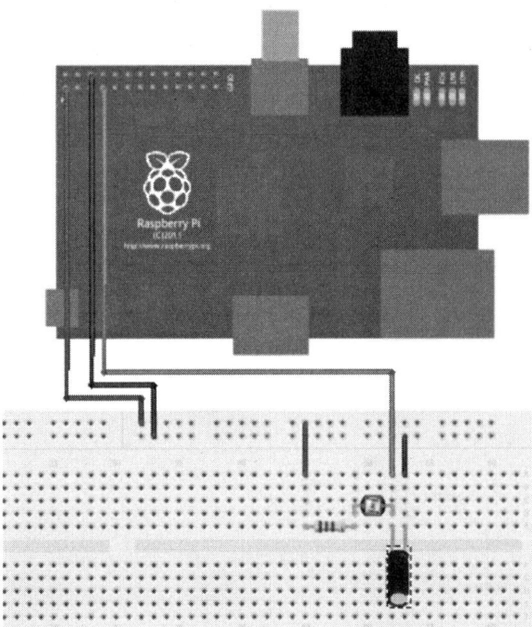

그림 4-3 회로도

그림 4-4
커패시터와 빛
감지 센서의 조도
측정회로 사진

• 작동 원리

이벤트의 순서

- GPIO 핀을 낮게 전압을 설정한다. 커패시터의 내용을 방전하여 0V로 만든다.
- GPIO 핀을 입력으로 설정한다. 저항을 통해 커패시터로 전류가 흐른다. 커패시터 양단의 전압이 상승하기 시작한다. 걸리는 시간은 LDR의 저항에 비례한다.
- GPIO 핀을 모니터링하고 값을 읽는다. 기다리는 동안 카운터 값을 증가시킨다.
- GPIO핀이 High로 판단되는 2V정도가 되는 지점을 찾는다. LDR에 의해 빛의 밝기에 비례해서 시간이 측정된다.
- GPIO 핀을 출력으로 해서 이 과정을 반복한다.

파이선 코드

```
#!/usr/local/bin/python

# Reading an analogue sensor with
# a single GPIO pin

# Author : Matt Hawkins
# Distribution : Raspbian
```

```
# Python : 2.7
# GPIO   : RPi.GPIO v3.1.0a

import RPi.GPIO as GPIO, time

# Tell the GPIO library to use
# Broadcom GPIO references
GPIO.setmode(GPIO.BCM)

# Define function to measure charge time
def RCtime (PiPin):
  measurement = 0
  # Discharge capacitor
  GPIO.setup(PiPin, GPIO.OUT)
  GPIO.output(PiPin, GPIO.LOW)
  time.sleep(0.1)

  GPIO.setup(PiPin, GPIO.IN)
  # Count loops until voltage across
  # capacitor reads high on GPIO
  while (GPIO.input(PiPin) == GPIO.LOW):
    measurement += 1

  return measurement

# Main program loop
while True:
  print RCtime(23) # Measure timing using GPIO23
```

• 정확도 고찰

이 실험은 단지 빛이 밝거나 어두운 정도에 관심이 있지 정확한 LDR의 저항 값이나 커패시터를 충전하는 데 걸리는 시간은 신경 쓰지 않았다. 이런 것은 수학적으로 계산이 가능하지만 복잡하므로, 이 예제는 밝기의 상대적인 밝기를 측정하기에 적합하다.

그리고 파이선에서 루프의 타이밍이 다양한 백그라운드 작업을 수행하는 오퍼레이팅 시스템에 의해 영향을 받게 된다[45]. 이 예에서 카운트 루프에 상당한 영향을 미칠 수 있다.

45) http://www.raspberrypi-spy.co.uk/2012/08/reading-analogue-sensors-with-one-gpio-pin/

• 요약 및 다음

이 장에서는 LDR 소자를 이용하여 빛의 밝기를 측정하였다.
다음은 C언어로 LED를 제어해 보자.

내용 요약

- RC 충전회로와 광 소자의 빛 측정 원리 소개
- 라즈베리파이에 광 소자 연결하는 방법
- 조도 측정 프로그램의 작동 원리 및 동작 순서
- 조도 측정을 위한 파이선 코드

자가 평가

Q : 라즈베리파이의 GPIO 핀은 디지털 방식인가 아날로그 방식인가?
A : 모두 디지털 방식의 입출력 핀이다.

Q : 광 소자의 커패시터에 전류가 충전되는 시간은 저항과 관련있는가?
A : 저항과 관련 있다. 충전에 걸리는 시간은 저항에 비례한다.

제 5 장 C언어로 LED 제어

학습목표

- wiringPi에 대해 이해한다.
- LED 제어를 위한 회로를 설계할 수 있다.
- C언어로 LED를 키거나 끄는 코드를 작성할 수 있다.

라즈베리파이의 GPIO의 LED를 연결하고 제어하려면 어떤 컴퓨터 프로그래밍이 가능할까? 제일 간단한 것부터 차례로 다음과 같이 할 수 있다.

1) 리눅스 셀 프로그래밍
2) 파이선 프로그래밍
3) C언어 프로그래밍

C언어로 LED를 제어할 때 이전 장에서 설명한 WiringPi 라이브러리를 활용한다. 여기서는 라즈베리파이에 C언어를 위한 WiringPi를 설치하고, 컴파일한 후 라이브러리를 만든다.

먼저 라즈베리파이에 LED와 저항을 연결한 회로를 만들고, C언어 샘플 예제 소스코드를 수정한다. 컴파일하고 실행하여 LED를 깜박이는 실습을 하자.

• 하드웨어의 연결

GPIO 핀 번호는 1부터 40까지 40개가 있다. 이 중에 1번은 라즈베리파이에서 SD카드가 있는 왼쪽이 1번이다. 첫 줄은 1, 2번 다음 줄은 2, 3번으로 계속 번호가 이어진다.

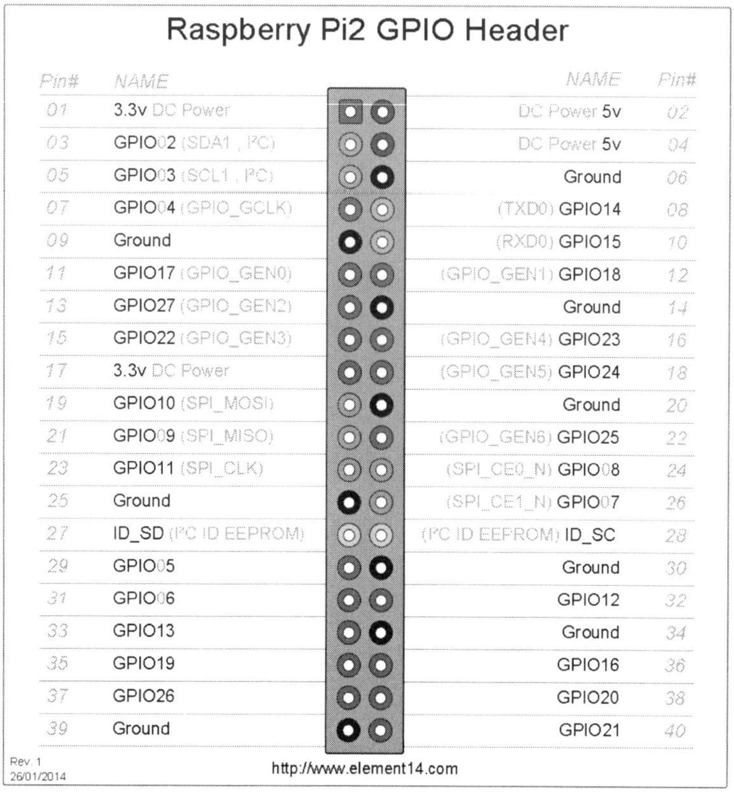

그림 5-1 라즈베리파이2의 GPIO핀

LED는 두 줄로 되어 있고, 짧은 선은 접지(GND) 핀에, 긴 핀은 신호 핀에 연결한다.

- GND 핀의 연결: LED의 - 단자를 라즈베리파이의 P1의 9번 핀에 연결한다.
- 신호 핀의 연결: LED의 + 단자를 라즈베리파이의 P1의 11번 핀(C언어 GPIO 0번, BCM GPIO17번)에 연결한다.

그림 5-2 9번핀 GND는 LED의 짧은 쪽, 7번 핀(C언어 0번) 신호선은 LED 쪽

			P1				
<50mA	3V3		1	2		5V	
BCM GPIO00/02	SDA0/1	8	3	4		5V	
BCM GPIO01/03	SCL0/1	9	5	6		GND	
BCM GPIO04		7	7	8	15	TX	BCM GPIO14
	GND		9	10	16	RX	BCM GPIO15
BCM GPIO17		0	11	12	1	PWM0	BCM GPIO18

그림 5-3
LED 회로 사진

• wiringPi 라이브러리의 설치 및 컴파일

먼저 프로그램을 저장할 study 라는 폴더를 하나 만들자. 이곳에서 프로그래밍 작업을 하자.

```
$ mkdir study
$ cd /study
$ sudo apt-get install git-core                  // 이미 설치되어 있을 수 있음
$ sudo apt-get update                            // 라즈비안 업데이트
$ sudo apt-get upgrade                           // 라즈비안 업그레이드
$ git clone git://git.drogon.net/wiringPi        // 파일 복사하기
$ cd wiringPi
$ ./build                                        // 컴파일 하기
...
...
All Done.

NOTE: To compile programs with wiringPi, you need to add:
     -lwiringPi
  to your compile line(s) To use the Gertboard, MaxDetect, etc.
  code (the devLib), you need to also add:
     -lwiringPiDev
  to your compile line(s).
```

• 프로그램 코드

/study/ 폴더에서

```
$ cd examples
```

vi 에디터로 LED를 깜박이는 코드의 내용을 살펴볼 수 있다.

$ sudo vi blink.c // vi 대신 nano 에디터 등을 활용할 수도 있다.

```
————
#include <stdio.h>
#include <wiringPi.h>
// LED Pin - wiringPi pin 0 is BCM_GPIO 17.
#define LED      0

int main (void)
{
  printf ("Raspberry Pi blink₩n") ;

  wiringPiSetup () ;
  pinMode (LED, OUTPUT) ;

  for (;;)
  {
    digitalWrite (LED, HIGH) ;      // On
    delay (500) ;                   // 500mS, 0.5초간 대기
    digitalWrite (LED, LOW) ;       // Off
    delay (500) ;                   // 500mS, 0.5초간 대기
  }
  return 0 ;
}
ESC 키를 누르고 Shift+ZZ // 저장 후 vi 에디터 마침
```

• 컴파일과 실행

리눅스에서 C언어를 컴파일할 때 cc 명령 또는 gcc 명령을 사용한다.

```
$ cc -c blink.c                      // 컴파일 하여 오브젝트를 만든다.
$ cc -o blink blink.o -l wiringPi    // 실행파일을 만든다.
$ sudo ./blink                       // 프로그램을 실행한다.
```

회로 연결이 정확하고 프로그램에 오류가 없으면 LED가 1초 마다 한 번씩 깜박인다. LED 깜박임을 종료하려면 Ctrl+c 키를 누른다. Ctrl 키를 먼저 누른 채로 c 키를 누른다.

• WiringPi[46]의 예제 프로그램 소개

- blink
- clock
- isr
- lcd
- pwm
- serialRead
- serialText
- servo
- softPwn
- softTone
- speed
- spiSpeed
- wifi

• 요약 및 다음

이 장에서는 WiringPi 라이브러리를 이용하여 C언어로 LED를 깜박이는 실습을 했다. C언어로 소스코드를 작성하고 컴파일 한 후 실행하는 실습을 하였다.

다음은 아두이노와 라즈베리파이의 시리얼 통신을 실습한다. 아두이노 보드(구매처 : 프라이 봇 http://fribot.com) 1개와 USB 케이블(USB A ↔ USB B)이 필요하다.

내용 요약

- 하드웨어의 연결
- wiringPi 라이브러리의 설치 및 컴파일

46) Wiring Pi, http://wiringpi.com/

자가 평가

Q : 라즈베리파이에서 LED를 제어하기 위해 사용할 수 있는 C언어로 된 라이브러리를 무엇이라 하는가?

A : WiringPi

제 6 장 라즈베리파이와 아두이노의 시리얼 통신

학습목표

- 아두이노와 라즈베리파이의 시리얼 통신을 실습한다.
- 간단한 아두이노 스케치를 작성한다.
- 라즈베리파이에 아두이노 패키지를 설치한다.
- 라즈베리파이로 아두이노에게 받은 데이터를 확인한다.

라즈베리파이와 아두이노를 USB 케이블로 연결하고, 아두이노에서 숫자를 보내면 라즈베리파이에서 시리얼 포트를 통해 받아 콘솔에 출력하는 실습을 하자. 아두이노 스케치는 윈도우나 라즈베리파이에서 작성하고 업로드할 수 있다. 먼저 윈도우에서 아두이노 스케치를 작성하고 업로드해 보자.

• 아두이노 스케치

아두이노 프로그래밍은 윈도우 기반의 PC에서나 라즈베리파이에서 선택해서 할 수 있다. 윈도우에서 아두이노를 다운로드하고 설치한다(http://arduino.cc). 아두이노 보드가 연결된 포트 번호를 살펴보아야 한다. 설치될 때 자동으로 접속되는 포트를 살펴볼 수 있고, 제어판에서도 확인할 수 있다.

0.5초 마다 숫자를 보내는 스케치를 작성하고, 아두이노 보드의 플래시에 업로드한다. 숫자를 0~255까지 반복해서 시리얼 포트로 보내는 스케치는 다음과 같다.

```
void setup() {
  Serial.begin(9600);
}
void loop() {
  for (byte n = 0; n < 256; n++) {
    Serial.write(n);
    delay(500);        // 0.5초 대기)
  }
}
```

컴파일해서 오류가 없고, 업로드를 성공하면 "업로드 완료"가 화면의 중간에 초록색 바탕에 검은 글씨로 나온다. 만약 오류가 발생하면 시리얼 포트와 아두이노 보드를 설정에서 확인해 보자.

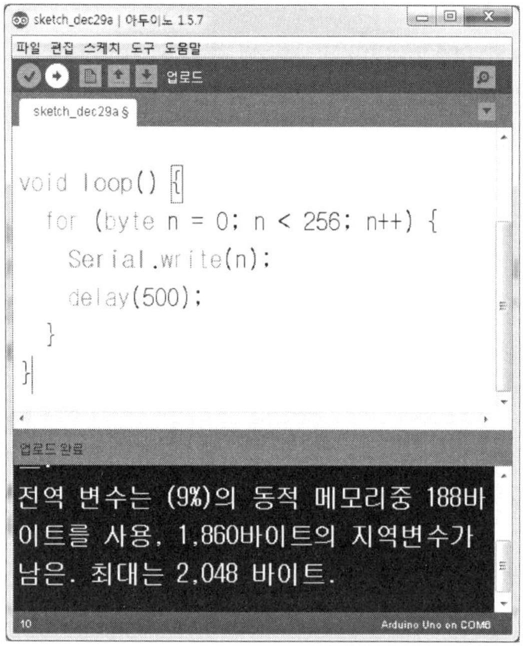

그림 6-1
숫자를 전송하는
아두이노 스케치

통신이 잘 되는지 테스트하는 방법은 오른쪽 상단의 돋보기 모양으로 된 아이콘 [시리얼 모니터] 창을 연다. 다음과 같이 0.5초 마다 값이 전송되면 성공된 것이다.

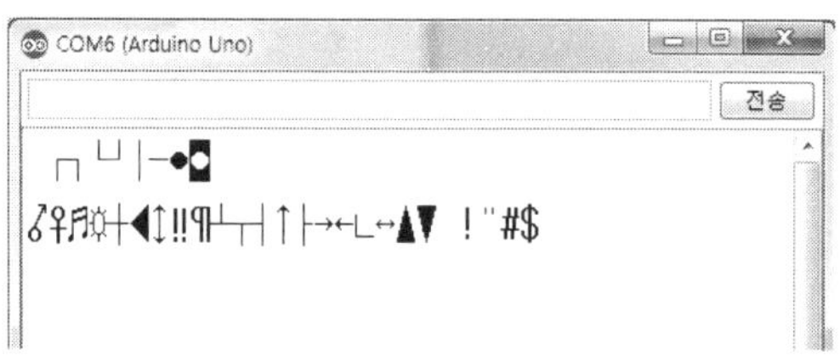

그림 6-2
아두이노 터미널

• 라즈베리파이에 아두이노 설치

만약 라즈베리파이에서 아두이노를 활용하려면 아두이노를 설치한다.

```
sudo apt-get update              // 최신 패키지 리스트 확인
sudo apt-get install arduino     // 아두이노 패키지 설치
```

• 라즈베리파이와 아두이노의 USB 케이블 연결

라즈베리파이의 USB A포트와 아두이노의 USB B포트를 USB케이블로 연결한다.

그림 6-3 파이와 아두이노를 USB로 연결하기

• 사용자 pi를 tty 및 dialout 그룹에 추가하기

```
sudo usermod -a -G tty pi       // 사용자 관리로 pi를 tty 그룹에 추가
sudo usermod -a -G dialout pi // 사용자 관리로 pi를 dialout 그룹에 추가
```

• 시리얼 포트 찾기

라즈베리파이에 연결된 tty를 살펴볼 수 있다.

```
ls /dev/tty*
```

시리얼 포트 설치 전

```
/dev/ttyAMA0
```

시리얼 포트 설치 후

```
/dev/ttyACM0
```

• 파이선 시리얼 설치

파이선 프로그램에 필요한 시리얼 포트를 설치한다.

```
sudo apt-get install python-serial python3-serial
```

• 파이선 코드

시리얼 포트에 도착한 데이터를 콘솔에 출력시키기 위한 파이선 코드이다. 포트를 설정하고, 전송속도를 9600으로 정한다.

```
import serial
port = "/dev/ttyACM0"
serialFromArduino = serial.Serial(port, 9600)
serialFromArduino.flushInput()
while True:
    if(serialFromArduino.inWaiting()>0):
        input = serialFromArduino.read(1)
        print(ord(input))
```

• 파이선 실행 명령

파이선 코드를 실행한다.

```
$ sudo python SerialEcho.py
```

• 시리얼 데이터 전송

```
pi@raspberrypi ~/arduino $ sudo python SerialEcho.py
0
1
2
```

• 요약 및 다음

이 장에서는 라즈베리파이와 아두이노 간에 시리얼 통신을 실습하였다.
다음은 라즈베리파이에 XBee 모뎀을 달아 무선 통신을 실습한다.
XBee 키트는 프라이봇(http://fribot.com)에서 구매할 수 있다.
IEEE 802.15.4 기반으로 실습한다.

내용 요약

- 아두이노 스케치로 주기적으로 숫자를 보내는 코드 작성
- 아두이노 스케치의 컴파일과 업로드 방법 소개
- 라즈베리파이에 아두이노 패키지를 설치하고 USB 연결하기
- 파이선 시리얼 통신을 위한 패키지 설치하기
- 파이선 코드를 실행하여 데이터 수신 확인하기

자가 평가

Q : 라즈베리파이에 아두이노 패키지를 설치하는 명령어는 무엇인가?
A : sudo apt-get install arduino

Q : 라즈베리파이에 연결된 tty 그룹 전체를 살펴보는 명령어는 무엇인가?
A : ls /dev/tty*

Q : 파이선에 필요한 시리얼 포트 패키지 2가지는 무엇인가?
A : python-serial, python3-serial

Q : 파이선 코드에서 포트를 설정하는 코드를 적으시오.
A : port = "/dev/ttyACM0"

제 7 장 XBee 무선 통신

학습목표

- XBee 시리즈에 대해 이해한다.
- 프로세싱에 대해 이해한다.

XBee는 지그비 무선 통신을 지원하는 미국 Digi사의 소형 20핀으로 된 무선 모뎀이다. 시리즈1은 IEEE802.15.4를 지원하고, 시리즈2는 ZigBee를 지원한다. 두 개의 XBee 모뎀과 하나의 덩글로 컴퓨터와 라즈베리파이를 USB 케이블로 연결하는 버추얼 시리얼 포트를 대체할 수 있다.

아두이노나 라즈베리파이 등의 보드에 하나의 XBee를 연결하고, 컴퓨터에는 XBee USB 덩글에 XBee 하나를 끼워서 USB 포트에 연결하여 테스트할 수 있다.

라즈베리파이의 GPIO에 XBee를 연결해서 컴퓨터와 라즈베리파이 간에 무선 통신을 가능하게 하자. 라즈베리파이에서 보드에 있는 온 보드 UART의 사용은 매우 쉽고 간단하다.

라즈베리파이에서 데비안의 UART는 네트워크나 SSH 없이도 시리얼 콘솔을 통해 연결할 수 있다. 라즈베리파이에 XBee(시리즈 1)를 연결하려면 기본 동작을 몇 가지 변경해야 한다.

• XBee 시리즈 1을 위한 라즈베리파이의 설정

먼저, /boot/cmdline.txt 파일을 편집해야 한다.

```
$ sudo cp /boot/cmdline.txt /boot/cmdline.txt.bak # 파일을 백업해 두자
$ sudo vi /boot/cmdline.txt
```

serial0 (console, kgdboc)과 관련된 부분을 편집해서 다음과 유사하도록 만들자:

```
$ more cmdline.txt
dwc_otg.lpm_enable=0 console=ttyAMA0, 9600 kgdboc=ttyAMA0, 9600 console=tty1
root=/dev/mmcblk0p2 rootfstype=ext4 elevator=deadline fsck.repair=yes rootwait quiet splash
```

이제 라즈베리파이를 reboot 명령으로 다시 부팅한다.

```
$ sudo reboot
```

• 미니콤

> **주의** 여기서는 Xbee의 DOUT과 RPI의 RXD만 연결했는데, Xbee의 DIN과 RPI의 TX를 연결해야 라즈베리파이에서 데이터를 보낼 수 있다.

미니콤의 설치

```
$ sudo apt-get install minicom
$ sudo minicom -b 9600 -o -D /dev/ttyAMA0
```

현재 사용자를 dialout 그룹에 추가하면 sudo 없이 미니콤을 사용할 수 있다.

파이와 XBee의 연결

파이		XBee
3.3v DC Power(01)	↔	1번핀(3.3V)
Ground(06)	↔	10번핀(GND)
RXD0 GPIO14 (10)	↔	2번핀(Tx)

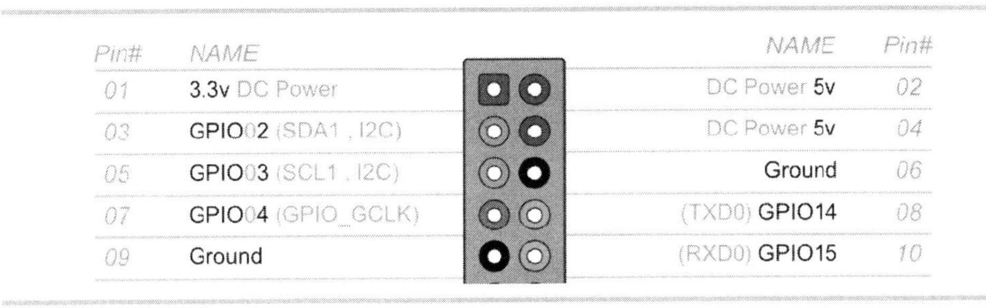

그림 7-1 GPIO 핀 번호

그림 7-2
아두이노 시리얼 모니터

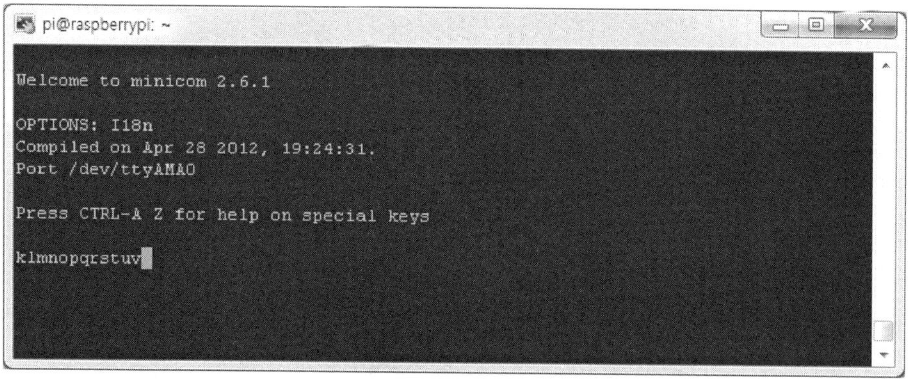

그림 7-3
미니컴의 실행화면

미니컴의 중지는 Ctrl+A, X, Yes

미니컴의 도움말 Ctrl+A, Z

• 참고자료

[1] http://michael.bouvy.net/blog/en/2013/04/02/raspberry-pi-xbee-uart-serial-howto/

• XBee 무선 데이터 보내기 실습 1

무선 테스트를 위해 아두이노 보드를 활용하려면 XBee Shield를 구입해야 한다. 아두이노 보드에 XBee 소켓을 포함한 아두이노비(아두이노+XBee) 보드를 프라이봇(http://fribot.com)에서 구입할 수 있다.

아두이노비를 활용하여 0.5초마다 알파벳을 보내는 아두이노 스케치를 작성하자.

```
void setup() {
  Serial.begin(9600);
}
void loop() {
  for (byte n = 'a'; n <= 'z'; n++) {
    Serial.write(n);
    delay(500);
  }
}
```

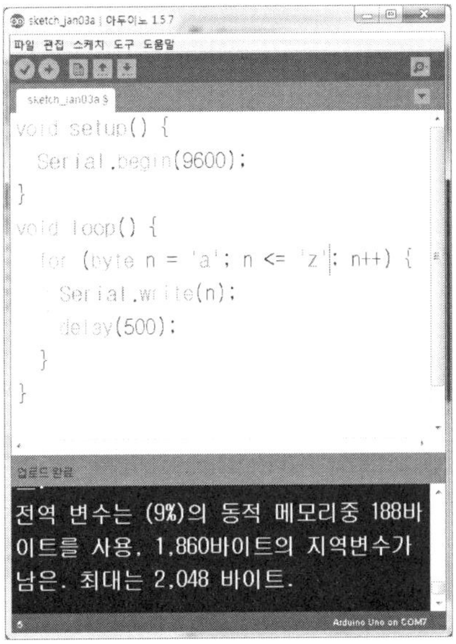

그림 7-4 영어 소문자 알파벳을 시리얼로 보내는 아두이노 스케치

• XBee로 무선 데이터 보내기 실습 2

그림 7-5
컴퓨터에 연결된
XBee 동글

라즈베리파이와 컴퓨터간의 무선 시리얼 테스트를 위해 Xbee 덩글을 활용할 수 있다. XBee USB 덩글은 프라이봇(http://fribot.com)에서 구할 수 있다. PC USB 포트에 Xbee를 장착한 덩글을 끼우고, 컴퓨터에서 프로세싱 프로그램을 실행하면 시리얼 포트를 통해서 a~z 값을 0.5초 마다 XBee를 통해서 전달받을 수 있다.

프로세싱 프로그램은 무료이며, http://processing.org에서 다운받을 수 있다.

• 프로세싱 스케치

```
import processing.serial.*;
Serial p;
void setup() {
  p = new Serial(this, Serial.list()[2], 9600); // 포트 순서 [0], [1], [2]..
}
int i;
void draw() {
  for (int i='a'; i<='z'; i++) {
    p.write(i);
    delay(500);
  }
}
```

주의할 점은 Serial.list()[2]에서 [2]는 COM 포트 순서가 세 번째인 경우이다. 노트북에서는 [0]이 될 수 있다. xbee usb의 드라이버를 설치할 때 나오는 번호로 제어판에서 확인할 수 있다. println(Serial.list()); 명령을 통해서 찾을 수 있다.

• 요약 및 다음

XBee 모뎀을 라즈베리파이에 연결하여 PC와 무선 통신을 실습하였다.
다음은 라즈베리파이에서 카메라 활용에 대하여 학습한다.

내용 요약

- XBee 시리즈1을 위한 라즈베리파이의 설정
- XBee 무선 데이터 보내기 실습1
- XBee 무선 데이터 보내기 실습2
- 프로세싱 스케치

자가 평가

Q : 지그비 무선 통신을 지원하는 무선 모뎀으로 Digi사에서 제작한 모듈은 무엇인가?

A : XBee

4부
카메라 응용

제 1 장 USB 카메라 영상

학습목표

- 라즈베리파이로 사진을 촬영하거나 동영상을 녹화할 수 있다.
- 셸 스크립터를 사용할 수 있다.
- 크론을 사용할 수 있다.

라즈베리파이에서 활용 가능한 카메라는 usb 카메라와 PI 카메라 두 종류가 있다. 라즈베리파이 카메라는 CSI라는 라즈베리파이 보드의 소켓에 끼워 사용하고, usb 카메라는 usb 포트에 연결하여 사용한다.

카메라로 영상을 촬영하는 방법과 동영상을 응용하는 움직임을 감지하는 감시 카메라 시스템을 구현해 보는 응용을 학습한다.

FSWEBCAM 툴은 USB 카메라 영상을 캡쳐하고 저장할 수 있다.

• USB용 프로그램 설치

```
$ sudo apt-get install fswebcam
```

• 프로그램 사용법

영상을 캡쳐하여 저장하는 명령이다.

```
$ fswebcam image.jpg

--- Opening /dev/video0...
Trying source module v4l2...
/dev/video0 opened.
No input was specified, using the first.
Adjusting resolution from 384x288 to 352x288.
--- Capturing frame...
Captured frame in 0.00 seconds.
--- Processing captured image...
Writing JPEG image to 'image.jpg'.
```

그림 1-1
캡쳐된 영상

- 해상도를 정해서 캡쳐하기

```
$ fswebcam -r 1280x720 image2.jpg
```

그림 1-2
고 해상도로
캡쳐된 영상

- 맨 아래 줄의 배너를 없애고 캡처하기

```
$ fswebcam -r 1280x720 --no-banner image3.jpg
```

그림 1-3
배너 없이 촬영된
영상

• 셸 스크립터 작성하기(BASH SCRIPT)

'/home/pi/webcam/2015-03-23_1115.jpg' 처럼 날짜와 원하는 폴더에 각 영상마다 시간-분을 포함하여 저장하는 스크립트를 작성해 보자.

먼저 폴더를 만들고, 확장자가 sh인 스크립트를 만들고 실행모드로 변경을 한다.

```
$ mkdir /home/pi/webcam
$ cd /home/pi/webcam
$ sudo vi webcam.sh
#!/bin/bash
DATE=$(date+"%Y-%m-%d_%H%M")
fswebcam -r 1280x720 —no-banner /home/pi/webcam/$DATE.jpg
$ chmod +x webcam.sh
$ ./webcam.sh
--- Opening /dev/video0...
Trying source module v4l2...
/dev/video0 opened.
```

```
No input was specified, using the first.
Adjusting resolution from 1280x720 to 960x720.
--- Capturing frame...
Captured frame in 0.00 seconds.
--- Processing captured image...
Disabling banner.
Writing JPEG image to '/home/pi/webcam/2015-03-23_1115.jpg'.
```

• 크론(CRON) 활용하기

크론을 이용하면 일정 간격으로 작업을 연속해서 처리할 수 있다. 각 시간별로 영상을 저장해 준다.

```
$ crontab -e
* * * * * /home/pi/webcam.sh 2>&1
```

캡처가 되지 않거나 화면에 문제가 있거나 도움이 필요하면 다음 사이트를 참고하자.

- http://www.raspberrypi.org/documentation/usage/webcams/

• 요약 및 다음

이 장에서는 리즈베리 라즈베리파이에서 USB 카메라로 영상을 촬영하고 저장하는 실습을 하였다.

다음은 라즈베리파이 카메라에 대해 학습한다.

내용 요약

- FSWEBCAM 프로그램 설치
- 셀 스크립터 작성하기
- 크론 활용하기

자가 평가

Q : 라즈베리파이에서 USB 카메라를 연결했을 때 캡처 및 저장을 지원하고 본 장에서 소개하는 프로그램은 무엇인가?

A : FSWEBCAM

Q : 일정 시간 간격으로 연속 작업을 수행하고자 할 때 사룔하는 명령 프로그램은 무엇인가?

A : CRON

제 2 장 라즈베리파이 카메라

학습목표

- 라즈베리파이 카메라를 라즈베리파이에 연결할 수 있다.
- 라즈베리파이 카메라를 사용하기 위한 설정을 할 수 있다.
- 라즈베리파이 카메라로 사진을 촬영한다.
- 슬라이드 쇼 영상을 만들 수 있다.
- 동영상을 녹화한다.

라즈베리파이 하드웨어는 새로운 액세서리를 쉽게 연결할 수 있다는 장점이 있다. 라즈베리파이 개발팀은 보드에 CSI(Camera Serial Interface) 슬롯을 만들고 카메라 모듈을 제작했다.

라즈베리파이 카메라는 크기는 작지만 고화질의 사진을 찍고 비디오를 녹화하는데 사용할 수 있다. 가볍고 전력 소비도 적어서 다른 프로젝트에 활용하기가 좋다. 예를 들어 최신 기술인 원격 제어 쿼드콥터 등에 탑재하여 동영상을 촬영하는 데에 사용할 수도 있다.

여기서는 라즈베리파이에 카메라를 연결하는 방법, 설치 및 실행하는 방법을 학습한다. 사진을 찍고 비디오를 녹화하는 간단한 명령어 도구를 사용한다. 또한, 카메라와 PIR 센서를 이용한 자동 도난 경보를 구축한다.

• 카메라 하드웨어

라즈베리파이의 카메라 모듈은 24mm x 25mm 로 매우 작다. 두께는 9mm이고, 무게는 약 3g 정도이다. 카메라는 귀여운 디자인으로 라즈베리파이처럼 다재다능하다.

대부분의 카메라는 스마트 폰에서 볼 수 있는 카메라와 유사하다. 2592x1944 픽셀의 해상도이며 고정 초점 렌즈를 가졌다. 1080p의 화질에서 30 FPS, 720p의 화질에서 60 FPS, 그리고 640x480 해상도에서 60 FPS 이나 90 FPS 등 서로 다른 해상도와 프레임 속도로 3개의 비디오 모드를 지원한다.

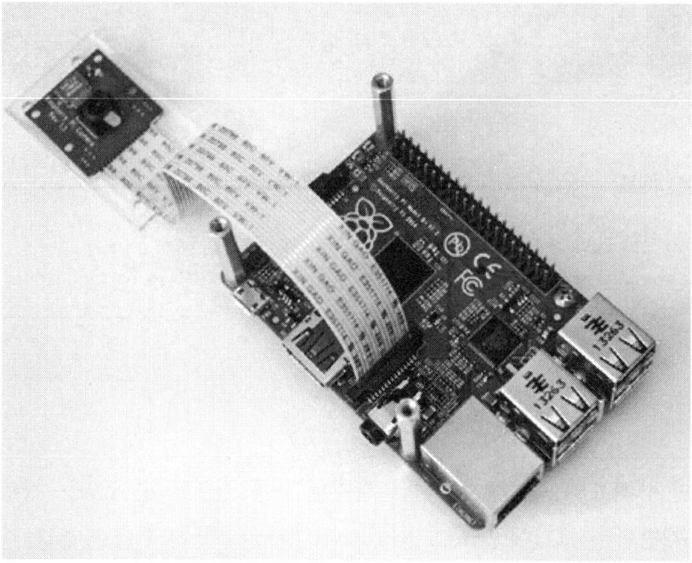

그림 2-1
파이 디자인을 닮은 카메라

• 카메라 연결하기

카메라 모듈을 라즈베리파이의 CSI 포트에 연결하는 것은 간단하다. 일반적인 USB 장치 연결과 비교해 보면 약간 독특하다. 카메라를 연결하기 전에 CSI 커넥터를 위로 살짝 잡아 당겨서 얇은 커넥터를 끼울 수 있도록 열어야 한다. 한 손으로 라즈베리파이 보드를 잡고, 반대손으로 커넥터를 잡아 몇 mm를 당겨 올린다. 그 다음 카메라 케이블을 슬롯에 삽입한다. HDMI 커넥터 케이블과 카메라 케이블이 접촉하지 않도록 조심해야 한다. 마지막으로 CSI 커넥터를 두 손으로 살짝 눌러 닫는다. 연결은 간단하며 바르게 장착했는지 확인하자. 카메라를 작동하려면 카메라용 디바이스 드라이버가 필요하다.

• 드라이버 설치

라즈비안의 최신 버전은 모든 카메라 드라이버가 포함되어 있다. 최신 버전에서 작동하지 않는다면, 소프트웨어를 업데이트해야 한다. 아래의 명령어를 사용하여 업데이트할 수 있다.

```
$ sudo apt-get update
$ sudo apt-get upgrade -y
$ sudo apt-get install rpi-update
$ sudo rpi-update
```

이 명령어는 라즈베리파이의 최신 펌웨어와 카메라 드라이버를 설치한다. raspi-config를 실행하여 라즈베리파이 카메라를 활성화시키고 GPU 메모리를 128MB로 설정한다.

지금부터는 드라이버 이외에 사진과 비디오 촬영에 유용한 명령어의 사용법을 설명한다.

• 사진 촬영

카메라를 연결하고 드라이버를 설치했다면 사진을 찍는 건 쉽다. 작업 도구는 raspistill이다. 인자를 전달하지 않으면 옵션 복록을 출력한다.

```
$ raspistill
```

옵션을 적용하기 전에 시범적으로 사진을 찍어보자. 다음 명령어를 실행하면 카메라가 찍고 있는 화면을 보여 준다.

```
$ raspistill -o first.jpg
```

이 명령어는 사진을 촬영하고 파일명을 first.jpg로 저장한다. 사진을 촬영하기 전 5초 동안 미리보기를 제공한다. 꼭 그래픽 환경에서 카메라를 작동할 필요 없이 터미널에서도 잘 작동한다. 5초의 지연 없이 바로 촬영하고 싶다면 다음 명령어를 실행한다.

```
$ raspistill -t 0 -o first.jpg
```

-t 옵션을 사용하면 밀리 초 단위의 촬영 지연을 설정한다. 이를 0으로 설정하면 미리보기 창이 제공되지 않는다. 만약 지연 촬영을 원하는데 미리보기 화면을 원하지 않을 경우, -n 옵션을 붙이면 된다.

```
$ raspistill -t 2000 -n -o first.jpg
```

이 경우 raspistill은 2초 뒤에 촬영하지만 미리보기 창을 보여 주지 않는다. 몇 가지 방법으로 미리보기 창의 크기를 조정할 수 있다. 전체화면으로 설정할 수도 있고, 임의의 크기로 설정할 수도 있다.

지금까지 촬영한 이미지는 가로로 반전되어 보이는데 -hf 옵션을 사용하면 변경할 수 있다.

```
$ raspistill -hf -o first.jpg
```

-vf 옵션을 사용하면 사진을 수직으로 뒤집는다. 반전 옵션을 적용시킬 때는 미리보기를 표시하지 않고 파일로 저장하기 전에 최종 결과를 보여준다.

일반적으로는 JPEG 형식으로 저장하지만 다른 형식으로 저장할 수도 있다. -e 옵션을 사용하면 JPG, PNG, BMP, GIF 또는 출력 파일의 인코딩도 설정할 수 있다. 예를 들어 다음 명령어는 PNG 형식으로 사진을 저장한다.

```
$ raspistill -e PNG -o first.png
```

또한 다른 카메라에서 사용되는 다양한 효과도 사용할 수 있다. -ex, -ifx, -awd 옵션을 사용하여 카메라의 밝기와 다양한 효과를 생성할 수 있다.

• 연속영상 비디오 만들기

다른 카메라와 비교하여 라즈베리파이 카메라 모듈이 가지는 장점은 카메라를 자동화할 수 있다는 것이다. 아주 쉽게 동영상을 생성할 수 있다. 몇 초마다 자동으로 raspistill을 호출하거나 시간 간격 동영상을 만들도록 프로그램을 작성할 수 있다.

```
$ mkdir photos
$ raspistill -n -tl 3000 -t 600000 -o photos/photo%04d.jpg
```

위의 명령어는 사진을 3초마다 한 번씩 10분간 찍는다. 사진은 photos 폴더에 저장된다. 파일명은 photo를 앞에 두고 4자리의 숫자가 추가된다. photo0001.jpg, photo0002.jpg와 같이 저장된다.

이제 사진 파일을 하나의 비디오 파일로 결합해 보자. 몇 가지 무료 도구로 이 작업을 편리하게 할 수 있다. ffmpeg과 avconv가 가장 인기가 많다. 라즈베리파이에서 두 도구를 모두 사용할 수 있지만 avconv를 사용하는 것을 추천한다. ffmpeg는 설치하기가 불편하고 컴파일도 스스로 해야 한다. avconv는 ffmpeg로부터 갈라져 나온 프로젝트이기에 ffmpeg 와 avconv는 서로 비슷하다.

```
$ sudo apt-get install libav-tools
```

아래의 명령어를 사용하여 동영상을 만들 수 있다.

```
$ cd photos
$ avconv -r 4 -i photo%04d.jpg -r 4 -vcodec libx264 -crf 20 -g 15 vidio.mp4
```

avconv는 명령어에 다양한 옵션을 제공하며 비디오 파일을 생성하는데 사용할 수 있다. man avconv을 실행하면 프로그램의 설명서를 읽어볼 수 있다.

비디오를 생성하는 것은 아주 많은 양의 자원을 소모하며 라즈베리파이 자체에 비디오를 생성하는 것은 시간이 오래 걸린다. 그 후에 ffmpeg를 사용하여 비디오를 생성할 수 있다.

```
$ cd photos
$ ffmpeg -qscale 5 -r 4 -b 9600 -i photo%04d.jpg video.mp4
```

이 명령어를 사용하면 photos 폴더에 video.mp4 파일이 생성된다. avconv처럼 ffmpeg도 방대한 옵션을 제공한다. man ffmpeg를 실행하여 볼 수 있다.

raspistill은 놀라울 정도로 많은 옵션을 제공한다.

• 고화질 비디오 녹화

raspistill은 카메라 모듈로 사진을 촬영할 때 사용할 수 있으나 동영상은 촬영할 수 없다. raspivid가 동영상 촬영을 지원하며 raspistill와 비슷한 명령어를 지원한다. 다음 명령어를 실행하면 초당 25프레임으로 1분간(60,000 밀리 초) 고화질의 영상을 저장한다.

```
$ raspivid -t 60000 -fps 25 -o video.h264
```

결과물로는 H.264 코덱으로 인코딩된 video.h264라는 파일이 생성된다. 이 코덱은 많이 사용되지만 일반 비디오 플레이어에서 재생하려면 MP4와 같이 적당한 코덱으로 인코딩해야 한다.

```
$ avconv -r 25 -i video.h264 -vcodec copy video.mp4
```

MP4로 인코딩된 video.mp4는 거의 모든 비디오 플레이어에서 재생할 수 있다. 라즈베리파이 카메라로 제작된 영상은 마이크가 빠진 것을 제외하고는 괜찮은 영상이다. 마이크가 없더라도 유용하고 재미있는 프로젝트를 만들 수 있다.

• 요약 및 다음

이 장에서는 라즈베리파이 카메라로 영상을 캡쳐하는 방법을 학습하고 시간경과 비디오를 제작해 보았다.

다음은 카메라 기반의 도난 경보기를 제작해 보자.

내용 요약

- 카메라 하드웨어 및 연결 방법 소개
- 라즈베리파이 카메라 드라이버 설치, 카메라 설정 빙법 소개
- raspistill의 다양한 옵션을 활용하여 촬영하기
- 주기적으로 촬영한 사진 파일들을 비디오로 만들기
- 라즈베리파이 카메라로 고화질 비디오 녹화하기

자가 평가

Q : 라즈베리파이 카메라의 해상도는 몇 픽셀인가?
A : 2592x1944 픽셀이다.

Q : 간단한 사진 촬영 도구를 실행하는 명령어는 무엇인가?
A : raspistill

Q : 사진을 촬영하고 image.jpg로 저장하기 위한 명령어를 작성하시오.

A : raspistill -o image.jpg

Q : raspistill는 사진 촬영과 동영상 촬영 모두 가능한 도구인가?

A : 아니오. raspistill은 사진 촬영만 가능하다. 동영상은 avconv를 사용할 수 있다.

제 3 장 도난 경보기 제작하기

학습목표

- 라즈베리파이 카메라의 LED를 제어할 수 있다.
- 파이선 언어를 활용하여 프로그램을 작성할 수 있다.
- 라즈베리파이 카메라를 제어할 수 있다.
- 라즈베리파이로 이메일을 보낼 수 있다.

라즈베리파이 카메라 기반으로 도난 경보기를 제작해 보자. 라즈베리파이로 모션 센서를 쉽게 제어할 수 있다. 앞에서 실습한 제어 소프트웨어는 콘솔로 메시지를 출력하지만 실제 프로젝트에 활용하기에는 유용하지 않다. 여기서는 움직임이 감지됐을 때 자동으로 사진을 촬영하고, 즉시 이메일로 첨부하여 보내는 실제 도난 경보기를 구축하는 방법을 학습해 보자.

• 카메라의 LED 작동 중지

도난 경보는 최대한 눈에 띄지 않아야 하는데, 라즈베리파이 카메라는 사진이나 영상을 기록할 때마다 빨간색 LED가 켜진다. 빨간색 LED는 카메라가 작동하고 있음을 나타내기 때문에 몰래 촬영하는 것을 방지할 수 있으나 도난 경보 작동시에는 LED가 켜지지 않도록 설정해야 한다.

검은 테이프로 감아서 감출 수 있으나 보기 좋지 않다. 카메라 작동시 LED를 완전히 비활성화하는 옵션을 제공한다.

nano 텍스트 편집기를 사용하여 /boot/config.txt 파일을 연다.

```
$ sudo nano /boot/config.txt
```

파일의 끝에 아래 내용을 추가한다.

```
disable_camera_led=1
```

저장 후 편집기를 빠져나온 뒤 라즈베리파이를 재부팅한다.

```
$ sudo reboot
```

이제 라즈베리파이 카메라가 사진을 촬영하거나 영상을 녹화할 때에도 LED는 켜지지 않는다. 다음 단락에서 소프트웨어로 LED를 제어하는 방법을 배운다.

• 파이선으로 카메라 제어하기

도난 경보기에는 원하는 방식으로 사진을 찍을 수 있도록 프로그래밍해야 한다. 앞의 모션 감지에서, PIR 센서를 제어하기 위한 코드를 파이선으로 작성했으므로 카메라를 제어하고자 한다면 파이선을 선택하는 것이 유리하다. 이전에 작성한 raspistill 코드를 재사용할 수 있다. 파이선과 raspistill을 통합하는 가장 쉬운 방법은 파이선의 서브 프로세스 모듈을 사용하여 명령어 도구 유틸리티를 실행하는 것이다. 일반적으로, 프로그래밍 언어에서 명령어 도구를 호출하는 것은 성능 저하가 생길 수 있기 때문에 좋지 않다. 하지만 사진 촬영 시 약간의 시간이 소요되므로 서브 셸을 만드는 오버 헤드는 무시될 수 있다. 다음과 같은 카메라 클래스가 필요하다.

파일명: camera/camera.py

```
import RPi.GPIO as GPIO
          from subprocess import call

          CameraLedPin = 5

          class Camera:
          def __init__(self):
            GPIO.setmode(GPIO.BCM)
            GPIO.setwarnings(False)
            GPIO.setup(CameraLedPin, GPIO.OUT, initial = False)

          def led_on(self):
            GPIO.output(CameraLedPin, True)

          def led_off(self):
            GPIO.output(CameraLedPin, False)

          def take_photo(self, filename):
            call(['raspistill -n -t 0 -hf -o  {0 }'.format(filename)], shell = True)
```

파이선으로 작성한 코드는 길이가 짧고, 복잡한 사진 촬영 부분은 취급하지 않는 대신에 카메라의 LED를 제어한다. __init__() 메서드에서 LED의 제어 핀을 준비한다. LED는 GPIO 핀 5번에 연결하여 쉽게 LED_ON()과 LED_OFF()를 사용할 수 있다.

take_photo() 메서드를 사용하면 사진을 찍을 수 있고, 이 메서드는 raspistill의 작업을 위임한다. 또한 기본 값을 설정하지만 쉽게 변경할 수 있다. 다음 프로그램은 카메라 클래스의 사용법을 보여 준다.

```
camera/camera_demo.py
from camera import *
camera = Camera()
camera.led_off()
camera.take_photo('photo.jpg')
```

이 작은 데모 프로그램은 카메라 클래스를 포함하고, camera라는 새 인스턴스를 만든다. 그 다음에 카메라의 LED를 끄고 한 번 더 촬영한다. 새로 찍은 사진은 photo.jpg로 저장된다. 이제 파이선 프로그램에서 카메라를 제어할 수 있다. 이제 사진이 첨부된 이메일을 보낼 수 있는 방법이 필요한데 다음 단락에서 배운다.

• 이메일 보내기

파이선 프로그래밍 기법으로 이메일을 보낼 수 있다. 파이선은 SMTP에 지원을 하며 다양한 형식의 이메일 파일 첨부를 지원한다. 아래의 EmailNotification 클래스는 사진이 첨부된 이메일을 전송하기 위한 기능을 제공한다.

파일명: camera/email_notification.py

```
import smtplib
from email.mime.image import MIMEImage
from email.mime.multipart import MIMEMultipart
class EmailNotification:
  def __init__(self, server, user, pwd):
    self.server = server
    self.user = user
    self.pwd = pwd
    self.subject = 'INTRUDER ALERT!'
    self.from_addr = 'me@example.com'
```

```
        self.to_addr = 'alert@example.com'
    def send(self, image_file):
        msg = MIMEMultipart()
        msg['Subject'] = self.subject
        msg['From'] = self.from_addr
        msg['To'] = self.to_addr
        msg.preamble = self.subject
        msg.attach(self.__read_image(image_file))
        self.__send_email(msg)
    def __read_image(self, image_file):
        attachment = open(image_file, 'rb')
        image_data = MIMEImage(attachment.read())
        attachment.close()
        return image_data
    def __send_email(self, msg):
        server = smtplib.SMTP(self.server)
        server.ehlo()
        server.starttls()
        server.login(self.user, self.pwd)
        server.sendmail(self.from_addr, self.to_addr, msg.as_string())
        server.quit()
```

__init__() 메서드는 SMTP 서버와 사용자의 이름과 암호를 초기화한다. 이메일의 기본 제목과 발신 및 수신 주소를 정의하며 자유롭게 변경할 수 있다.

send() 메서드를 사용하면 이메일에 이미지 파일을 첨부하여 전송할 수 있다. 이 메서드는 라즈베리파이 카메라를 사용하여 생성된 파일을 포함한 이메일의 모든 특성을 포함하는 새로운 객체인 MIMEMultipart 객체를 만든다.

끝으로 __send_email() 메서드는 파이선의 smptlib를 사용하여 이메일을 보낸다. 이메일 공급업체에 따라 적절한 방법으로 변경이 필요할 수 있다. 예로 일부 업체들은 ehlo()에 대한 응답을 하지 않는다.

• 최종 프로젝트의 구현

이제 PIR 센서와 카메라를 제어하는 소프트웨어를 가지고 이메일을 보낼 수 있다. 그렇다면 모든 부품을 결합하여 완전한 도난 경보기를 만드는 일만 남았다.

PassiveInfraredSensor와 카메라와 EmailNotification 클래스를 사용하면 도난 경보를 쉽게 구축할 수 있다.

파일명: camera/burglar_alarm.py

```
from pir import *
from camera import *
from email_notification import *
import time
PIR_PIN = 23
PREFIX = 'photos/alert'
EMAIL_SERVER = 'smtp.gmail.com:587'
EMAIL_USER = 'me@example.com'
EMAIL_PWD = 't0p$ecret'

pir = PassiveInfraredSensor(PIR_PIN)
camera = Camera()
notifier = EmailNotification(EMAIL_SERVER, EMAIL_USER,
EMAIL_PWD)
i = 0
last_state = False
while True:
    if (pir.motion_detected() == True):
    if (last_state == False):
        print 'INTRUDER ALERT!'
        image_file = PREFIX + ' {0 }.jpg'.format(i)
        camera.take_photo(image_file)
        notifier.send(image_file)
        i = i + 1
        last_state = True
    else:
    if (last_state == True):
    time.sleep(1)
    last_state = False;
```

7번에서 10번 줄은 도난 경보에 있어 가장 중요한 속성을 정의한다. SMTP 이메일 서버의 제공자과 사용자의 이름과 비밀번호를 입력한다. 21~23번 줄은 콘솔에 메시지를 출력하는 대신에 사진을 찍어 이메일로 전송한다. 프로그램의 나머지 부분은 다른 장에서 학습하는 "파이와 모션 감지에 동작 감지기"와 동일하게 작동한다.

• 오류 해결은?

PIR 센서에 문제가 있어 작동하지 않는 경우 먼저 $ sudo raspi-config를 통해서 카메라를 활성화 하였는지 살펴보자. 케이블이 정확하게 꽂혀 있는지 점검해야 한다.

라즈베리파이 카메라는 다목적 용도로 사용할 수 있고 프로그래밍으로 쉽게 제어할 수 있다는 장점이 있다. 생일 파티에서 비디오를 찍거나 라즈베리파이를 자동차 대시보드의 카메라로 제작하기에 적당하다. 또한 도난 경보기의 기초가 될 수 있는데 조명이 밝은 환경에서 잘 작동한다.

• 요약 및 다음

이 장에서는 도난 경보기를 만들고 영상을 이메일로 보내는 실습을 하였다.

다음 장에서는 비디오스트리밍과 모션감지에 대해서 학습한다.

내용 요약

- 카메라 LED 작동 중지
- 파이선으로 카메라 제어하기
- 이메일 보내기
- 프로젝트 구현
- 오류 해결

자가 평가

Q : 라즈베리파이 카메라의 LED를 제어하기 위해 어떤 변수의 값을 조정해야하는가?

A : disable_camera_led

Q : 이메일을 활용하기 위해 라즈베리파이에서는 어떤 프로토콜을 지원하는가?

A : SMTP

Q : 이메읿 전송을 위해 라즈베리파이에서 사용할 수 있는 클래스는 무엇인가?

A : EmailNotification

제4장 비디오 스트리밍과 모션 감지

학습목표

- motion 패키지를 설치하고 활용할 수 있다.
- 움직임이 있는 경우에만 동영상 촬영을 할 수 있다.
- 윈도우와 라즈베리파이 폴더를 공유한다.
- 촬영한 동영상을 실시간 스트리밍을 한다.

이 장에서는 motion 패키지를 활용하여 모션을 감지하고, 비디오 스트리밍하는 방법을 학습한다.

라즈베리파이 카메라를 활용하여 상용 감시 시스템과 유사한 보안 시스템을 만들어 보자. 라즈베리파이 카메라로 모션을 감지하는 기능을 부가해서 현격한 움직임이 있으면 해당 부분만을 파일과 비디오로 저장한다. 대용량으로 생성되는 비디오 용량을 줄일 수 있다.

그리고 라즈베리파이를 스트리밍 서버로 활용하여 비디오를 네트워크를 통해서 보낼 수도 있다. 드론에 적용한다면 하늘을 날아가면서 무선 와이파이 네트워크를 통해 내 폰이나 컴퓨터로 실시간으로 영상을 받을 수 있다.

스트리밍과 모션 감지에 활용하는 패키지는 motion 툴[1]이다. 라즈베리파이 카메라나 USB 카메라로부터 비디오 스트리밍이 가능하고 자동으로 움직임을 감지하여 파일과 비디오를 저장하는 것을 설정할 수 있다.

원격지 컴퓨터에서 저장된 파일과 비디오를 저장할 수 있도록 한다. 추가로 라즈베리파이 폴더와 윈도우의 폴더를 공유하므로 윈도우에서도 라즈베리파이에 저장된 영상과 비디오를 볼 수 있다.

motion 패키지에서는 두 개의 설정파일을 수정한다. /etc/motion.conf 파일에서 저장하는 프레임 수와 저장 폴더 및 로그 파일의 위치를 설정한다.

/etc/default/motion 파일의 설정에서 start_motion_deamon=yes 로 바꾼다.

• motion 패키지의 설치

라즈베리파이에 사용자 pi로 로그인 한다. 명령프롬프트에서 다음 과정을 따라하자.

```
$ sudo apt-get install motion  // motion 패키지 설치
```

다음에서 y를 선택한다.

```
After this operation, 19.3 MB of additional disk space will be used.
Do you want to continue [Y/n]? y
```

```
$ mkdir tmp       // 폴더를 하나 만든다.
$ cd tmp          // 해당 폴더로 이동하고 파일을 다운 받는다.
$ sudo apt-get install -y libjpeg62 libjpeg62-dev libavformat53 libavformat-dev libavcodec53
libavcodec-dev libavutil51 libavutil-dev libc6-dev zlib1g-dev libmysqlclient18
libmysqlclient-dev libpq5 libpq-dev
```

새 버전인 경우는 대부분 설치가 되어 있다고 표시된다.

```
$ wget https://www.dropbox.com/s/xdfcxm5hu71s97d/motion-mmal.tar.gz
$ tar zxvf motion-mmal.tar.gz   // 압축을 푼다.
```

다운로드된 파일을 복사하자.

```
$ sudo mv motion /usr/bin/motion
$ sudo mv motion-mmalcam.conf /etc/motion.conf
```

파일의 접근 허가권을 변경해 주어야 실행할 수 있고 로그파일을 저장할 수 있다.

```
$ sudo chmod 664 /etc/motion.conf
$ sudo chmod 755 /usr/bin/motion
$ sudo touch /tmp/motion.log
$ sudo chmod 775 /tmp/motion.log
```

마지막으로 설정파일을 수정하자.

```
$ sudo nano /etc/motion.conf
daemon off => daemon on
```

로그를 기록하는 파일

```
logfile /tmp/motion.log
```

영상의 가로와 세로 크기를 설정하자.

```
width 320
height 240
```

1초에 2장씩 사진을 보냄.

```
framerate 2
```

라즈베리 로컬에서는 화면을 보여 주지 않음.

```
stream_localhost off
```

보안이 필요한 경우만 다음 두 줄을 고침.

```
stream_auth_method 2
stream_authentication SOMEUSERNAME:SOMEPASSWORD

$ sudo reboot    // 시스템을 재부팅하기
```

• 윈도우와 라즈베리파이 폴더를 공유

/mnt/camshare 폴더를 라즈베리파이와 윈도우가 공유하려면, 폴더와 파일을 만들고, 허가권을 변경해야 한다. 그리고 fstab에 추가해 주면 컴퓨터가 부팅될 때 자동으로 해당 폴더를 공유해 준다. 이때 윈도우의 IP와 폴더 그리고 윈도우 사용자 이름과 비밀번호가 필요하다. 라즈베리파이에 폴더를 만들고 접근 허가권을 설정하자.

```
$ sudo mkdir /mnt/camshare
$ sudo chmod 775 /mnt/camshare   #111-111-101   1(R)1(W)1(Exe)
```

라즈베리파이가 켜질 때 마다 공유가 설정되도록 하자.

$ sudo nano /etc/fstab 파일에 다음 줄을 추가한다.

활용 설명)

```
//YOURSERVERNAME/YOURSHAREDFOLDERNAME /mnt/camshare cifs
username=YOURSHAREDFOLDERUSERNAME,password=YOURSHAREDFOLDERPASSWORD,ioch
arset=utf8,file_mode=0777,dir_mode=0777 0 0
```

실제 예) 윈도우 PC의 ip주소가 192.168.0.40이며, c:\camshare 폴더(생성하고 공유를 허가해야 함) 이고, 접속 id: shim pw: jaechang 인 경우 다음과 같다.

```
//192.168.0.3/camshare/ mnt/camshare cifs username=shim,
password=jaechang,iocharset=utf8,file_mode=0777,dir_mode=0777 0 0
```

$ sudo nano /etc/motion.conf 파일을 열고 target_dir을 다음처럼 수정

```
target_dir /mnt/camshare
```

$ sudo reboot // 라즈베리파이 시스템을 재 작동한다.

• 감시 카메라를 작동하기

- 30초 뒤부터 자동으로 실행

```
$ sudo nano /etc/init.d/motion  끝에 한 줄 추가.
sleep 30
```

- 수동 실행시키기

```
$ sudo service motion start
```

- 실행의 중지

```
$ sudo service motion stop
```

• 스트리밍을 통한 생중계하기

스마트폰이나 PC등 어디서든 http://IPADDRESS_OF_RASPBERRY:8081 로 비디오를 수신할 수 있다. 8081 포트는 motion.conf 파일에 설정되어 있다. 크롬과 인터넷에서 보려면 추가 작업이 필요하고, FireFox, Safari 브라우저나 VLC media player (http://www.videolan.org/)에서는 카메라의 동영상을 볼 수 있다. 익스플로러에서는 Motion JPEG이 지원이 되지 않는다. 웹캠 서버를 만들면 익스플로러에서도 볼 수가 있다[7].

그림 4-1
미디어 열기 화면

그림 4-2
화면의 생중계

라즈베리파이는 대부분 유무선 공유기와 연결하여 동적 IP 주소를 가진다. 이 경우 바로 수신이 된다. 그러나 네트워크가 동일한 공유기를 사용하지 않는 경우는 라즈베리파이를 무료 DDNS를 찾고 가입을 해서 동적 주소를 정적 주소처럼 활용하면 된다.

• 윈도우 폴더 공유 설정 변경

윈도우에서 루트 폴더를 열고 사용할 폴더를 하나 만든다.

c:\camshare

해당 폴더를 마우스로 선택한 다음 가장 윗줄의 익스플로러에서 메뉴 중에 [공유대상]>[홈 그룹(읽기/쓰기)] 을 선택한다.

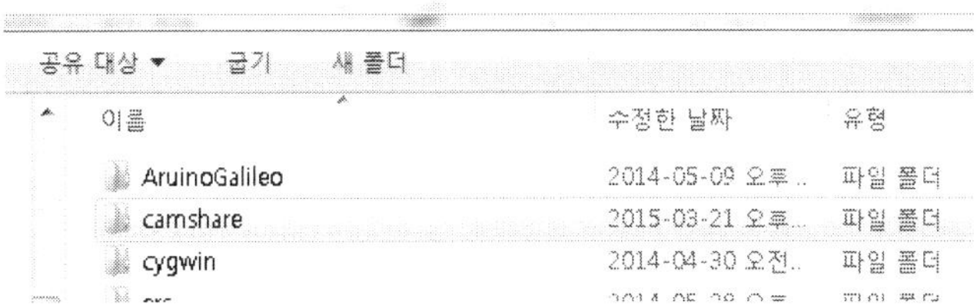

그림 4-3
공유 폴더 열기

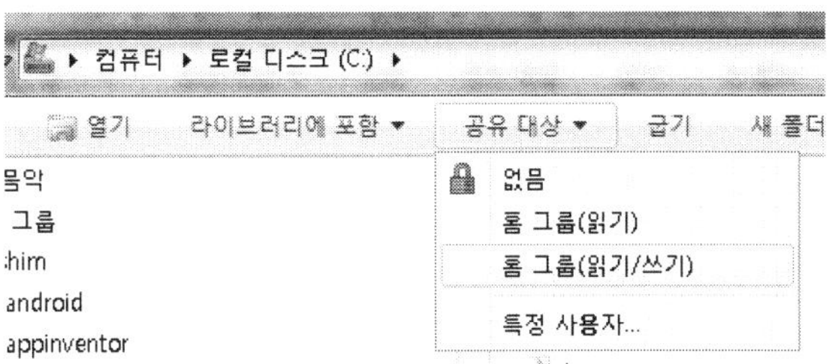

그림 4-4
공유의 설정

이 폴더의 이름을 라즈베리파이의 /etc/fstab에 추가할 때 적어야 한다.

이렇게 하고 카메라 앞에 손을 대거나 움직임이 있을 경우 영상 프레임 몇 장과 비디오를 저장하는데, 이를 라즈베리파이와 컴퓨터에서 모두 확인할 수 있다.

윈도우에서는 Motion JPEG의 수신은 VLC Media 프로그램을 설치해서 비디오를 스트리밍으로 수신할 수 있다.

- http://vlc-media-player.en.softonic.com/

파이에 접속해서 폴더내용을 확인해 보기

```
$ sudo cd /mnt/camshare
```

$ ls -al로 확인하면 윈도우 폴더가 라즈베리파이에 나타난다.

윈도우의 c:\camshare 폴더를 열어보자.

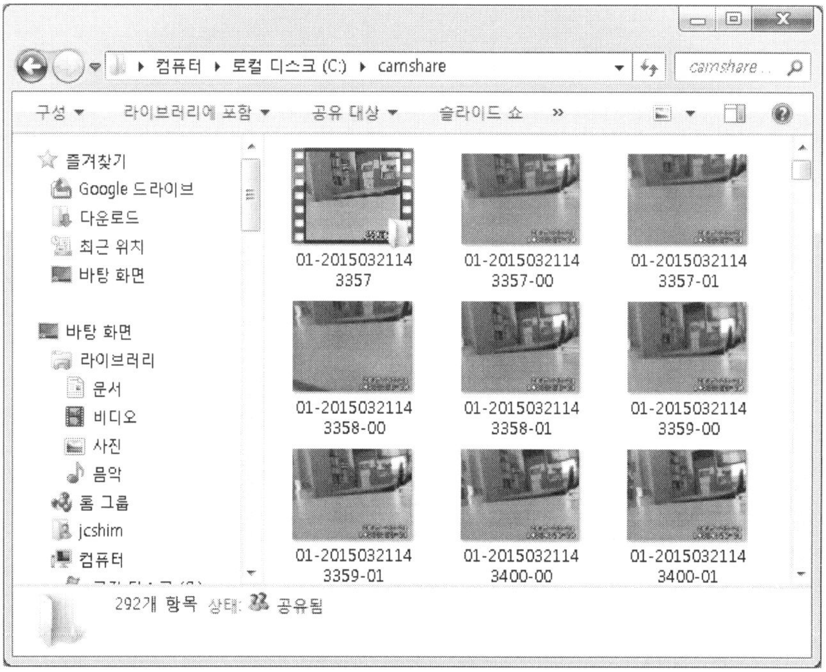

그림 4-5
움직일 때 촬영된 영상과 동영상

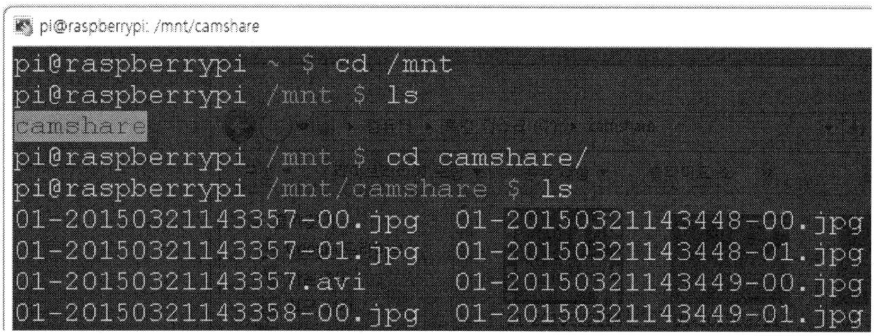

그림 4-6
날짜와 시간 단위로 저장된 라즈베리파이의 폴더 내용

그림 4-7
라즈베리파이
카메라를 활용한
감시 시스템 사진

그림 4-8
VLC를 통한
실시간 스트리밍

• 참고자료

[1] motion http://www.lavrsen.dk/foswiki/bin/view/Motion/WebHome

[2] motion 복사, 설치, 로그 파일 모드 변경(성공)
http://www.instructables.com/id/Raspberry-Pi-as-low-cost-HD-surveillance-camera/step7/Installing-the-motion-detection-software/

[3] Raspberry PI Web Cam Server
http://pingbin.com/2012/12/raspberry-pi-web-cam-server-motion/

[4] 간단한 설치 (Simple)
http://pingbin.com/2012/12/raspberry-pi-web-cam-server-motion/
http://www.rasplay.org/?p=2673

[5] 간단한 설치 한글 http://sjj.azurewebsites.net/?p=701

[6] pyCam
http://www.codeproject.com/Articles/762494/Raspberry-Pi-HD-Surveillance-Camera-with-Motion-Ni

[7] DIY WebCam
https://medium.com/@Cvrsor/how-to-make-a-diy-home-alarm-system-with-a-raspberry-pi-and-a-webcam-2d5a2d61da3d

[8] 웹캠 서버(인터넷 익스프로러에서 비디오 보기)
http://www.lavrsen.dk/foswiki/bin/view/Motion/WebcamServer

• 요약 및 다음

이 장에서는 라즈베리파이 카메라로 움직임이 있는 경우 영상과 비디오를 윈도우의 공유 폴더에 저장하는 실습을 하였다. 윈도우와 라즈베리파이 간 폴더를 공유하는 방법도 학습하였다. 5부에서는 라즈베리파이로 멀티미디어 센터 서버, 홈페이지 서버 및 키오스크를 제작한다.

내용 요약

– motion 패키지를 설치하고 설정하는 방법 소개

- 윈도우와 라즈베리파이 폴더를 공유하는 과정 소개
- 감시 카메라를 자동으로 실행시키기
- 촬영한 동영상을 실시간 스트리밍하기
- 공유 폴더를 변경하고 촬영된 동영상 확인하기

자가 평가

Q : motion 패키지를 설치하기 위한 명령어는 무엇인가?

A : sudo apt-get install motion

Q : 감시 카메라를 수동으로 실행시키고 중지하는 명령어는 무엇인가?

A : sudo service motion start, sudo service motion stop

Q : 스트리밍 비디오를 재생하는 방법으로는 어떤 프로그램이 있는가?

A : FireFox, Safari 브라우저나 VLC 미디어 플레이어 등이 있다.

5부 라즈베리파이 멀티미디어 센터 ,홈페이지

제 1 장 멀티미디어 센터(Raspbmc)

학습목표

- SD 카드에 Raspbmc를 설치하여 부팅할 수 있다
- XBMC의 메인 메뉴를 활용할 수 있다
- XBMC의 애드온을 찾아 설치할 수 있다
- 다양한 장치에서 XBMC에 원격으로 연결할 수 있다

라즈베리파이는 작고 전력 소모가 적에서 그래픽 기능이 포함되어 플레이 스테이션이나 애플 TV 박스를 완전히 대체할 수 있다. 사용자는 XBMC라는 특별한 소프트웨어를 사용하여 라즈베리파이를 멀티미디어 센터로 사용할 수 있다. 여기서는 라즈베리파이에서 XBMC를 사용하는 방법을 배운다.

[주의] 라즈비안 대신 Raspbmc를 OS로 활용하는 응용이다. 기존의 라즈비안에 추가하는 것이 아니고 SD카드를 새로 준비하고 OS를 새로 만들어 활용한다.

• Raspbmc 설치하기

XBMC 프로젝트는 규모가 큰 과제여서 설치가 복잡하다고 생각할 수 있으나 미리 설정이 된 상태로 배포되어 간단하다.

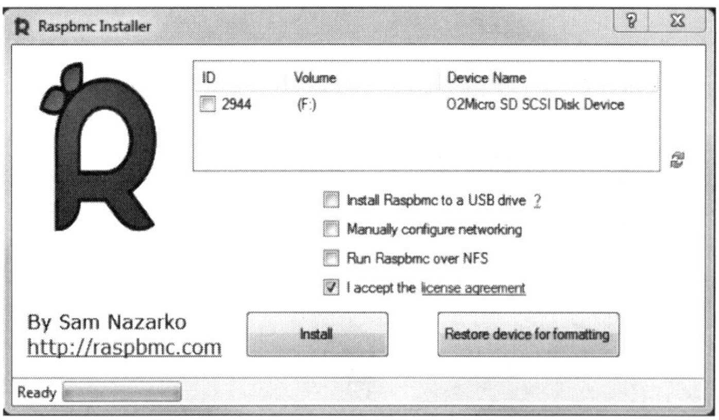

그림 1-1 윈도우 버전의 Raspbmc 설치 프로그램

Raspbmc는 XBMC에 특화된 파이용 리눅스 배포판이다. 사용자는 NOOBS를 이용하여 XBMC를 설치하거나 SD 카드에 배포판 이미지를 복사하는 것만으로 쉽게 설치할 수 있다. 그런 다음 라즈베리파이에 SD 카드를 넣어 부팅할 수 있다. Raspbmc 배포판은 부팅 시 자동으로 XBMC를 실행한다.

이 배포판은 다른 배포판과는 다르게 완전한 이미지 파일로 제공되며, 최신 버전의 설치 파일을 SD 카드에 복사하면 즉시 사용할 수 있다.

사용자의 PC가 윈도우 운영체제라면 installer.exe 파일을 실행하여 Raspbmc 카드 준비를 할 수 있다.

SD 카드를 리더기에 넣고 Install 버튼을 누른다. 설치 프로그램은 곧 최신 버전의 Raspbmc를 SD 카드로 복사한다. 다만, SD 카드의 이전 데이터는 설치 중에 모두 삭제된다.

Linux나 Mac OS X의 Raspbmc 설치 프로그램은 파이선으로 제작되어 UI가 단순하고, 간편하게 다운로드받을 수 있다. 아래 그림과 같이 터미널에 명령어를 입력하여 설치할 수 있다.

```
maik> sudo python install.py

《 Raspbmc installer for Linux and OS X
  http://raspbmc.com
  ----------------------------------------
  Please ensure you've inserted your SD card, and press Enter to continue.

  Enter the 'IDENTIFIER' of the device you would like imaged:
     #:                      TYPE NAME                SIZE       IDENTIFIER
     0:       GUID_partition_scheme                  *256.1 GB   disk0
     0:       GUID_partition_scheme                  *500.1 GB   disk1
     0:      FDisk_partition_scheme                  *500.1 GB   disk2
     0:      FDisk_partition_scheme                  *1.0 TB     disk3
     0:      FDisk_partition_scheme                  *2.0 GB     disk4
     0:       GUID_partition_scheme                  *1.5 TB     disk5


⇒ Enter your choice here (e.g. 'disk1', 'disk2'):  disk4
《 It is your own responsibility to ensure there is no data loss! Please backup
  your system before imaging
  You should also ensure you agree with the Raspbmc License Agreeement
⇒ Are you sure you want to install Raspbmc to '/dev/disk4' and accept the license agreement? [y/N] y
《 Downloading, please be patient...
  Downloaded 16.35 of 16.35 MiB (100.00%)

  Unmounting all partitions...
  Unmount of all volumes on disk4 was successful
  Please wait while Raspbmc is installed to your SD card...
  This may take some time and no progress will be reported until it has finished.
  0+1172 records in
  0+1172 records out
  76800000 bytes transferred in 6.781433 secs (11325040 bytes/sec)
  Installation complete.
  Would you like to setup your post-installation settings [ADVANCED]? [y/N] N


  Raspbmc is now ready to finish setup on your Pi, please insert the SD card
  with an active internet connection
```

설치 프로그램은 SD 카드 리더기를 포함하여 컴퓨터에 연결된 모든 드라이브를 보여준다. 위의 예는 사용자마다 다를 수 있다. SD 카드 리더기는 여기서 disk4로 되어 있다. [이름]을 입력하고 [확인]을 입력하면 Raspbmc 설치가 시작된다. 드라이브를 선택하면 설치하면서 데이터가 모두 삭제되기 때문에 주의해야 한다.

부팅 가능한 SD 카드를 만들면 라즈베리파이에 넣고 전원을 끼운다. 라즈베리파이는 최소한의 리눅스 시스템으로 부팅하고 이제부터 Raspbmc의 설치가 시작된다. 첫 번째로 SD 카드를 새 파티션으로 분할한다. 그 다음 루트 파일 시스템, 커널, 커널 모듈들, 필요한 라이브러리를 다운로드하고 설치한다. 재부팅한 후 최신버전의 XBMC 설치가 완료된다. 이 단계에서 사용자가 따로 할 일은 없으며, 인터넷 속도에 따라 약 20~30분의 시간이 필요하다.

• Raspbmc 시작하기

설치 과정이 완료되면 Raspbmc는 XBMC를 자동으로 실행한다. XBMC의 메뉴는 아래 그림과 같다. XBMC는 다른 미디어 플레이어와 구성이 비슷하다.

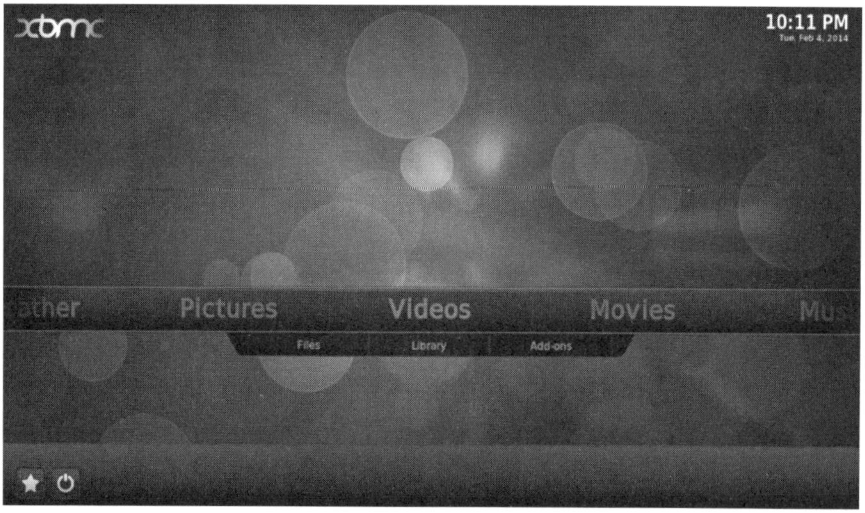

그림 1-2 Raspbmc의 메인 메뉴

XBMC는 사진 재생, 비디오 재생, 음악 재생, 시스템 설정 메뉴가 있다. XBMC는 SD 카드나 USB 드라이브에 있는 미디어 파일을 간편하게 재생할 수 있다.

하드 드라이브나 USB 메모리 등의 USB 드라이브를 라즈베리파이에 장착하려 하는 경우 USB 허브를 사용하거나 XBMC로 연결하여 사용 중인 마우스나 키보드를 뽑지 않고 사용할 수 있다. 마우스를 사용하지 않고 키보드의 방향키로 메뉴를 이동할 수 있고, 돌아가기 버튼을 눌러 메뉴를 선택할 수 있다. ESC 키를 누르면 바로 메뉴 선택 화면으로 돌아올 수 있다.

XBMC를 네트워크에 연결하여 최대한 활용할 수 있다. 라즈베리파이를 인터넷에 연결하면 준비가 끝난다. XBMC는 자동으로 네트워크 연결을 인식한다. 만약 WI-FI를 사용하고자 한다면 Program → Raspbmc 설정 메뉴에서 선택할 수 있다. 네트워크 설정 탭에서는 네트워크 모드를 무선(WIFI) 네트워크로 설정 할 수 있다. 그리고 네트워크의 SSID와 패스워드를 입력한다. 보통 XBMC가 실행중일 때는 라즈베리파이를 고정 IP로 설정해두는 것이 바람직하다. DHCP 버튼을 눌러 비활성화시키고, 고유 IP 구조를 "IP address"에 입력하고 OK 버튼을 클릭하면 된다.

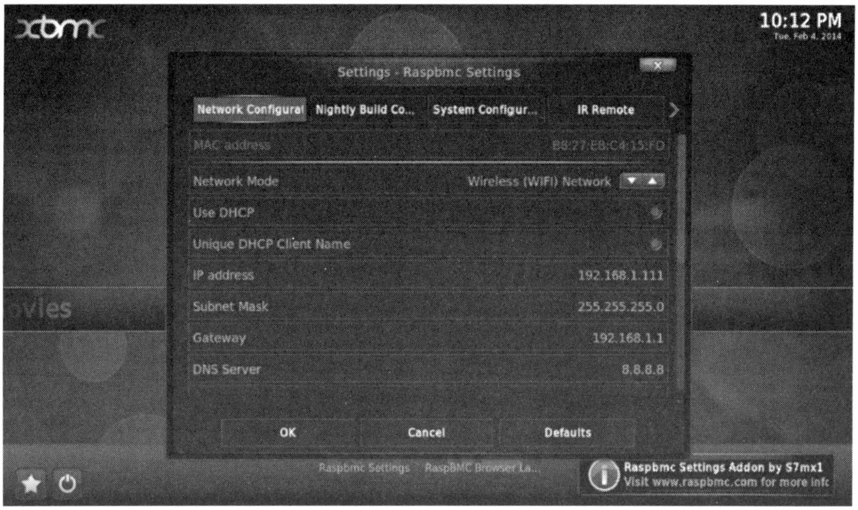

그림 1-3 Raspbmc 설정 메뉴에서는 많은 설정 변경 가능

XBMC는 미디어 플레이어보다 간단하다. 웹에서 많은 무료 애드온 도구를 간편하게 사용할 수 있다. 애드온은 웹에 있는 미디어의 접근을 허락해준다. 특정 방송국의 TV 방송을 모으거나 비디오 게임의 음악을 찾아주는 애드온을 찾을 수 있다. XBMC는 매우 편리하게 관리할 수 있는 애드온들을 제공한다. TED 애드온을 사용하면 최신 TED 강연

영상을 볼 수 있다.

브라우저의 애드온 목록들을 살펴보다가 관심이 있다면 설치해 보자. 애드온이 마음에 들지 않을 경우 삭제하기도 쉽다.

SD 카드와 인터넷 속도에 따라 XBMC의 메뉴 탐색 속도가 달라진다. 이런 사항은 업데이트 될수록 나아지고 있지만 메뉴 탐색에 답답함을 느낄 수 있다. 그러나 콘텐츠는 끊어지지 않고 재생된다.

마지막으로, Systems > Setting menu에서 모든 로컬 설정을 볼 수 있다. 예를 들어 복합 영상을 사용하고 싶다면 System > Setting > Audio의 장치 오디오 출력에서 아날로그를 선택하자.

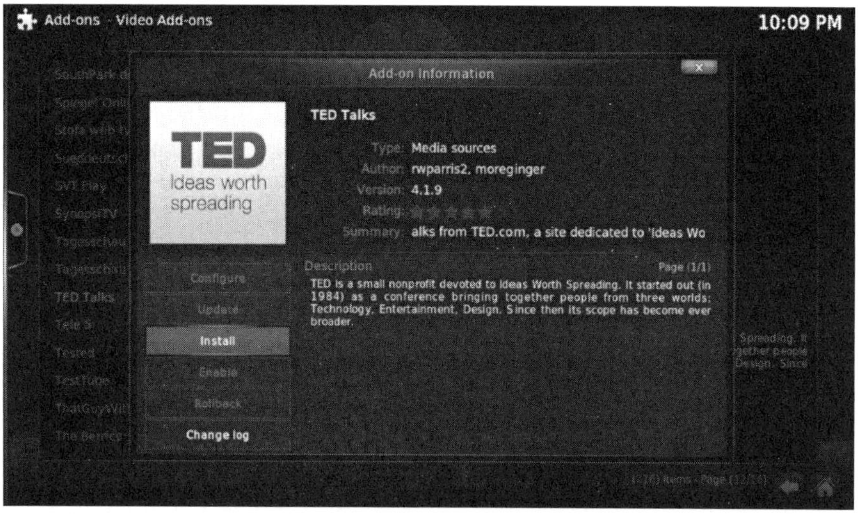

그림 1-4 XBMC의 애드온 관리

• XBMC 파일 추가하기

사용자는 XBMC에서 TV 프로그램, 음악, 영화 등을 동영상이나 음악 메뉴를 이용하여 쉽게 추가할 수 있다. 미디어 파일 추가를 해 보기 전에, XBMC가 내부적으로 어떻게 작동하는지 알아보는 게 좋다. XBMC는 미디어 플레이어보다 간편하다. XBMC는 라이브러리에서 미디어 정보를 자동으로 채운다. 예를 들어 좋아하는 TV 프로그램을 웹 데이터베이스와 라이브러리에 추가한다면 추가적인 정보를 읽는다. 이로서 에피소드에 대한 짧은 요약 데이터를 읽을 수 있다.

이를 이용한다면 XBMC는 파일명을 분석하여 wiki 프로젝트의 모든 정보를 읽을 수 있다. 다만 완전한 파일명과 폴더 구조여야 XBMC의 메인 메뉴에 효과적이다. 사용자가 TV 프로그램을 담기 위한 폴더를 추가하면 XBMC는 TV 프로그램 메뉴를 메인 메뉴에 추가한다. 그러므로 XBMC를 최대한 활용하고자 한다면 미디어 파일의 이름을 알맞게 변경하는 것이 좋다.

XBMC에 파일을 추가하는 가장 쉬운 방법은 미디어 파일이 담긴 USB 장치를 라즈베리파이에 바로 장착하는 것이다. 이 방법에는 제약이 따른다. USB 장치가 라즈베리파이 자신보다 더 많은 전력을 소모할 수도 있다.

덧붙여, 이는 적어도 하나 이상의 빈 USB 포트가 필요하다. 더 좋은 방법은 미디어 파일을 SD 카드에 저장하거나 로컬 네트워크로 스트리밍하는 것이다. XBMC의 네트워크 통합은 두 가지 방법으로 쉽게 구현할 수 있다.

XBMC는 FTP, SFTP, SSH, NFS와 Samba등을 지원하고, 사용자가 일일이 구성할 필요가 없다. XBMC는 SSH를 기본으로 제공하고, SD 카드에 데이터를 복사하는 것만으로 SCP를 사용할 수 있다. 보안 셸을 라즈베리파이에 사용한 것처럼 아래 명령어를 입력하여 XBMC의 home 경로에 Movies라는 폴더를 생성할 수 있다.

```
anu> ssh pi@192.168.2.19 "mkdir /home/pi/Movies"
```

이 명령어는 라즈베리파이의 IP 주소를 변경한다. 물론 Raspbmc는 라즈베리파이의 계정명과 패스워드를 사용한다. 이제 SCP를 사용하여 미디어 파일을 복사하고 XBMC 라이브러리에 추가한다.

```
anu> scp Pulp₩Fiction₩(1994).avi pi@192.168.2.19:Movies
```

SD 카드에 공간이 많더라도 미디어 파일을 모두 저장하기에는 부족하다. 영화나 음악을 들을 때 해당 파일을 모두 복사하는 것은 바람직하지 않다. NFS나 Samba를 사용하면 일반적인 PC나 라즈베리파이의 스트리밍으로 모든 미디어 파일을 제어할 수 있다.

미디어 파일들은 NFS나 Samba를 통해 홈 네트워크에서 사용할 수 있고, XBMC를 사용하면 더욱 쉽게 사용할 수 있다. 일반적인 NFS의 경우 특별한 작업을 수행할 필요가 없다. System > Service > SMB client menu에서 Samba를 설정할 수 있다.

그림 1-5
다양한 웹
인터페이스를
가진 XBMC

• XBMC 원격제어

라즈베리파이를 멀티미디어 센터로 만들어 거실에서 원격으로 제어할 수 있다. 현대식 TV는 리모컨으로도 직접 제어할 수 있다. HDMI 케이블을 사용하는 TV는 HDMI 케이블이 비디오와 오디오의 전송뿐만 아니라, 원격 제어 명령을 전송할 수도 있다. 이 경우, TV는 라즈베리파이에게 자동으로 원격 제어 명령을 전송한다.

만일 현대식 TV를 가지고 있지 않다면 덩글 이라는 특별한 하드웨어를 사용할 수 있다. 하지만 가장 쉬운 방법은 스마트 폰을 사용하는 것이다.

뿐만 아니라 XBMC에는 멀티미디어 파일을 관리하기 위한 추가 기능이 있으며,

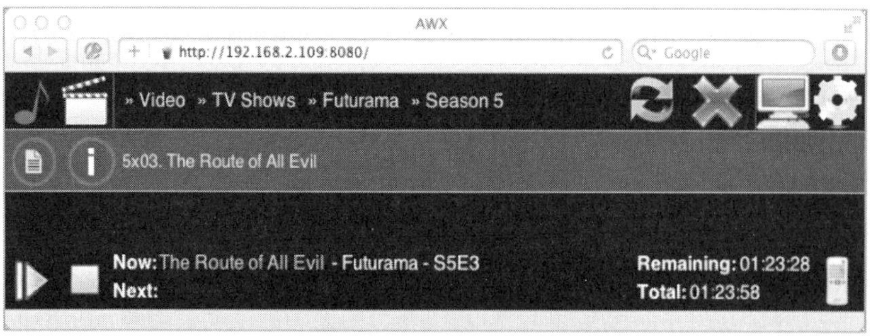

그림 1-6
작동중인 AWXI
웹 인터페이스

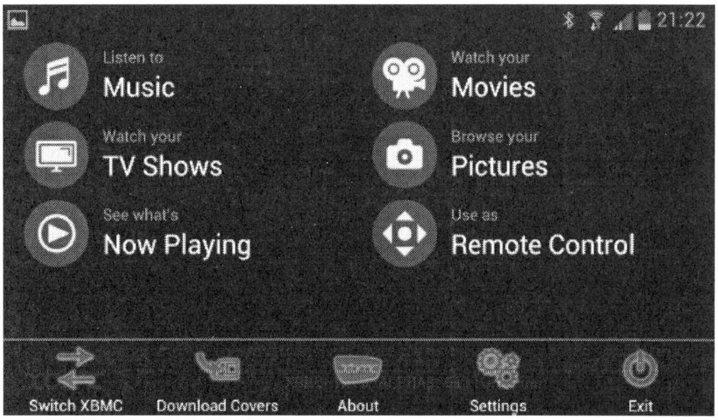

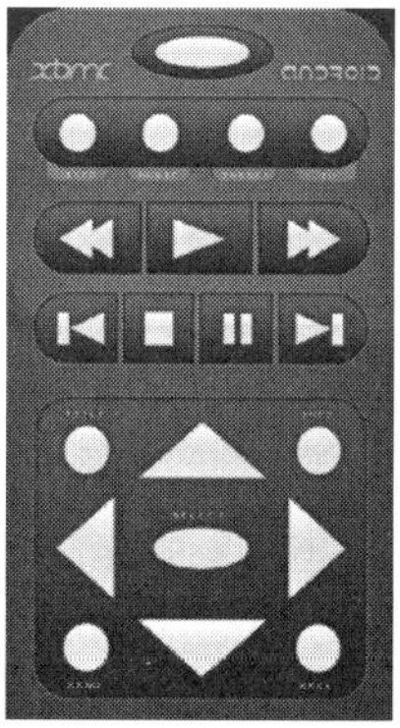

그림 1-7 안드로이드 장치로도 XBMC를 제어한다.

그림 1-8 리모컨처럼 작동

XBMC를 원격으로 제어하기 위한 웹 인터페이스를 설치할 수 있다. System > Setting > Services > Webserver 메뉴에서 "Allow control of XBMC via HTTP" 기능을 활성화한다. 활성화 후 "Web interface" 버튼을 클릭하면 아래와 같이 현재 사용가능한 웹 인터페이스를 볼 수 있다. 마음에 드는 것을 선택하고 활성화시키면 된다.

웹 인터페이스를 활성화시키면, 네트워크를 통해 어느 브라우저로도 접근할 수 있다. 수신 포트는 80번으로 브라우저 주소창에 라즈베리파이의 주소를 입력한다. 예를 들어 http:// 192.168.2.19를 타이핑하면 XBMC의 웹 인터페이스를 열 수 있다. 그림 1-6과 같이 AWXi 웹 인터페이스가 나타나는데, 재생, 일시정지, 검색 등 모든 버튼이 구성되어 있다.

안드로이드나 IOS 스마트 단말기를 갖고 있다면 XBMC 원격 제어 앱을 설치할 수 있다. 먼저 안드로이드 장치로 XBMC를 제어하는 것은 아래와 같이 일반 리모컨처럼 작동한다. 디자인은 단순하지만 XBMC의 모든 기능을 제공하며, 일반적인 TV 리모컨보다 훨씬 좋다.

• Raspbmc의 향상된 버전 OSMC

OSMC는 Raspbmc의 유명세에 안정성과 성능 향상을 추가하였다. OSMC는 웹 브라우저도 작동이 된다. 따라서 소프트웨어 공유가 쉬워져서 더욱 멋이 있다. 정말 사용자들을 위한 소프트웨어가 되었다.

- https://osmc.tv/

그림 1-9 Raspbmc의 향상된 버전 OSMC

• 요약 및 다음

이 장에서는, SD카드를 바꾸어 완전히 다른 라즈베리파이를 접했다. PC를 사용하지 않은 대신에 라즈베리파이를 특정 목적이 있는 장치인 멀티미디어 센터로 사용했다.

다음은 라즈베리파이를 홈페이지 서버로 활용해 본다. Coder는 구글의 크롬과 유사한 형식의 홈페이지를 서비스 해 줄 수 있도록 한다. HTML과 CSS 그리고 JS를 활용한다.

내용 요약

- Raspbmc 설치
- XBMC 소개
- XBMC에 파일 추가
- XBMC 원격 제어

자가 평가

Q : 이 장에서 소개한 미디어 플레이어의 이름은 무엇인가?

A : XBMC

Q : XBMC에 특화된 라즈베리파이용 리눅스 배포판의 이름은 무엇인가?

A : Raspbmc

Q : XBMC를 네트워크에 연결 시, IP 주소를 어떻게 설정해야 하나?

A : 고정 IP로 설정

Q : 웹으로 XBMC에 접속시, 수신 포트는 몇 번인가?

A : 80번

제 2 장 홈페이지 웹 서버(CODER)

학습목표

- 코더로 부팅되는 SD 카드를 만든다.
- 코더 SD 카드를 부팅하여 코더에 접속할 수 있다.
- 코더의 간단한 사용 방법을 학습한다.
- 코더로 홈페이지를 만든다.

라즈베리파이를 홈페이지 제작 학습에 활용할 수 없을까? 아주 멋진 프로젝트로 구글 코더를 추천할 수 있다. 코더는 라즈베리파이를 전용 웹 서버로 만들고, 원격 PC에서 홈페이지를 제작을 학습하는 멋진 무료 오픈 소스 프로젝트 플랫폼이다. 지금까지의 대부분의 응용은 직접 라즈베리파이를 조작하거나, 원격 접속을 통해서 라즈베리파이를 제어하였으나, 코더 서버는 원격 PC에서 네트워크를 통해서 접속하고 홈페이지 제작 작업은 PC에서 진행한다.

앞 장과 마찬가지로 여기서는 기존의 라즈베리파이 SD카드에 프로그램을 추가하는 것이 아니고, SD카드에 코더용 라즈베리파이를 새로 만들어 활용한다.

먼저 SD카드를 코더로 부팅되는 SD카드를 만들어야 한다. 기존의 라즈베리파이에 Coder를 설치하는 방법은 "Coder Existing Raspberry Pi"로 검색해서 도움을 받을 수 있지만 다소 복잡하다. 여기서는 새로 SD카드를 만들어 사용하는 방법을 설명한다.

코더를 SD카드에 설치하고 실습하는 단계는 다음과 같다.

- SD카드 포맷하기
- SD카드 Coder 복사하기
- PC에 봉쥬르 서비스 설치
- 라즈베리파이의 주소 확인
- IP로 접속하기 (보안 관련 오류는 무시하기)

준비된 SD 카드를 SDFormatter로 포맷한다. 코더 이미지를 웹에서 다운받고 이미지를 SD 카드에 Win32DiskImager로 복사한 다음, 라즈베리파이를 부팅시킨다.

- 코더의 웹 사이트: http://googlecreativelab.github.io/coder/
- 검색어: "google coder"

라즈베리파이로 로그인하지 않고도 네트워크에 연결된 PC에서 접속하여 홈페이지를 만들 수 있다. 따라서 라즈베리파이를 홈페이지 제작을 학습하는 도구로 활용할 수 있다.

설치하는 과정에서 가능하면 로그인하지 않아도 유 무선 네트워크를 설정하도록 되어 있으나 버전에 따라 오류가 발생할 수도 있다. 이 경우 키보드, 마우스 및 HDMI 모니터를 연결하거나, 원격 접속을 통해서 라즈베리파이에 로그인하고 IP 주소를 찾은 다음 IP 주소로 접속해야 한다.

PC에서 홈페이지에 접속할 때 주의할 점은 윈도우 사용자들은 접속하기 전에 반드시 애플의 봉쥬르 인쇄 서비스를 설치해야 한다.

PC의 브라우저를 열고 http://coder.local이나 IP주소로 https://192.168.0.40로 접하면 coder초기 화면이 나온다. 여기에 비밀 번호를 설정하고 HTML, CSS, JavaScript, Node.js를 이용해서 쉽게 홈페이지 제작을 학습할 수 있다.

• 코더용 라즈베리파이 다운로드

4GB의 SD 카드가 필요하다. 코더용 프로그램의 다운로드 사이트

- http://storage.googleapis.com/coder-images/coder_v0.9.zip

다운로드하고 압축을 해제한다.

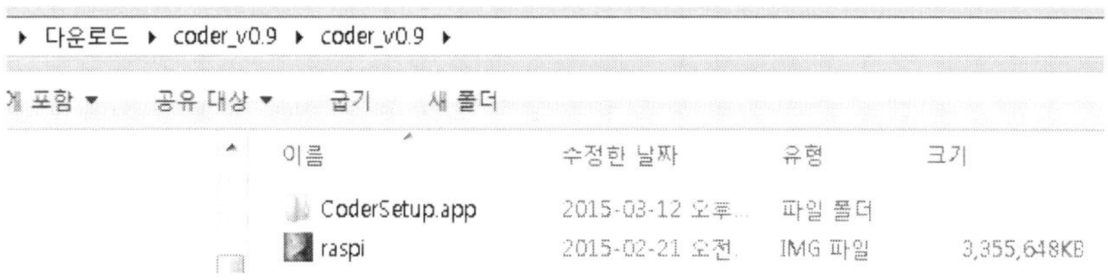

그림 2-1 코더 파일의 압축 해제

• Mac 사용자

Mac 사용자는 제공된 설치 프로그램을 실행한다.

• 윈도우 사용자

윈도우 PC에 "코더"용 SD 카드를 만드는 과정은 다음과 같다.

1) SDFormatter 툴을 이용하여 SD 카드를 포맷한다.

- 검색어 "SDFormatter Windows"
- https://www.sdcard.org/downloads/formatter_4/eula_windows/

2) Win32DiskImager로 SD 카드에 이미지를 설치한다.

- 검색어 "Win32DiskImager Download"
- http://sourceforge.net/projects/win32diskimager/files/latest/download

자세한 설명은 네이버 "라즈베리파이" 카페 http://cafe.naver.com/rbpi/109를 참고하자.

• 코더 서버의 부팅

- 라즈베리파이와 컴퓨터가 네트워크에 연결되어 있는지 확인한다.
- 라즈베리파이에 코더로 설정된 새로운 코더 SD 카드를 삽입한다.
- 마이크로 USB를 끼워서 전원을 켠다.
- 라즈베리파이는 코더 기반의 새로운 웹 서버가 된다.
- PC에서 라즈베리파이 코더 서버에 접속하여 홈페이지를 제작한다.

• 코더에 접속하기

1) Windows PC로 코더에 연결하려면 먼저 Windows용 "애플의 봉쥬르 인쇄 서비스 (Bonjour Print Services for Windows)"를 설치해야 한다.

https://support.apple.com/kb/DL999?locale=en_US

2) 크롬이나 IE에 http://coder.local 로 접속한다. 접속이 안 되는 경우 공유기에 접속하자. 웹 브라우저를 열고 주소창에 http://192.168.0.1 입력한다. [고급설정]>[네트워크관리]>[내부 네트워크 정보]에서 사용 중인 IP 주소 정보 중에 192.168.0.XX (Coder)의 IP주소를 찾는다. XX는 공유기 마다 번호가 (0~255 사이)다를 수 있다. 이 IP가 라즈베리파이 코더의 IP 주소이다.

내 컴퓨터에서 다시 https://192.168.0.XX로 접속한다.

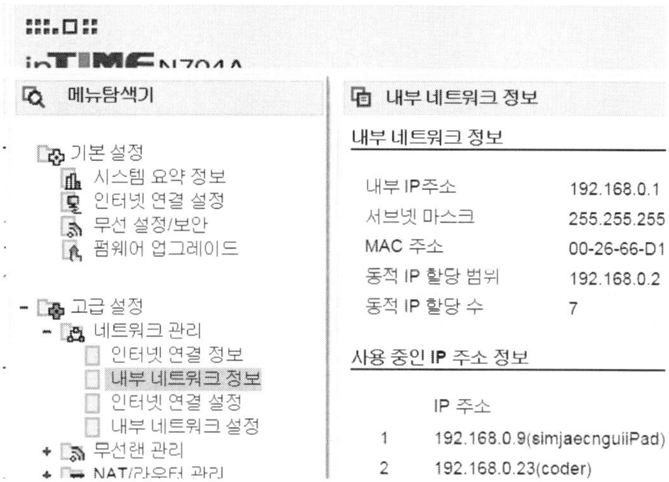

그림 2-2 공유기에서 라즈베리파이의 IP 주소 찾기

[참고 : 코더의 인증서에 대한 경고가 표시된다. 공개 서버와는 달리, 코더는 전용 URL을 로컬 네트워크에 접속하므로 브라우저에 의해 검증할 수 없다는 경고가 나오면 이를 무시하면 된다.]

- 실패의 경우 1

http://coder.local을 입력할 때 다음처럼 나오면, 접속이 안 되는 상태이다.

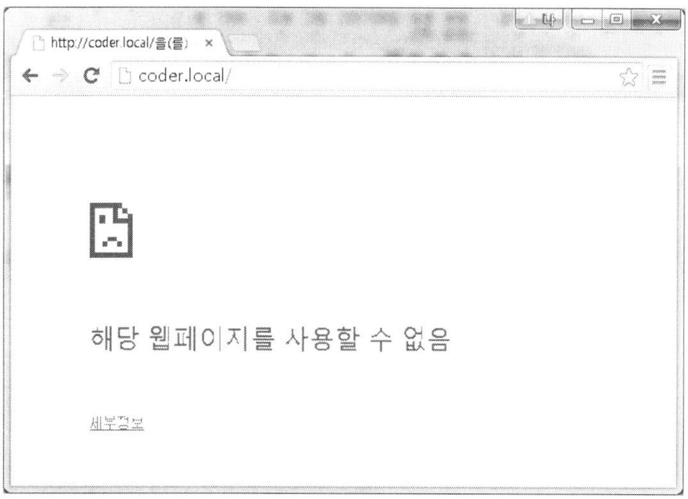

그림 2-3 접속 실패 화면

- 실패의 경우 2

http://192.168.0.XX로 접속해도 접속이 되지 않는 경우이다. XX는 공유기마다 다를 수 있는 번호다.

그림 2-4
접속실패 화면

- 접속에 성공한 경우

IP 주소와 https://로 접속해야 한다. https://192.168.0.XX 로 접속이 정상적으로 된 상태이다. 화면 아래 부분의 [고급]을 선택한다.

그림 2-5
연결 비공개 설정 경고 화면, [고급]을 선택

화면 아래쪽의 [192.168.0.40(안전하지 않음)(으)로 이동]을 선택한다.

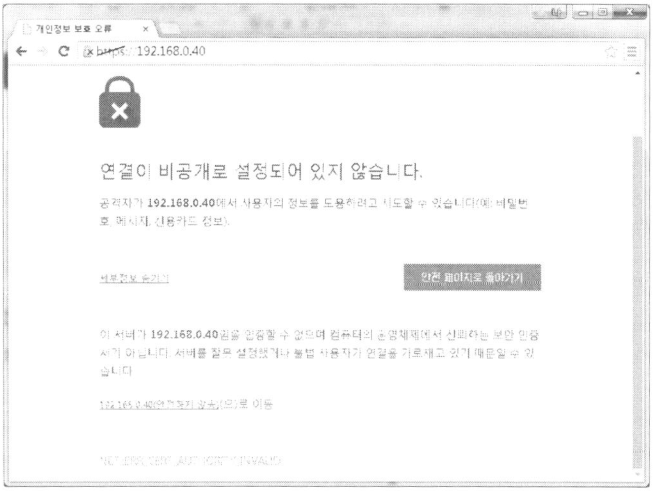

그림 2-6 [안전하지 않음]을 선택해서 홈페이지 접속

• 코더에 접속이 성공된 화면

비밀번호 저장하기

접속이 되면 두 차례 비밀 번호를 입력해야 한다. 문자와 숫자를 조합해서 비밀 번호를 만들어야 한다.

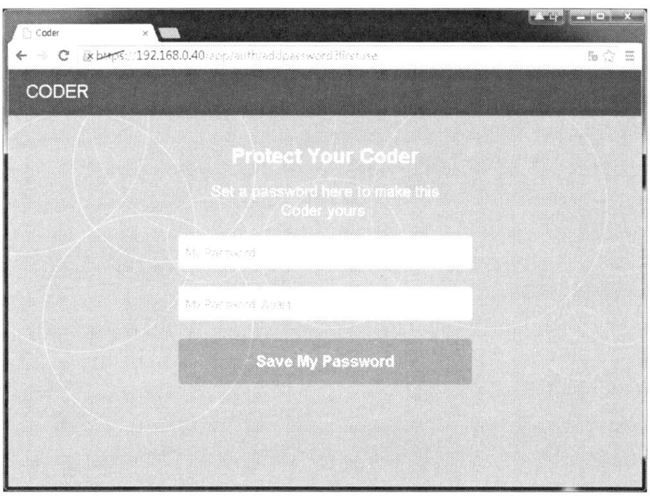

그림 2-7 코더의 첫 접속 화면

작업한 내용들은 Coder 서버에 저장된다.

Coder 접속 성공한 화면

이미 만들어 둔 3개의 예제를 차근 차근 살펴보면서 제작된 홈페이지를 살펴보자. 그리고 참고자료를 찾아 홈페이지 제작과정을 단계별로 학습하자. 특히 Hello Coder를 자세히 살펴보면 코더 기반의 홈페이지 제작을 잘 이해할 수 있다.

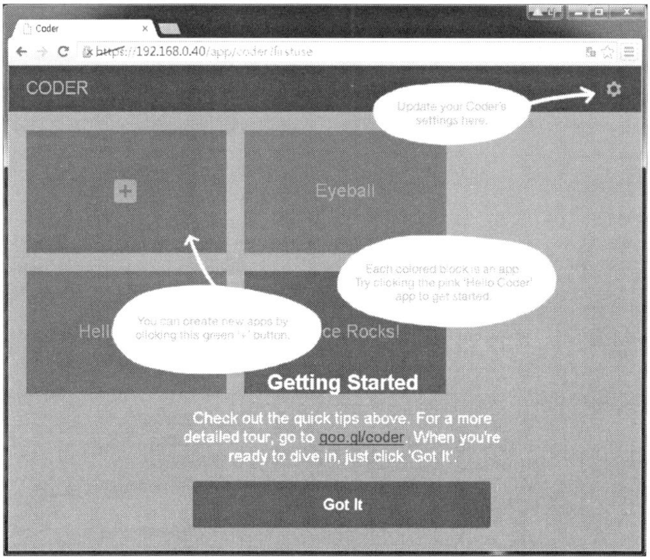

그림 2-8 코더에 접속된 홈페이지 첫 화면

• Hello Coder를 수정하기

[Hello Coder]를 더블 클릭하여 열어보자. Hello Coder 홈페이지 내용을 수정하면서 Coder를 학습해 보자.

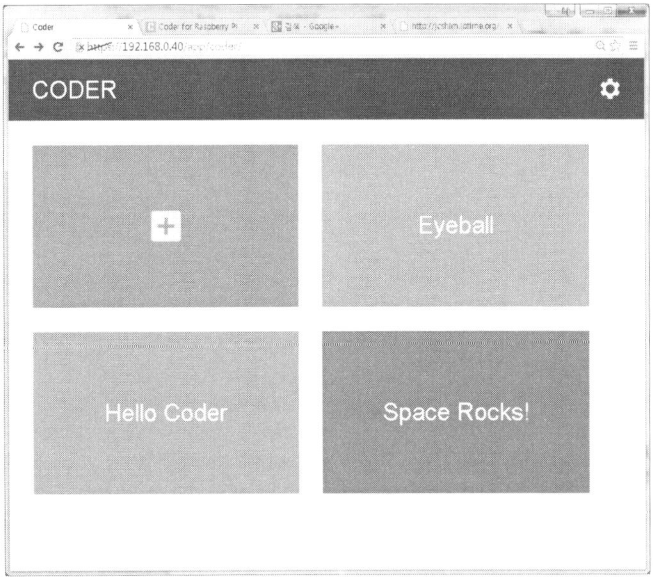

그림 2-9
코더의 샘플 예제

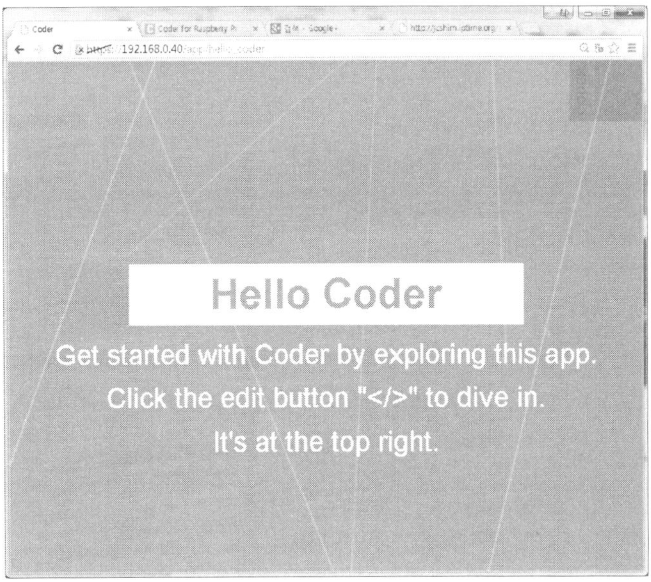

그림 2-10
Hello Coder의
홈페이지 접속

오른쪽 상단의 세로쓰기 된 [Coder]를 누르면, 코더의 시작 창으로 되돌아온다.
다시 [Hello Coder]를 열자. 이번에는 오른쪽 상단의 〈/〉를 선택하면 코드가 나온다.

그림 2-11
코더의 HTML

〈h1〉Hello Coder〈/h1〉 대신 〈h1〉Welcome !〈/h1〉을 입력하자. 아래쪽의 [Save]를 선택해서 저장한다.

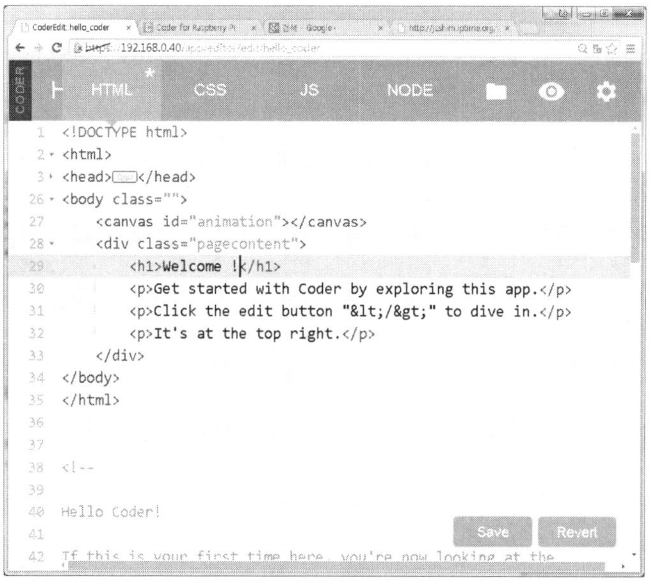

그림 2-12
코더의 HTML
내용 변경 실습

윗줄 오른쪽 끝에서 두 번째 "눈 모양"의 툴바를 누르면 오른쪽에는 홈페이지가 나온다. 다시 를 누르면 전체 코드 화면이 나온다.

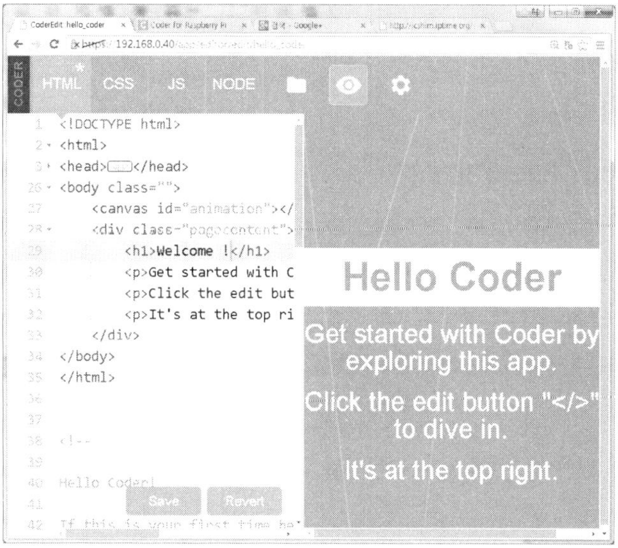

그림 2-13
코더의 미리보기 기능

왼쪽 상단의 세로쓰기 된 [Coder]를 누르면, 코더의 시작 창으로 되돌아온다.

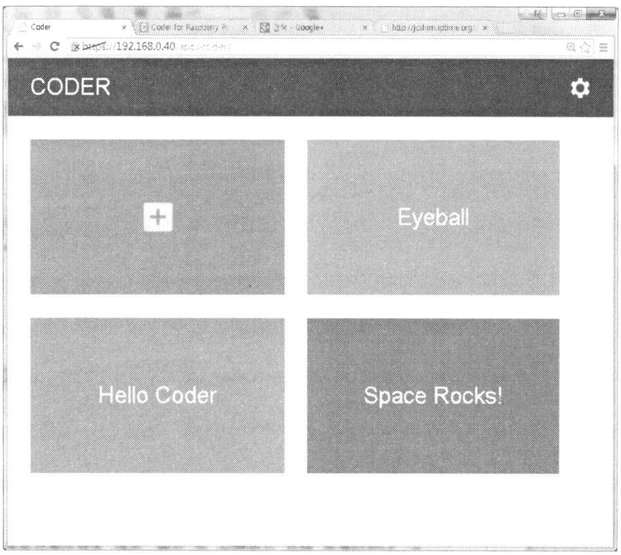

그림 2-14
시작 창으로 되돌아 오기

• 코더의 학습

코더는 간단한 웹 애플리케이션을 생성, 편집 및 실행하기 위해 설계되었다. 코더는 웹(HTML, CSS, 그리고 자바 스크립트)의 표준 구성 요소를 사용하여 구축한다. PC의 웹 브라우저에서 네크워크를 통해 라즈베리파이의 서버를 직접 조작한다. 다음 사이트에서 학습할 수 있다.

- http://www.raspberrypi.org/learning/coder-html-css-lessons/

  Lesson 1 - Websites & Webservers

  Lesson 2 - What is HTML?

  Lesson 3 - Adding Images and Other Media

  Lesson 4 - Adding Style with CSS

  Lesson 5 - Colour with CSS

  Lesson 6 – Evaluation

• 새 홈페이지 만들기

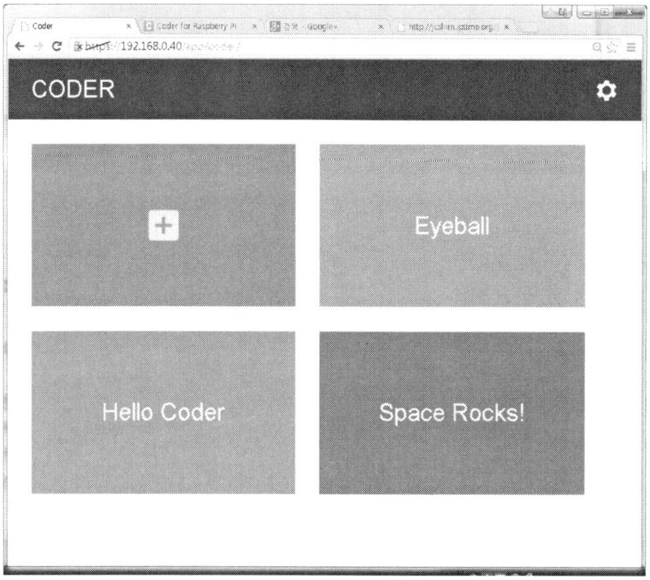

그림 2-15
[+] 선택으로
코더로 새
홈페이지 만들기

나의 홈페이지를 새로 제작하려면 [+]를 선택한다. 이 예제는 사진을 화면에 출력하고 크기 비율을 CSS에서 지정을 한다. 사진 윗 부분에 [ShowPic] [HidePic] 두 개의 링크를 만든다. [HidePic]을 누르면 사진을 감추고 [ShowPic]을 클릭하면 사진을 보여 주는 액티브 앱을 제작해 보자. 이런 액션은 JavaScript로 작성한다.

HTML:

```
<!DOCTYPE html>
<html>
<head>___</head>
<body class="">
    <div class="pagecontent">
        <h1>Hi Jooeun</h1>
        <a href = "#" id="showPic">Show</a> </br>
        <a href = "#" id="hidePic">Hide</a> </br>
        <img src = "http://jcshim.com/img/je.jpg" id="jeImage">
    </div>
</body>
</html>
```

CSS:

```
.pagecontent {
    padding: 24px;
}

#jeImage {
    width:80%;
}
```

JavaScript

```
$(document).ready( function() {
    //This code will run after your page loads
    $("#showPic").on("click",function(){
        $("#jeImage").show("slow");

    });
    $("#hidePic").on("click",function(){
        $("#jeImage").hide("slow");
```

```
    });
  });
```

• 두 번째 홈페이지 작성

영상을 홈페이지에 하나 추가하고, 배경과 영상의 특징을 CSS에서 정한 다음, 사진에 버튼을 클릭하면 경고 메시지가 출력하는 실습을 하자.

사진 추가하기: 사진은 Node 옆의 폴더 모양을 선택하고, Media에서 +를 선택하고 영상을 추가한다.

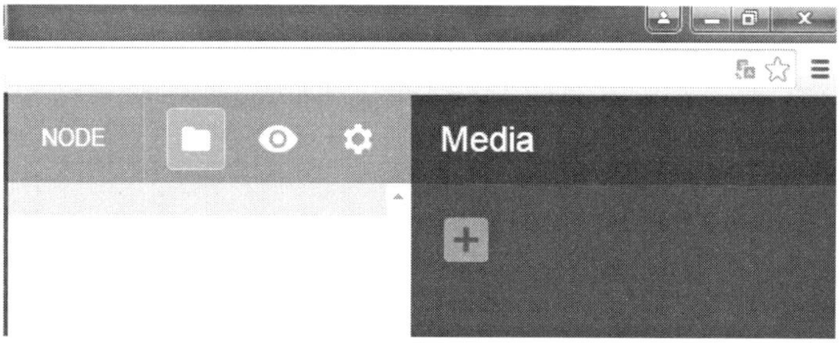

그림 2-16
미디어 가져오기

폴더에서 사진을 선택한 다음, 마우스를 영상위에 가져오면 나타나는 [Paste to Code]를 선택한다.

선택한 주소를 HTML에 삽입한다.

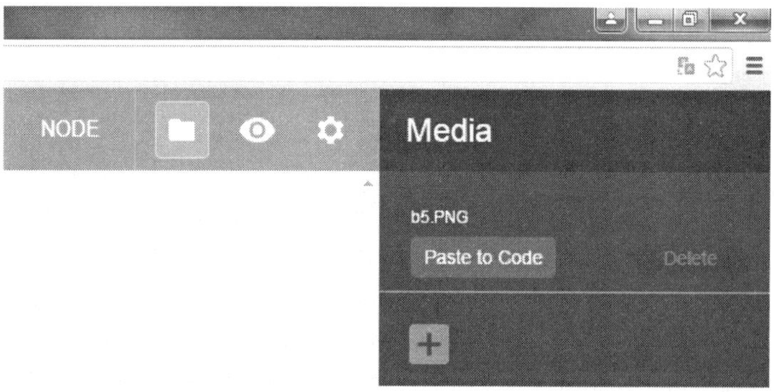

그림 2-19
미디어 붙여 넣기

HTML:

```
<body class="">
    <div class="pagecontent">
        <h1>Hello World</h1>
        <p>Your html goes here.</p>
        <img src = "/static/apps/csstest/media/20150207_140403.jpg" id="myImg">
    </div>
</body>
</html>
```

CSS:

```
.pagecontent {
    padding: 24px;
}
.pagecontent img
{
    max-width:100%;
    max-height:100%;
    margin:auto;
    display:block;
}
body{
    background-color: #000;
    color: #fff;
}
```

JavaScript:

```
$(document).ready( function() {

    //This code will run after your page loads
    $("#myImg").on("click", function(){
        alert("Very nice");
    });

});
```

• 참고사이트

- http://www.raspberrypi.org/learning/coder-html-css-lessons/
- https://www.youtube.com/watch?v=wH24YwdayFg

• 요약 및 다음

이 장에서는 구글 코더를 활용하여 라즈베리파이를 웹 서버로 만들고 홈페이지를 제작하는 실습을 하였다. HTML, CSS, Java Script를 이용하는 코더는 크롬 브라우저와 유사한 홈페이지를 제작할 수 있다.

다음은 라즈베리파이를 키오스크로 활용하는 방법을 학습한다.

내용 요약

- SD카드를 코더로 부팅할 수 있게 포맷하고 설치하기
- 코더에 접속할 수 있도록 네트워크 설정
- 코더의 샘플 예제를 수정해보기
- 코더 학습 사이트 소개
- 새 홈페이지 만들어 보기

자가 평가

Q : 윈도우에서 코더 홈페이지에 접속시 반드시 설치해야 하는 것은 무엇인가?
A : 애플의 봉쥬르 인쇄 서비스(Bonjour Print Services for Windows).

Q : 코더의 샘플 예제 프로젝트의 이름은 무엇인가?
A : Hello Coder

Q : 코더로 홈페이지 작성 시 어떤 언어를 사용할 수 있는가?
A : HTML, CSS, JavaScript

6부 라즈베리파이 OpenCV

제1장 Python용 OpenCV 설치

학습목표

- OpenCV에 대해 숙지한다.
- 라즈베리파이에 OpenCV를 설치할 수 있다.

• OpenCV란?

OpenCV(Open Computer Vision)는 BSD 기반 공개 소스 컴퓨터 비전 라이브러리로 교육적 또는 상업적으로 활용할 수 있다. 인텔사를 중심으로 오픈 소스로 개발되었다. OpenCV 홈페이지 http://opencv.org/이다.

C, C++, Python, Java 인터페이스를 지원하고 윈도우, 리눅스, 안드로이드, 맥, iOS 등의 여러 플랫폼에서 사용할 수 있다. C&C++언어로 최적화되었고 실시간 이미지 프로세싱에 중점을 둔 라이브러리이다.

인텔 CPU의 Intel-IPP(Integrated Performance Primitives)로 하드웨어 가속기를 활용하여 빠르게 처리하고 멀티코어 프로세싱을 지원한다.

• OpenCV의 응용

OpenCV는 광범위하게 응용되고 있다. 상호작용 예술, 광산 조사, 웹에서 지도 붙이기, 고급로봇 등에 활용된다. 인간과 컴퓨터의 상호 작용(HCI), 물체 인식, 안면 인식, 모바일 로보틱스, 제스처 인식 등에도 활용된다. OpenCV 프로젝트에는 얼마나 많은 사람이 참여할까? 현재 47000명이 참여, 9백만 건을 다운로드하였다.

C&C++ 버전의 OpenCV를 많이 활용하지만, Python 언어 기반의 OpenCV는 명령이 간결하여 이해하기 쉽고 배우기 쉽다.

• Python용 OpenCV 설치

여기서는 Python용 OpenCV의 설치에 대해서 살펴본다. 소스코드를 다운받고 컴파일하여 설치하는 과정이라 시간이 오래 걸린다.

[주의]

라즈베리파이2에서 약 3시간이 소요된다. 모델B+의 경우 약 10시간이 소요된다.

- 1 단계: 라즈베리파이의 펌웨어를 업그레이드한다.

```
$ sudo apt-get update
$ sudo apt-get upgrade -y
$ sudo rpi-update
```

- 2 단계: 필요한 개발 툴과 패키지를 설치한다.

```
$ sudo apt-get install build-essential cmake pkg-config
```

build-essential과 pkg-config 이미 설치되어 있겠지만, 설치되어 있지 않을 경우를 대비한 것이다.

```
Raspberry Pi B+: < 2 minutes
Raspberry Pi 2: < 40 seconds
Raspberry Pi 3: < 40 seconds
```

- 3 단계: 영상 I/O 패키지를 설치하자. 이 패키지는 다양한 영상 파일 포맷 JPEG, PNG, TIFF 등을 처리할 수 있다.

```
$ sudo apt-get install libjpeg8-dev libtiff4-dev libjasper-dev libpng12-dev
Raspberry Pi B+: < 5 minutes
Raspberry Pi 2: < 30 seconds
```

- 4 단계: GTK 개발 라이브러리를 설치한다. 이 라이브러리는 그래픽 사용자 인터페이스(GUI)를 구현하기 위해 필요하다. OpenCV의 highgui 라이브러리가 영상을 출력할 때 활용한다.

```
$ sudo apt-get install libgtk2.0-dev
Raspberry Pi B+: < 10 minutes
Raspberry Pi 2: < 3 minutes
```

- 5 단계: OpenCV에서 비디오 파일을 로드할 때 활용될 비디오 I/O 패키지를 설치한다.

```
$ sudo apt-get install libavcodec-dev libavformat-dev libswscale-dev libv4l-dev
Raspberry Pi B+: 〈 5 minutes
Raspberry Pi 2: 〈 30 seconds
```

- 6 단계: OpenCV에서 다양한 연산을 최적화 하는 라이브러리를 설치한다.

```
$ sudo apt-get install libatlas-base-dev gfortran
Raspberry Pi B+: 〈 2 minutes
Raspberry Pi 2: 〈 30 seconds
```

- 7단계: pip 설치하기

```
$ wget https://bootstrap.pypa.io/get-pip.py
$ sudo python get-pip.py
Raspberry Pi B+: 〈 2 minutes
Raspberry Pi 2: 〈 30 seconds
```

- 8 단계: virtualenv와 virtualenvwrapper 설치하기

```
$ sudo pip install virtualenv virtualenvwrapper
```

다음으로 ~/.profile 파일에 다음 줄을 추가하여 업데이트한다.

```
# virtualenv and virtualenvwrapper
export WORKON_HOME=$HOME/.virtualenvs
source /usr/local/bin/virtualenvwrapper.sh
```

.profile 파일을 새로 실행하자.

```
$ source ~/.profile
```

컴퓨터 비전 버추얼 환경을 생성한다.

```
$ mkvirtualenv cv
Raspberry Pi B+: 〈 2 minutes
Raspberry Pi 2: 〈 2 minutes
```

- 9 단계: Python 2.7 개발 툴을 설치한다.

```
$ sudo apt-get install python2.7-dev
```

[주의]: Python 2.7와 OpenCV 2.4.X를 설치한다. Python 3과 OpenCV 3.0은 아직 베타버전이다.

OpenCV Python이 다차원 NumPy 배열로 영상을 표현하므로 NumPy의 설치가 필요하다.

```
$ pip install numpy
Raspberry Pi B+: < 45 minutes
Raspberry Pi 2: < 15 minutes
```

- 10 단계: 최근 버전의 OpenCV를 다운로드하고 압축을 푼다.

```
$ wget -O opencv-2.4.10.zip
http://sourceforge.net/projects/opencvlibrary/files/opencv-unix/2.4.10/opencv-2.4.10.zip/dow
nload
$ unzip opencv-2.4.10.zip
$ cd opencv-2.4.10
빌드의 설정:
$ mkdir build
$ cd build
$ cmake -D CMAKE_BUILD_TYPE=RELEASE -D CMAKE_INSTALL_PREFIX=/usr/local -D
BUILD_NEW_PYTHON_SUPPORT=ON -D INSTALL_C_EXAMPLES=ON -D
INSTALL_PYTHON_EXAMPLES=ON  -D BUILD_EXAMPLES=ON ..
Raspberry Pi B+: < 3 minutes
Raspberry Pi 2: < 1.5 minutes
```

OpenCV 컴파일:

```
$ make
Raspberry Pi B+: < 9.5 hours
Raspberry Pi 2: < 2.8 hours
```

[중요]: 이전 과정을 통해 cv 버추얼 환경에서 OpenCV가 컴파일되도록 해야 한다. 그렇지 않으면 실행되지 않을 수 있다.

마지막으로, OpenCV 설치:

```
$ sudo make install
$ sudo ldconfig
Raspberry Pi B+: < 3 minutes
Raspberry Pi 2: < 1 minute
```

• 11 단계: 심볼릭 링크하기

OpenCV는 /usr/local/lib/python2.7/site-packages에 설치된다.

cv 버추얼 환경에서 활용하려면 site-packages 디렉토리로 Simbolic-link가 필요하다.

```
$ cd ~/.virtualenvs/cv/lib/python2.7/site-packages/
$ ln -s /usr/local/lib/python2.7/site-packages/cv2.so cv2.so
$ ln -s /usr/local/lib/python2.7/site-packages/cv.py cv.py
```

• 12 단계: 마지막으로 테스트하기

```
$ workon cv
$ python
>>> import cv2
>>> cv2.__version__
'2.4.10'
```

라즈베리파이에 OpenCV와 Python과 NumPy가 성공적으로 설치되었다.

참고문헌

[1] http://www.pyimagesearch.com/2015/02/23/install-opencv-and-python-on-your-raspberry-pi-2-and-b/

• 요약 및 다음

이 장에서는 라즈베리파이에 OpenCV를 설치하였다. 약 3시간이 소요된다.

다음은 파이선으로 OpenCV를 활용해 보자.

내용 요약

- OpenCV란?
- OpenCV의 응용
- 파이선용 OpenCV 설치

자가 평가

Q : BSD기반 공개 소스 컴퓨터 비전 라이브러리로 교육적이나 상업적으로 활용할 수 있는 것은 무엇인가?

A : OpenCV

제 2 장 Python-OpenCV 예제

학습목표

- 영역을 만들고 이미지로 저장할 수 있다.
- 얼굴 인식 예제를 실행한다.

• 영상의 생성 및 저장

붉은색 사각형을 만들고 red.jpg로 저장하는 파이선 프로그램을 작성해 보자. create_blank() 함수를 작성하여 활용하였다.

파일명: createImage.py

```
import cv2
import numpy as np

def create_blank(width, height, rgb_color=(0, 0, 0)):
    """Create new image(numpy array) filled with certain color in RGB"""
    # Create black blank image
    image = np.zeros((height, width, 3), np.uint8)

    # Since OpenCV uses BGR, convert the color first
    color = tuple(reversed(rgb_color))
    # Fill image with color
    image[:] = color

    return image

# Create new blank 300x300 red image
width, height = 300, 300

red = (255, 0, 0)
image = create_blank(width, height, rgb_color=red)
cv2.imwrite('red.jpg', image)
```

[1] 참고자료 http://cafe.naver.com/rbpi [OpenCV]

• 얼굴 찾기의 예

라즈베리파이 카메라나 usb 카메라를 활용하여 사람의 정면 얼굴을 찾아 주는 얼굴찾기 프로그램을 실행해 보자. 먼저 학습된 face.xml 파일을 다운받아야 한다.

1) 얼굴인식용 학습데이터를 다운

http://stevenhickson-code.googlecode.com/svn/trunk/AUI/Imaging/face.xml

2) 파이선 프로그램

영상 중에 정면 얼굴 영상에 사각형을 작성해 준다.

```
#!/usr/bin/python
#The program finds faces in a camera image or video stream and #displays a red box around
them.

import sys
import cv2.cv as cv
from optparse import OptionParser

min_size = (20, 20)
image_scale = 2
haar_scale = 1.2
min_neighbors = 2
haar_flags = 0

def detect_and_draw(img, cascade):
    # allocate temporary images
    gray = cv.CreateImage((img.width,img.height), 8, 1)
    small_img = cv.CreateImage((cv.Round(img.width / image_scale),
                                        cv.Round (img.height / image_scale)), 8, 1)

    # convert color input image to grayscale
    cv.CvtColor(img, gray, cv.CV_BGR2GRAY)

    # scale input image for faster processing
    cv.Resize(gray, small_img, cv.CV_INTER_LINEAR)
    cv.EqualizeHist(small_img, small_img)

    if(cascade):
        t = cv.GetTickCount()
        faces = cv.HaarDetectObjects(small_img, cascade, cv.CreateMemStorage(0),
                                        haar_scale, min_neighbors, haar_flags, min_size)
```

```
        t = cv.GetTickCount() - t
        print "time taken for detection = %gms" % (t/(cv.GetTickFrequency()*1000.))
        if faces:
            for ((x, y, w, h), n) in faces:
                # the input to cv.HaarDetectObjects was resized, so scale the
                # bounding box of each face and convert it to two CvPoints
                pt1 = (int(x * Image_scale), int(y * image_scale))
                pt2 = (int((x + w) * image_scale), int((y + h) * image_scale))
                cv.Rectangle(img, pt1, pt2, cv.RGB(255, 0, 0), 3, 8, 0)

    cv.ShowImage("video", img)

if __name__ == '__main__':

    parser = OptionParser(usage = "usage: %prog [options] [filename|camera_index]")
    parser.add_option("-c", "--cascade", action="store", dest="cascade", type="str", help="Haar
cascade file, default %default", default =
"../data/haarcascades/haarcascade_frontalface_alt.xml")
    (options, args) = parser.parse_args()

    cascade = cv.Load(options.cascade)

    if len(args) != 1:
        parser.print_help()
        sys.exit(1)

    input_name = args[0]
    if input_name.isdigit():
        capture = cv.CreateCameraCapture(int(input_name))
    else:
        capture = None

    cv.NamedWindow("video", 1)

    #size of the video
    width = 160
    height = 120

    if width is None:
        width = int(cv.GetCaptureProperty(capture, cv.CV_CAP_PROP_FRAME_WIDTH))
    else:
        cv.SetCaptureProperty(capture,cv.CV_CAP_PROP_FRAME_WIDTH,width)

    if height is None:
        height = int(cv.GetCaptureProperty(capture, cv.CV_CAP_PROP_FRAME_HEIGHT))
    else:
        cv.SetCaptureProperty(capture,cv.CV_CAP_PROP_FRAME_HEIGHT,height)
```

```
    if capture:
        frame_copy = None
        while True:

            frame = cv.QueryFrame(capture)
            if not frame:
                cv.WaitKey(0)
                break
            if not frame_copy:
                frame_copy = cv.CreateImage((frame.width,frame.height),
                                            cv.IPL_DEPTH_8U, frame.nChannels)

            if frame.origin == cv.IPL_ORIGIN_TL:
                cv.Copy(frame, frame_copy)
            else:
                cv.Flip(frame, frame_copy, 0)

            detect_and_draw(frame_copy, cascade)

            if cv.WaitKey(10) >= 0:
                break
    else:
        image = cv.LoadImage(input_name, 1)
        detect_and_draw(image, cascade)
        cv.WaitKey(0)

    cv.DestroyWindow("video")
```

3) 실행방법

프로그램의 실행 방법은 그래픽 기반으로 라즈베리파이를 실행하고, LXTerminal을 열고, 옵션으로 face.xml과 카메라 0번을 입력한다.

```
$ python facedetect.py —cascade=face.xml 0
```

• 참고문헌

[1] http://blog.oscarliang.net/raspberry-pi-face-recognition-opencv/

• 요약 및 다음

이 장에서는 파이선으로 OpenCV 라이브러리를 활용하는 방법을 실습하였다. 다음은 C++용 OpenCV 설치 방법을 소개한다.

내용 요약

- 파이선 코드를 작성하여 붉은 사각형 영역을 만들고, 이미지로 저장하기
- 얼굴인식용 학습데이터의 다운로드
- 정면 얼굴을 찾아 사각형을 그려주는 코드의 작성 및 실행

자가 평가

Q : 이미지를 저장하기 위한 opencv 함수는 무엇인가?
A : cv2.imwrite('image.jpg', image);

Q : 얼굴 인식 예제를 실행하는 명령어 코드를 작성하시오.
A : python facedetect.py --cascade=face.xml 0

제3장 C++용 OpenCV 설치

학습목표

- C++ 개발을 위한 OpenCV 설치를 준비할 수 있다.
- Makefile 생성을 할 수 있다.

설치를 위해서는 라즈비안 리눅스에 ssh가 활성화되어 있고 터미널로 접속한다고 가정한다. 먼저 라즈비안을 업데이트하자.

• 라즈베리파이 업데이트

```
$ sudo apt-get update
$ sudo apt-get upgrade -y
```

• 종속성 설치

```
$ sudo   apt-get -y install build-essential cmake cmake-curses-gui pkg-config libpng12-0
libpng12-dev libpng++-dev libpng3 libpnglite-dev zlib1g-dbg zlib1g zlib1g-dev pngtools
libtiff4-dev libtiff4 libtiffxx0c2 libtiff-tools libeigen3-dev
```

cmake GUI를 위한 cmake-qt-gui 추가 (ccmake 아님)

```
$ sudo apt-get -y install libjpeg8 libjpeg8-dev libjpeg8-dbg libjpeg-progs ffmpeg
libavcodec-dev libavcodec53 libavformat53 libavformat-dev libgstreamer0.10-0-dbg
libgstreamer0.10-0 libgstreamer0.10-dev libxine1-ffmpeg libxine-dev libxine1-bin libunicap2
libunicap2-dev swig libv4l-0 libv4l-dev python-numpy libpython2.6 python-dev
python2.6-dev libgtk2.0-dev
```

라즈베리파이에는 FireWire가 없으므로 lib1394를 설치할 필요가 없지만 패키지 오류를 막기 위해 설치한다.

• OpenCV 설치

OpenCV 사이트 hhttp://opencv.org/downloads.html에서 최근 버전을 다운한다. x.x.xx이 아닌 경우 버전을 수정한다.

$ wget
http://sourceforge.net/projects/opencvlibrary/files/opencv-unix/x.x.xx/opencv-x.x.xx.zip/download/opencv-x.x.xx.zip

또는 git 저장소에서 최근 폴더를 복사할 수 있다.

```
$ git clone https://github.com/Itseez/opencv.git
```

압축을 풀고 빌드 준비하기

```
$ unzip opencv-x.x.xx.zip
$ cd opencv-x.x.xx
$ mkdir release
$ cd release
$ ccmake ../
```

• 설정

설정을 위해 'c'를 누른다. 새로운 설정을 위해서 한 번 더 'c'를 누른다.
Makefile 생성을 위해 'g'를 누른다.
마지막으로 빌드한다.(2시간 정도 걸림)

```
$ make
$ sudo makeinstall
```

• 참고 사이트

[1] http://robertcastle.com/2014/02/installing-opencv-on-a-raspberry-pi/
[2] http://docs.opencv.org/doc/tutorials/introduction/linux_install/linux_install.html#linux-installation

[3] http://mitchtech.net/raspberry-pi-opencv/
[4] http://miloq.blogspot.co.uk/2012/12/install-opencv-ubuntu-linux.html

• 요약 및 다음

이 장에서는 C++용 OpenCV 설치 과정을 소개하였다. OpenCV는 C++에 최적화 되어 있다. 다음은 라즈베리파이 게임을 소개한다.

내용 요약

- 라즈베리파이 업데이트
- 종속성 설치
- OpenCV 설치

자가 평가

7부
라즈베리파이 게임

제1장 마인 크래프트

학습목표

- 라즈베리파이의 마인 크래프트를 실행할 수 있다.
- 마인크래프트에 대해 숙지한다.

• 마인크래프트 소개

스웨덴의 프로그래머인 마르쿠스 “노치” 페르손(Markus “Notch” Persson)이 만든 뒤, 모장(Mojang) 사에 의해 개발, 보급되고 있는 샌드박스 인디 게임이다. 2009년 5월 17일에 알파 버전 PC판이 공개되었고, 2011년 11월 18일에 정식 버전으로 공개되었다. 모바일 버전 또한 같은 해에 출시되었다. 이를 줄여서 마크라고도 한다. 마인크래프트는 많은 사람들이 즐기는 매력 있는 게임이다. 마인크래프트 라즈베리파이에 대해서 소개를 한다.

• 게임진행 방식

게임 진행 방식은 크게 서바이벌 모드와 크리에이티브 모드의 두 방식으로 나뉘는데, 서바이벌 모드는 각종 목재나 석재, 광석 등의 재료를 수집하고 필요한 아이템을 조합하며 건물을 짓는 것이 기본적인 방식이다. 체력과 허기라는 요소가 있어 이들을 잘 관리해줘야 한다. 크리에이티브 모드는 체력과 허기가 없어 죽지 않으며 거의 모든 아이템을 무한정 지원받는 건축을 위한 모드이다. 크리에이티브 모드 상태에서 마우스 왼쪽 버튼을 클릭하면 모든 블록을 한 번에 부술 수 있다.

맵은 처음 가보는 곳으로 갈수록 새롭게 무작위로 생성되는 방식인데, 블록 하나를 1제곱미터로 봤을 때 최대 4,096조 제곱미터까지 넓어질 수 있다고 하며, 이 넓이는 지구 표면적의 약 8배 정도가 된다.

• 마인크래프트 라즈베리파이 시작

마인크래프트의 라즈베리파이용 무료 프로그램 버전이 있다. 그리고 프로그래밍 인터페이스를 지원한다. 여러분이 명령을 적을 수 있고, 파이선 코드로 게임을 자동으로 구성할 수 있다. 파이선을 배울 수 있는 멋진 기회가 된다.

그림 1-1
마인크래프트
시작화면

마인크래프트 = 라즈베리파이 + 게임 + 파이선 프로그래밍 인터페이스

• 마인크래프트의 실행

마인크래프트는 데스크톱의 아이콘을 더블 클릭하거나, 터미널에서
$ minecraft-pi를 입력하면 실행된다.

그림 1-2
게임 실행하기

마인크래프트 라즈베리파이가 로드되면, [Start Game]을 선택하고 "Create new"를 한다. 약간 오프셋이 있는데 마인 크래프트 윈도우 뒤의 제목 표시 줄을 잡아서 윈도우에 끌어다 놓을 수 있다.

그림 1-3
게임 새로 만들기

마인 크래프트 게임이 시작되었다. 산책하거나, 물건들을 해킹하거나 사물을 구축하자. 마우스를 사용하여 주위를 둘러 보자. 키보드는 다음과 같이 정의된다.

Key	Action
W	Forward
A	Left
S	Backward
D	Right
E	Inventory
Space	Jump
Double Space	Fly / Fall
Esc	Pause / Game menu
Tab	Release mouse cursor

그림 1-4
키보드와 액션

마우스 스크롤 휠과 퀵드로 패널에서 항목을 선택할 수 있고, 숫자 키보드를 사용하거나 E를 눌러서 인벤토리에서 무언가를 선택할 수 있다.

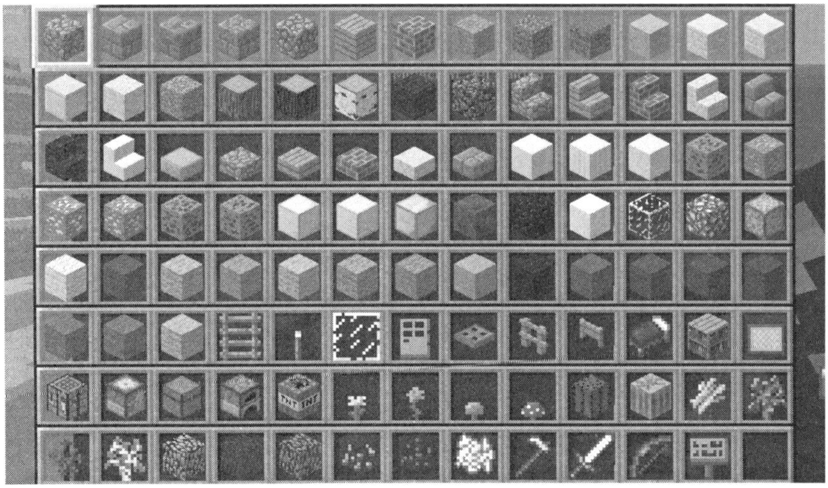

그림 1-5
인벤토리 내용들

스페이스 바를 더블 탭 해서 비행할 수 있다. 스페이스 바를 놓으면 비행을 중지한다. 더블 탭을 다시 할 경우 땅에 떨어진다.

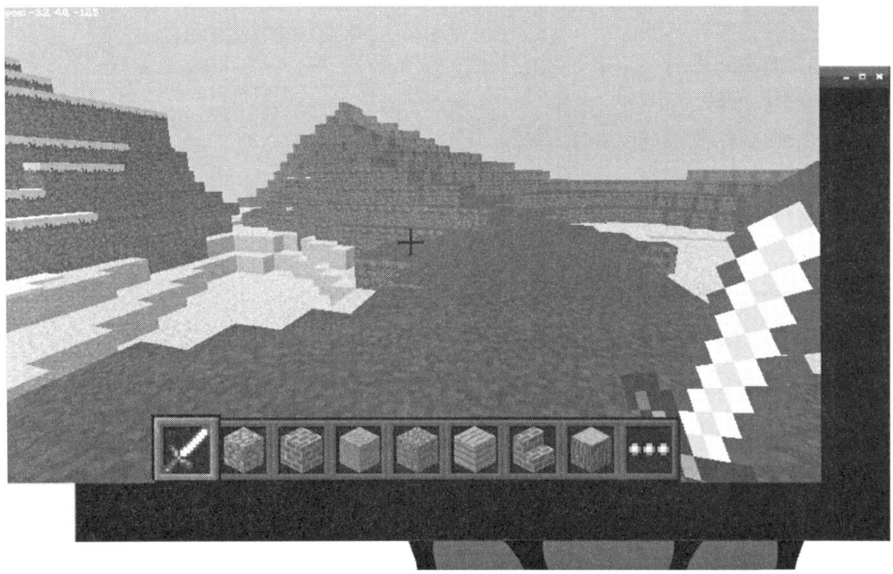

그림 1-6
비행의 중지

앞에 있는 것을 제거하려면 손에 든 칼로 블록들을 클릭하고, 손에 있는 블록을 사용하려면 앞에 있는 블록 위치에서 오른쪽을 클릭한다. 블록을 제거하려면 왼쪽 클릭을 사용한다.

• 파이선 프로그래밍 인터페이스

파이선 프로그래밍 인터페이스를 활용한 매크로를 사용하여 게임을 더 재미 있게 즐길 수 있는 홈페이지를 참고하자.

[1] http://www.raspberrypi.org/learning/getting-started-with-minecraft-pi/worksheet/

• 요약 및 다음

이 장에서는 라즈베리파이에 마인크래프트를 설치하여 게임을 하는 방법을 소개하였다. 다음은 라즈베리파이를 활용한 게임을 대해 살펴본다.

내용 요약

- 마인크래프트 소개
- 게인진행 방식
- 마인크래프트 라즈베리파이 시작
- 마인크래프트의 실행
- 파이선 프로그래밍 인터페이스

자가 평가

Q : 마르쿠스 "노치" 페르손이 제작한 샌드박스 인디게임은 무엇인가?
A : 마인크래프트

Q : 마인크래프트에는 2가지의 어떤 모드가 있는가?
A : 서바이벌 모드, 크리에이티브 모드

제 2 장 라즈베리파이 게임

학습목표

- 라즈베리파이에서 여러 고전 게임을 즐겨볼 수 있다.
- 다른 플랫폼을 에뮬레이트한다.
- 그 외에 다른 게임을 찾아본다.

리눅스가 게임 플랫폼으로 인기가 있었던 적은 없다. 수 년 동안의 개선에도 불구하고 최초로 블록버스터 타이틀을 사용하기까지는 시간이 꽤 걸릴 것 같다. 하지만 라즈베리파이에서도 간단하며 재밌고 중독성 있는 게임을 즐길 수 있다.

예를 들면 라즈베리파이로 수천 개의 텍스트 어드벤쳐 게임을 즐길 수 있다. 상용 버전에서는 오래 전에 이 장르를 포기했다. 그러나 여전히 새로운 게임이 출시되고 적극적이고 열정적인 팬 기반이 있다. Zork와 같은 고전 게임을 해 본 적이 없다면 한번 시도하기를 추천한다.

다른 고전 게임 장르는 포인트 앤 클릭 어드벤쳐인데, '원숭이 섬의 비밀', '텐타클 최후의 날' 등이 있다. 오픈소스 커뮤니티 덕분에 라즈베리파이에서 이 장르 게임의 대부분을 즐길 수 있다.

파이가 현대의 게임을 실행시킬 사양으로는 부족하지만, Quake III와 같이 리눅스로 나온 게임을 실행시킬 정도의 사양은 된다. 심지어는 과거의 가정용 컴퓨터 및 콘솔 게임을 에뮬레이트할 정도로 충분한 사양을 갖고 있다. 예를 들면 Atari사의 VCS 2600에서 개발된 모든 게임을 라즈베리파이에서 즐길 수 있다.

• 쌍방향 소설 게임 즐기기

텍스트 어드벤쳐 게임은 첫 가정용 컴퓨터 사용자에게 인기가 많았다. 반면에 화려한 3D 그래픽과 서라운드 사운드를 갖춘 현대의 게임에 비해서는 매우 초라하다. 이 게임들은 화면에 문자만이 출력되고, 키보드로 명령어를 입력하여 게임을 조종한다. 가장 유명한 텍스트 어드벤쳐 게임 중 하나인 Zork의 실행 화면은 아래와 같다.

```
ZORK I: The Great Underground Empire
Copyright (c) 1981, 1982, 1983 Infocom, Inc. All rights reserved.
ZORK is a registered trademark of Infocom, Inc.
Revision 88 / Serial number 840726
West of House
You are standing in an open field west of a white house, with a
boarded front door.
There is a small mailbox here.
⇛ >open mailbox
< Opening the small mailbox reveals a leaflet.
⇛ >take leaflet
< Taken.
⇛ >read leaflet
< "WELCOME TO ZORK!
ZORK is a game of adventure, danger, and low cunning. In it you will
explore some of the most amazing territory
ever seen by mortals. No computer should be without one!"
```

많은 텍스트 어드벤쳐 게임은 스토리를 기반으로 한다. 상업적 텍스트 어드벤쳐 게임들이 수십 년 동안 출시하지 않았음에도, 이 장르는 여전히 흥미진진한 게임을 만드는 활발한 커뮤니티가 있다. 이러한 게임 대부분은 훌륭하고 정교한 스토리를 갖고, 그 작가들은 이런 창착물을 쌍방향 소설이라고 부른다.

Infocom은 처음으로 쌍방향 소설을 제작한 기업 중 하나로 몇 개의 대작 텍스트 어드벤쳐 게임을 내놓았다. infocom 개발자들은 대화형 소설 게임을 효율적으로 제작하기 위한 도메인 특정 언어를 만들었다. 이 언어를 Z언어라고 불렀고, 쌍방향 소설의 제작자들은 지금도 이 언어를 사용하여 게임을 제작한다.

Z언어로 작성된 프로그램을 실행시키기 위해서는 Z머신[47]이라고 불리는 가상 머신 도구가 필요하고, Frotz[48]가 좋다. 다음 명령어를 입력하여 설치할 수 있다.

```
pi@raspberry:~$ sudo apt-get install frotz
```

Frotz를 이용하여 텍스트 어드벤쳐를 즐기기 위해서는 그 게임의 Z언어 파일만 있으면 된다. 쌍방향 소설 게임을 검색하기 가장 좋은 곳은 Interactive Fiction Archive[49]이며,

47) http://en.wikipedia.org/wiki/Z-machine
48) http://frotz.sourceforge.net/
49) http://www.ifarchive.org/

수천 개의 게임을 호스팅한다.

만일 쌍방향 소설이 처음이라면 Zork 3부작부터 시작하기를 권한다. Infocom을 유명하게 만든 이 시리즈는 수십 년이 지난 지금도 신선하다. 이 시리즈는 무료[50]로 즐길 수 있고, 브라우저를 열고 주소창에 Zork I 파일 URL[51]을 입력해서 다운받을 수 있다. 다운받은 파일은 /home/pi/Downloads에 저장되며 터미널에서 아래 명령어를 입력해서 실행시켜 볼 수 있다.

```
pi@raspberry:~$ cd /home/pi/Downloads
pi@raspberry:~$ unzip zork1.zip
pi@raspberry:~$ frotz DATA/ZORK1.DAT
```

이 명령은 Z머신 인터프리터를 호출하고, ZORK1.DAT에 저장된 게임을 실행한다. 이런 종류의 게임[52]에 익숙하지 않겠지만, 해 볼 가치는 있다.

쌍방향 소설을 즐길 경우, 현대의 도구를 이용하여 게임을 직접 만들 수도 있다. 게임 제작에는 그다지 어려운 기술이 필요하지는 않다.[53]

• 포인트 앤 클릭 어드벤쳐 게임 즐기기

또 다른 장르인 포인트 앤 클릭 어드벤처는 항상 인기가 많아 왔다. 이 장르의 게임에서는 마우스로 메인 캐릭터를 조종한다. 화면의 한 지점을 클릭하여 특정 위치로 캐릭터를 움직이게 만들 수 있고, 화면의 행동 이름을 클릭하여 특정한 행동을 하게 할 수 있다. '원숭이 섬의 비밀', 텐타클 최후의 날', '공포의 저택'이 인기가 많다.

새로운 포인트 앤 클릭 어드벤쳐에 대한 요구가 항상 있었지만 몇 년 동안 거의 출시되지 않았다. 게임사들은 그 대신에 '콜 오브 듀티 : 배틀필드' 같은 일인칭 슈팅 게임을 출시했다.

'원숭이 섬의 비밀'의 개발자인 팀 세퍼(Tim Schafer)는 Kickstarter.com을 통해 자금을 마련하고, 새로운 포인트 앤 클릭 어드벤처를 시작하고자 했다. 모금은 330만 달러 이상이 이루어져 사람들이 여전히 포인트 앤 클릭 장르에 많은 관심이 있다는 것을 증명해냈다.

---

50) http://www.infocom-if.org/downloads/downloads.html
51) http://www.infocom-if.org/downloads/zork1.zip
52) http://pr-if.org/doc/play-if-card/play-if-card.html 에서 좋은 도움말 시트를 볼 수 있다.
53) http://inform7.com/

대부분의 포인트 앤 클릭 어드벤쳐들이 가상머신으로 실행한다는 점은 텍스트 어드벤쳐와 비슷하다. 잘 알려진 SCUMM이라는 가상머신은 '공포의 저택' 제작을 위한 스크립트 작성 유틸리티를 의미한다. SCUMM은 원래 '공포의 저택'의 구현을 위해 LucasArts의 개발자에 의해 만들어졌지만, 다른 게임의 구현에도 사용했다. ScummVM[54] 프로젝트는 가상 머신을 구현하고 SCUMM 게임을 해석하며, 무료로 구할 수 있다. 아래의 명령어를 통해 설치할 수 있다.

```
pi@raspberry:~$ sudo apt-get install scummvm
pi@raspberry:~$ sudo apt-get install beneath-a-steel-sky
pi@raspberry:~$ sudo apt-get install flight-of-the-amazon-queen
```

이 명령어는 ScummVM과 2개의 게임들을 설치할 것이고, 바로 실행할 수 있다. 이 게임들은 데스크탑의 시작 메뉴의 게임 목록에 나타난다. 아래 그림은 '강철 하늘 아래서'라는 타이틀의 실행 화면이다.

그림 2-1 대단한 게임: 강철 하늘 아래서(Beneath a Steel Sky)

'강철 하늘 아래서'와 '아마존 여왕의 비행'은 프리웨어이다. 하지만 다른 게임들은 보통 유료인데, 원본 타이틀을 갖고 있어야만 설치할 수 있다. 만일 ScummVM과 호환되는 다른 게임을 소유하고 있다면, 그 게임들을 ScummVM에 추가하여 바로 시작할 수 있다.

54) http://www.scummvm.org/

• 다른 플랫폼 에뮬레이트

파이에서 좋은 게임을 즐기는 또 다른 방법은 다른 플랫폼을 에뮬레이트하는 것이다. 리눅스에서는 많은 에뮬레이터를 사용 가능하고, Commodore 64, Sega Mega Drive, Nintendo Entertainment System(NES) 등의 많은 고전 컴퓨터와 게임 콘솔을 되살린다. 아마 과거의 모든 단일 시스템을 위한 적어도 하나 이상의 에뮬레이터가 있을 것이다.

에뮬레이터는 특정 컴퓨터나 게임 콘솔의 하드웨어를 소프트웨어로 재구성한다. 그래서 라즈베리파이에서 실행할 수 있고, 그 후에는 에뮬레이트된 시스템으로 마치 원본 하드웨어처럼 사용할 수도 있다. 가장 중요한 것은 오래된 시스템에서만 사용가능했던 오래된 소프트웨어나 게임들을 실행할 수 있다는 것이다.

완전한 컴퓨터를 에뮬레이트하는 것은 간단한 시스템이라도 매우 어렵고, 대부분의 에뮬레이터는 두 개의 큰 문제를 겪는다. 첫 번째는 정확성 문제로, 에뮬레이터는 원본 시스템을 완전히 재구성하지 못한다. 두 번째 문제는 성능인데, 오래되고 느린 하드웨어를 작업 하더라도 엄청난 양의 자원을 필요로 한다. 예를 들어, Commodore 64의 클럭 속도는 1MHz정도지만, 이것을 에뮬레이트하기 위해서는 엄청난 양의 처리량이 필요하다. 라즈베리파이의 하드웨어가 C64의 자원보다 월등하게 많은 자원을 갖고 있지만, C64의 순간적인 프레임 율을 에뮬레이트할 정도로 강력하진 않다. C64를 에뮬레이트하기 위해서는 라즈베리파이의 그래픽 드라이버를 더 좋은 것으로 교체해야 한다.

하지만 라즈베리파이로 에뮬레이트할 수 있는 게임 콘솔이 있다. 그 중 하나는 Atari사의 VCS 2600[55]이다. 이 콘솔은 1977년부터 1990년대 초반까지 인기를 끌었고, 'Pac-Man', 'Centipede', 'Pitfall' 등의 게임을 즐길 수 있었다. 이 콘솔이 인기가 있었기 때문에 많은 에뮬레이터가 만들어졌고, Stella[56]가 대표적이다. 다음 명령어를 통해 설치 및 시작할 수 있다.

```
pi@raspberry:~$ sudo apt-get install stella
pi@raspberry:~$ stella
```

Stella는 가장 먼저 게임 ROM의 경로를 묻는다. VCS 2600용 게임들은 몇 KB 크기의 읽기전용 메모리(ROM) 카트리지에 담아서 제공하였다. Stella로 게임을 즐기기 위해서는

55) http://en.wikipedia.org/wiki/Atari_2600
56) http://stella.sourceforge.net/

카트리지 ROM의 복사본이 필요하다. 특별한 장치를 이용하여 카트리지의 내용을 PC로 복사할 수 있다. 웹에서 모든 게임의 ROM 파일을 찾을 수 있지만[57] 오래된 게임이라도 여전히 저작권이 있다. 그래서 대부분의 국가에서는 소유하고 있지 않은 게임 타이틀에 대해서 ROM 파일을 다운로드하거나 사용하는 것은 불법일 수 있다.

인터넷으로 저렴하게 카트리지를 구입할 수 있고, 또 어떤 출판사들은 Atari사의 게임 콜렉션을 CD에 담아서 판매하고 있다. 이 콜렉션으로 에뮬레이터를 실행하고 원본 ROM 파일을 재생할 수 있다.

ROM 파일의 크기는 보통 4KB에서 8KB 사이이고, 파일의 확장자는 .bin 이다. 'Pac-Man'을 예로 들면, 이 게임의 ROM 파일은 panman.bin이다. 'Pac-Man'의 ROM 파일을 Stella의 메인 메뉴로 선택하여 Stella의 실행과 동시에 'Pac-Man'을 실행할 수 있다. 기본적으로, 커서 키는 움직이는데 사용하고, 스페이스바는 액션에 사용할 수 있다. 모든 키를 마음대로 설정할 수 있고, 조이스틱 설정도 가능하다. 그 외에 셀 수도 없이 많은 비디오와 오디오 옵션이 있지만, 라즈베리파이는 VCS 2600의 대부분의 비디오 모드를 제대로 에뮬레이트하지 못한다는 것을 기억하자.

고전 게임을 즐기다 보면 어린 시절이 떠오를 것이다. VCS 2600은 활동하는 사용자 그룹이 매우 많고, 여전히 게임을 만든다[58]. 이러한 home-brew 타이틀을 실제로 보면 원본 게임보다 더 좋은 음향효과를 지녔고, 무료로 사용 가능하다. 그 예로, 다음 그림은 A-VCS-tec Challenge[59]의 화면이다. home-brew 중 어떤 게임은 지금도 카트리지에서 사용이 가능하다.

57) http://atariage.com/

58) http://en.wikipedia.org/wiki/Atari_2600_homebrew

59) http://www.quernhorst.de/atari/ac.html

그림 2-2
여전히 VCS
2600 게임을
제작한다.

VCS 2600으로 게임이나 데모를 만드는 것은 매우 어렵지만, 많은 것을 배울 수 있고, 거기서 재미를 느낄 수도 있다. 사람들은 예전의 하드웨어가 얼마나 제한적이었는지 상상도 못한다. 하드웨어는 1.19MHZ의 클럭 속도로 돌아갔고, 128MB의 램에다, 비디오 디스플레이용 프레임 버퍼도 따로 없었다. 콘솔의 소프트웨어 발전은 정말 고통스럽던 개발 과정을 쉽게 만들었다. 그리고 현재는 개발에 편리한 도구와 문서가 있다. 예를 들어 Stella는 게임의 실행 중에 게임의 상태와 변화를 볼 수 있도록 하는 디버거를 제공한다. 디버거를 활성화하기 위해서는 아래와 같은 방법으로 Stella를 실행하면 된다.

```
pi@raspberry:~$ stella -debug
```

디버거를 호출하기 위해서는 역 인용부호(`) 키를 누르면 되고, Stella의 동작키는 언제든지 다른 키로 자유롭게 재조정할 수 있다. 아래의 그림에서 디버거가 작동하는 것을 볼 수 있다.

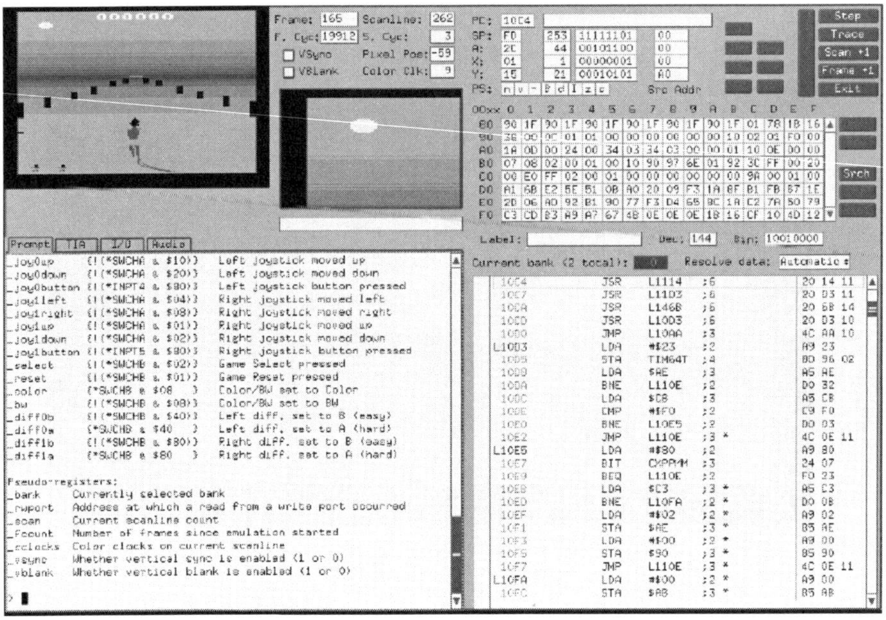

그림 2-3 Stella는 강력한 디버거를 제공한다.

Stella는 라즈베리파이에서 대체로 잘 동작한다. VCS 2600이 높은 사양의 콘솔이 아니기 때문이다. 다른 콘솔 에뮬레이터 중에는 잘 작동하지 않는 것도 있다. C64 에뮬레이터인 Vice[60]를 예로 들면, 이론적으로는 라즈베리파이에서 실행 가능하지만, 게임을 실제로 실행해 보면 프레임 수가 너무 낮게 나온다. 반대로 MAME[61] 에뮬레이터는 잘 실행된다.

• 기본 게임 실행

앞의 단락에서는 가상 머신이나 에뮬레이터로 게임을 실행하는 방법을 배웠다. 하지만 리눅스에 기본으로 제공되는 게임 역시 존재한다. LXDE 데스크톱에서 'Four in a Row'나 'Snake' 등의 고전 게임을 찾아 볼 수 있다.

```
pi@raspberry:~$ sudo apt-get install ltris
```

60) http://vice-emu.sourceforge.net/

61) http://mamedev.org/

관심 있는 게임들을 모두 실행하기에는 라즈베리파이의 사양이 제한적일 수 있다. 놀랍게도 라즈베리파이는 Quake II와 Quake III를 괜찮은 프레임 율로 실행하는 것이 가능하다. 이 게임들은 오디오 출력과 몇 가지 문제가 있지만, 여전히 즐길 만 하다.

추가로, 라즈베리파이 스토어에서도 게임을 찾아볼 수 있다. 'Iridium Rising'은 라즈베리파이에서만 즐길 수 있는 게임이다.

마지막으로, Mojang[62]사는 라즈베리파이에 마인크래프트 스페셜 에디션을 배포하였다.[63] 이 게임은 몇 가지 독특한 기능을 갖고 있고 무료로 제공된다.

• 요약 및 다음

이 장에서는 라즈베리파이로 즐길 수 있는 다양한 게임에 대해 소개를 하였다.

다음은 마지막으로 리눅스 명령과 파이선 언어에 대해 소개한다.

내용 요약

- 쌍방향 소설 게임 즐기기
- 포인트 앤 클릭 어드벤쳐 게임 즐기기
- 감시 카메라를 자동으로 실행시키기
- 다른 플랫폼 에뮬레이트 및 디버깅하기
- 리눅스 기본제공 게임이나 라즈베리파이 스토어에서 게임 찾기

자가 평가

Q : frots라는 Z머신을 설치하는 명령어를 작성하시오.
A : sudo apt-get install frotz

Q : 대표적인 에뮬레이터인 stella를 디버거를 활성하여 실행하는 명령어는 무엇인가?
A : stella -debug

Q : 라즈베리파이 스토어에서 제공하고, 라즈베리파이에서만 즐길 수 있는 게임의 이름은 무엇인가?
A : Iridium Rising

---

62) http://www.mojang.com/

63) http://www.raspberrypi.org/archives/3263

8부
리눅스 명령 및 파이선 언어

제 1 장 리눅스 명령

학습목표

- 파일 시스템 관리를 위해 사용하는 리눅스 명령어를 숙지한다.
- 검색을 위한 리눅스 명령어를 숙지한다.
- 네트워킹 관리를 위한 리눅스 명령어를 숙지한다.

라즈베리파이에서 자주 사용되는 기본 리눅스 명령을 살펴보고 학습해 보자.

• 파일시스템

- ls

  현재 또는 지정된 디렉토리의 내용을 나열한다. -l 플래그는(ls -l) 목록 형식으로 각 파일 및 디렉토리에 대한 자세한 정보인 권한, 소유자, 그룹, 크기, 날짜와 마지막 편집의 타임스탬프를 표시한다. -a 플래그는 .으로 시작되는 도트파일(dotfiles)을 나타낸다.

- cd

  지정된 하나의 현재 디렉토리를 변경한다. 상대 경로 cd dirA 또는 절대 경로 cd /home/pi/dirB를 사용할 수 있다.

- pwd

  현재 작업 디렉토리의 이름을 출력한다. (예: $pwd 엔터, 결과 /home/pi)

- mkdir

  새로운 디렉토리를 만든다. 예를 들어, mkdir newdir은 현재 작업 디렉토리에 newdir을 만든다.

- rmdir

  빈 디렉토리를 제거, 예를 들어, rmdir oldDir은 디렉토리를 제거한다 oldDir이 비어 있는 경우에만 가능하다.

- rm

  지정된 파일을 삭제한다. (주의: rm -r dirA 는 dirA의 속의 내용을 모두 지우며 이렇게 삭제된 파일은 영원히 사라진다.)

- cp

  파일의 복사본을 만들고 지정된 위치에 붙여 넣기를 한다. 예를 들어, cp ~/fileA /home/otherUser는 사용자의 홈 디렉토리에서 fileA를 복사해서 otherUser에 붙여넣는다. (otherUser에 대한 허가권이 있어야 함). 이 명령은 FILE FILE (cp fileA fileB), FILE DIR (cp fileA /directoryB/) 또는 -r 인수를 사용하여 cp -r DIR DIR (r은 재귀, 디렉토리 내용을 모두 그대로 복사)을 인수로 사용한다.

- mv

  파일을 지정된 장소로 이동한다. 따라서 cp는 복사-붙여넣기, mv는 자르기-붙여넣기 형태이다. 사용 방법은 cp와 비슷하여 mv ~/fileA /home/otherUser/ 는 fileA를 home/otherUser 디렉토리에 복사한다. 이 명령은 FILE FILE (mv fileA fileB), FILE DIR (mv fileA /directoryB/) 또는 DIR DIR (mv /directoryB /directoryC)을 인수로 사용한다. 이 명령은 파일이나 디렉토리 이름을 새 이름으로 바꿀 때 유용하다.

- touch

  파일이 없는 경우 새 파일을 만들고, 지정된 파일에 마지막으로 수정된 타임스탬프를 설정한다.

- cat

  파일 내용을 출력한다. 예로 cat thisFile은 thisFile의 내용을 출력한다. 현재 디렉토리의 확장자가 .txt인 모든 파일은 cat *.txt 명령으로 모든 .txt 파일의 내용을 나열한다.

- head

  파일 내용의 시작 부분을 표시한다. -n (기본값 10)은 표시할 행의 수를 지정하거나 -c는 바이트 수를 지정할 수 있다.

- tail

  파일 내용의 마지막 부분을 표시한다. 시작되는 지점은 -b 는 512 바이트 블록을 -c는 바이트 -n은 행의 수를 나타낸다.

- chmod

  일반적으로 파일에 대한 권한을 변경하는 데 사용 된다. chmod 명령은 u(파일을 소유 한 사용자), g(파일 그룹), o(다른 사용자) 심볼과 r(읽기) w(쓰기)와 x(실행) w 권한을 정한다. chmod u+x *filename* 파일의 소유자에 대한 실행 권한을 추가한다.

- chown

  파일을 소유하는 사용자나 그룹을 변경한다. 일반적으로 루트 권한으로 실행하는 sudo를 활용한다. sudo chown pi:root *filename* 은 소유자를 pi로 하고 그룹은 root로 변경한다.

- ssh

  보안 쉘로 암호화된 네트워크 연결을 사용하여 다른 컴퓨터에 연결한다.

- scp

  ssh를 사용하여 컴퓨터 간에 파일을 복사한다.

- sudo

  슈퍼 유저 또는 다른 사용자로 명령을 실행한다. sudo –s로 슈퍼 유저 쉘을 사용한다.

- dd

  지정된 파일로 변환하여 복사한다. 예로 하나의 파일에 전체 디스크를 복사할 수 도 있다. dd if=/dev/sdd of=backup.img SD 카드나 USB 디스크 드라이브에서 백업 이미지를 생성한다. SD 카드에 이미지를 복사할 때 전체 디스크를 덮어 쓸 수 있으므로 드라이브를 확인한다.

- df

  마운트된 파일 시스템의 사용 가능한 디스크 공간을 표시한다. df -h를 참조해서 바이트 형식으로 출력하는 옵션 M 등을 사용할 수 있다.

- unzip

  압축된 zip 파일에서 파일의 압축을 푼다.

- tar

파일을 저장하거나 추출한다. zip 파일과 유사하게 압축해서 공간을 줄인다. 압축 파일은 tar -cvzf *filename.tar.gz* *directory/* 명령으로 압축을 풀려면 tar -xvzf *filename.tar.gz* 명령이다.

- pipes

파이프는 명령의 출력 결과를 다른 명령의 입력으로 사용한다. 파이프 기호는 | 수직선이다. ls |head는 10개 항목을 표시해 준다.

- tree

디렉토리 트리 구조로 모든 하위 디렉토리와 파일을 표시한다.

- 명령어 &

명령 끝에 붙여서 쉘을 확보하여 백그라운드에서 명령을 실행시킨다.

- wget

웹에서 컴퓨터로 파일을 다운로드한다.

wget http://www.raspberrypi.org/documentation/linux/usage/commands.md는 commands.md 파일을 컴퓨터로 다운로드한다.

- curl

다운로드하거나 서버에 파일을 업로드할 수 있다. 기본적으로 파일 내용을 화면에 출력한다.

- man

파일에 대한 사용법 매뉴얼 페이지를 표시한다. man man 명령은 매뉴얼 페이지활용법을 보여 준다.

• 검색(Search)

- grep

파일 속에 있는 내용 중 특정 패턴을 검색한다. grep "search" *.txt 는 .txt로 끝나는 현재 디렉토리에 있는 모든 파일에서 "search" 문자열을 검색해 준다. 특수 문자 조합이 검색에 포함할 수 있도록 정규 표현식을 지원한다.

- awk

  텍스트 파일을 검색하고 조작할 수 있는 간단한 프로그래밍 언어.

- find

  특정 패턴에 일치하는 파일에 대한 디렉토리 및 하위 디렉토리를 검색한다.

- whereis

  파일이나 명령어의 폴더 위치를 찾는다. 찾을 때까지 표준 프로그램 위치 모두를 검색한다.

• 네트워킹(Networking)

- ping

  일반적으로 다른 호스트와 통신을 확인하는 데 사용된다. 호스트 이름 (ping raspberrypi.org) 또는 IP 주소 (ping 8.8.8.8)를 지정하여 사용할 수 있다. -c 플래그와 함께 보낼 패킷의 수를 지정할 수 있다.

- nmap

  네트워크 조사 및 검색 도구. 호스트나 호스트 범위 내의 포트와 OS 정보를 반환한다. nmap은 옵션 사용의 예가 표시된다.

- hostname

  현재 시스템의 호스트 이름을 표시한다. 슈퍼 권한 사용자는 hostname newhost 명령으로 새 호스트 이름으로 변경할 수 있다.

- ifconfig

  인수 없이 실행하면 (예: ifconfig) 현재 시스템에 인터페이스에 대한 네트워크 구성 정보를 표시한다. 인터페이스 eth0 나 lo를 변수로 사용할 수 있다. (자세한 내용은 매뉴얼 페이지).

[1] http://www.raspberrypi.org/documentation/linux/usage/commands.md

• 요약 및 다음

이 장에서는 라즈베리파이에서 활용되는 기본리눅스 명령을 학습하였다. 다음은 파이선 언어를 학습한다.

내용 요약

- 파일시스템
- 검색
- 네트워킹

자가 평가

Q : 디렉터리의 내용을 나열하는 리눅스 명령어는 무엇인가?
A : ls

Q : 파일을 이동하는 리눅스 명령어는 무엇인가?
A : mv

Q : 파일의 내용을 콘솔로 출력하는 리눅스 명령어는 무엇인가?
A : cat

Q : 파일의 권한을 설정하는 리눅스 명령어는 무엇인가?
A : chmod

Q : 다른 호스트와 통신을 확인하는데 사용하는 리눅스 명령어는 무엇인가?
A : ping

제 2 장 파이선 언어

학습목표

- 파이선 IDLE(통합 개발 환경)를 실행할 수 있다.
- IDLE의 기본적인 사용법을 익힌다.
- 파이선의 문법을 익힌다.
- 파이선 코드를 실행한다.

파이선은 라즈베리파이와 더불어 프로젝트를 구현할 수 있는 사용하기 편리하고, 읽고 쓰기 쉬우며, 강력하고 멋진 프로그래밍 언어이다. 파이선 구문은 깔끔하며 가독성에 중점을 두어 표준 영어 키워드를 사용한다. 바탕 화면에서 IDLE을 열어 시작한다.

• IDLE

IDLE은 파이선 통합개발 환경의 약어이다. IDLE를 통해 파이선을 쉽게 시작할 수 있다. 윈도우에서 파이선3을 시작하려면 바탕 화면에서 IDLE3 아이콘을 더블클릭한다.

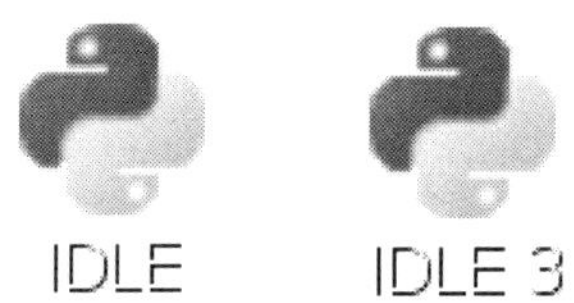

그림 2-1 파이선 IDLE과 IDLE3

IDLE은 파이선 2.x용 통합개발 환경이다.

파이선에 명령을 입력할 수 있는 REPL(Read-Evaluate-Print-Loop)에는 프롬프트가 나오는데, REPL에서는 print 명령을 사용하지 않고도 화면에 결과를 출력한다.

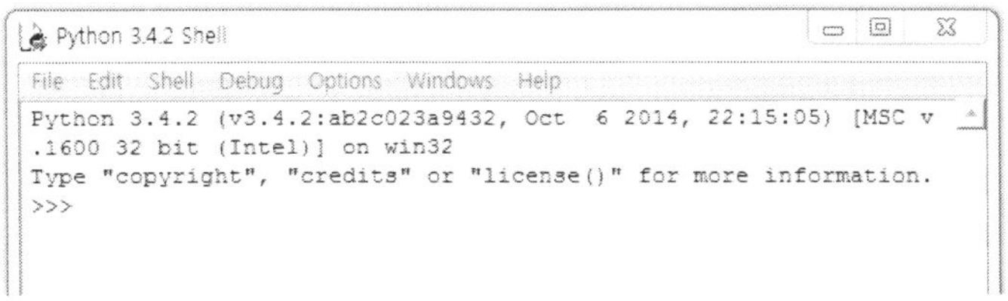

그림 2-2
파이선 셸 화면

필요하면 변수를 사용할 수 있고 계산기처럼 사용할 수 있다. 예를 들어

```
>>> 1+2
3
>>> name = "Jooeun"
>>> "Hello " + name
'Hello Jooeun'
```

IDLE는 구문 강조와 자동 완성 몇 가지를 지원하고 있다. 입력한 명령을 Alt + P(이전)과 Alt + N(다음)으로 재활용할 수 있다.

• 라즈베리파이에서 파이선 실행

라즈베리파이에서는 파이선 버전2와 버전3을 실행할 수 있다.

그림 2-3
라즈베리파이 메뉴에서 파이선 실행

• 기본적인 파이선 사용법

파이선에서 Hello:

```
>>> print("Hello world")
Hello world
```

너무 쉽다. 또 다른 방법으로는 파일을 저장하고 실행할 수 있다.

• 파이선 파일로 저장하고 실행하기

파이선의 파일은 [File] > [New File]을 선택하면 빈 윈도우가 나온다.

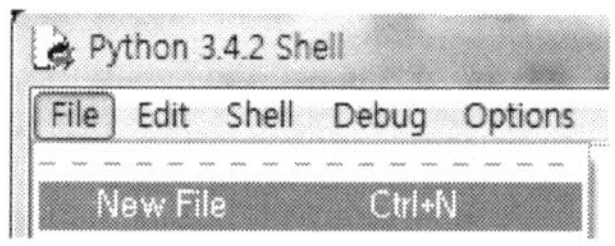

그림 2-4 새로운 파이선 파일 만들기

새로운 빈 창이 나오면 파이선 코드를 입력한다.

```
print("Hello world")
```

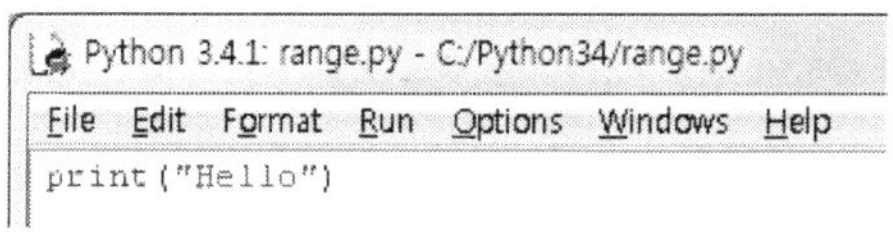

그림 2-5 파이선 명령어 입력

저장 및 실행은 F5키를 누른다.

그림 2-6 파일 저장하기

파일 이름으로 hello.py를 입력한다. 확장자는 반드시 py로 해야 한다. 결과는 원래의 파이선 셀 화면에 출력된다.

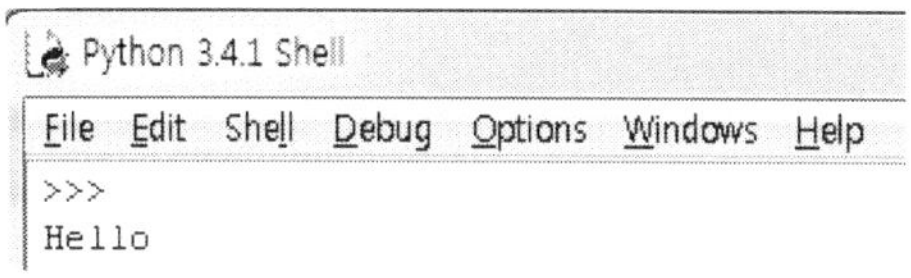

그림 2-7
실행된 결과 창

• 들여쓰기(INDENTATION)

일반적인 프로그램 인어는 여러 줄의 코드를 중괄호 { 와 } 사이에 묶어 사용하지만 파이선은 중괄호 대신 들여 쓰기를 활용한다. for 루프에 대한 예는

```
>>> for i in range(3) :
            print("Hello")

Hello
Hello
Hello
```

여기서는 두 번째 줄의 들여 쓰기가 필요하다. 들여 쓰기를 하면 for의 내부에 포함되고, 들여 쓰기를 하지 않으면 루프의 외부가 된다. 예를 들어

```
>>> for i in range(2):
            print("A")
            print("B")

A
B
A
B
```

들여 쓰기를 하지 않으면 루프 밖으로 처리가 되는 예를 살펴보자.

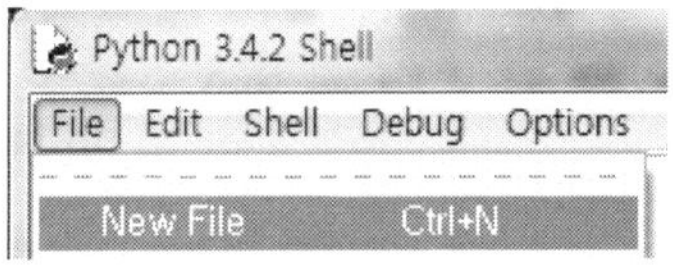

그림 2-8
파이선 새 파일
만들기

```
for i in range(2):
    print("A")
print("B")
```

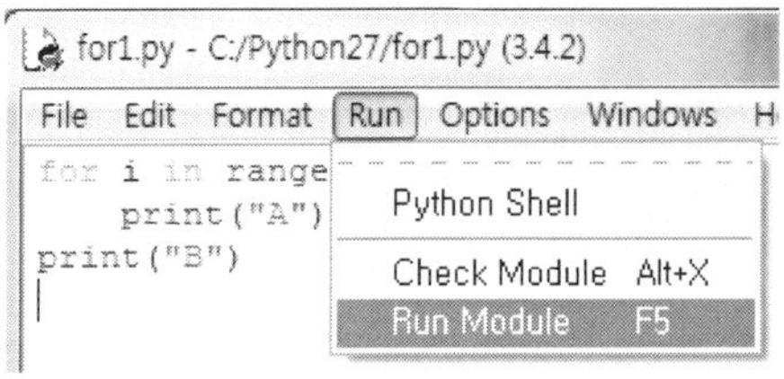

그림 2-9
작성된 프로그램
모듈 실행하기

원래의 창에 출력된 결과 A는 루프의 내부여서 2회, B는 루프의 외부여서 1회 출력이 된다.

```
>>>
A
A
B
```

• 변수(VARIABLES)

변수에 값을 저장하려면 대입 부호 = 을 이용한다. 변수의 형은 선언하지 않아도 동적으로 할당된다.

```
>>> name = "Bob"
>>> age = 15
>>> age += 1
>>> print(age)
16
```

• 주석(COMMENTS)

주석은 프로그램에서는 무시되지만 사람들의 이해를 돕기 위한 메모 기능이다. 한줄 주석은 해시 # 기호로 표시된다.

```
>>> age += 1 # age 값이 1 증가 됨
```

뒤 코멘트(주석) 처리되어 프로그램은 완전히 무시를 한다.
여러 줄을 주석처리 하는 멀티 라인 주석은 삼중 따옴표를 사용 :

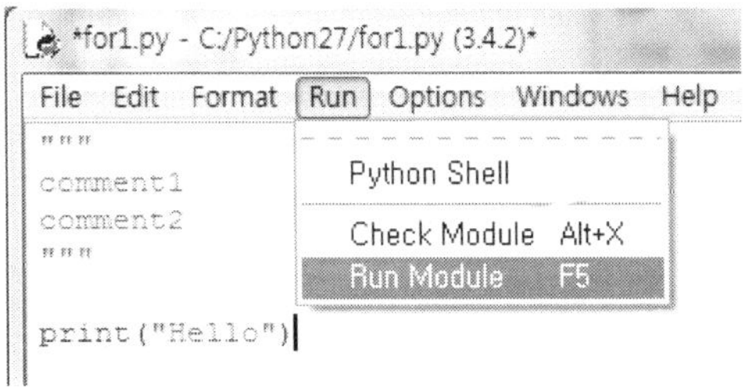

그림 2-10 작성된 파이선 모듈 실행하기

원래 창에 나오는 실행 결과이다. 삼중 따옴표 사이의 내용은 출력되지 않는다.

```
>>>
Hello
```

• 리스트(LISTS)

파이선의 리스트는 목록을 표현하는데, 다른 언어의 배열과 유사하다.

```
>>> nums = [1,2,3]
>>> print(nums[1])
2
```

목록은 대괄호 [ ]를 사용하여 표시하고, 각 항목은 쉼표 (,)로 구분한다.

• 반복(ITERATION)

for~in을 통해 일부 데이터 유형에 포함된 값을 반복할 수 있다.

```
>>> nums = [1,2,3]
>>> for num in nums:
        print(num)

1
2
3
```

nums 리스트의 각 항목을 출력한다. 각 항목은 단수 num을 사용하고, 목록은 복수 nums를 사용하면 이해하기 쉽다.

다른 데이터 유형을 예를 들자면 문자열도 반복 가능하다.

```
>>> dog_name = "BINGO"
>>> for c in dog_name:
        print(c)

B
I
N
G
O
```

• 범위(RANGE)

정수 데이터 형을 그대로는 반복할 수 없다. 예를 들어 아래의 경우 에러가 발생한다.

```
>>> for i in 3:
        print(i)

TypeError: 'int' object is not iterable
```

그러나 range() 함수로 반복 가능한 객체를 만들 수 있다 :

```
>>> for i in range(3):
        print(i)

0
1
2
```

range(5)는 숫자 0, 1, 2, 3, 4 (총 다섯 개의 숫자)을 포함한다. range(1, 6)은 숫자 1-5를 얻는다.

```
>>> for i in range(1,6):
        print(i)

1
2
3
4
5
```

• 길이(LENGTH)

len() 함수로는 문자열이나 리스트의 길이를 알 수 있다.

```
>>> name = "Joe"
>>> print(len(name))
3
>>> names=["Bob", "Jane", "James"]
>>> print(len(names))
3
```

• IF 문(STATEMENTS)

if는 프로그램의 흐름을 제어한다.

이름이 4글자 이상이면 "Nice Name,"을 출력하고, 3글자 미만이면 "That's a short name,"을 출력해 보자.

```
name = "Joe"
if len(name) > 3:
    print("Nice name,")
    print(name)
else:
    print("That's a short name,")
    print(name)
```

새 파일을 열고,

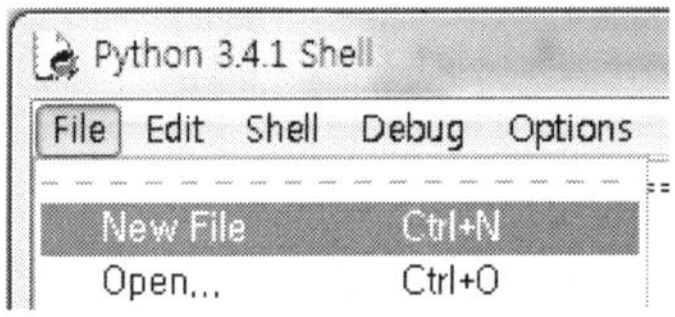

그림 2-11 파이선 새 파일 만들기

코드를 입력한 다음, F5 키를 누르고 파일 이름을 입력하면 실행된다. 원래 파이선 창에 결과가 출력이 된다. "That's a short name, Joe"가 출력되었다.

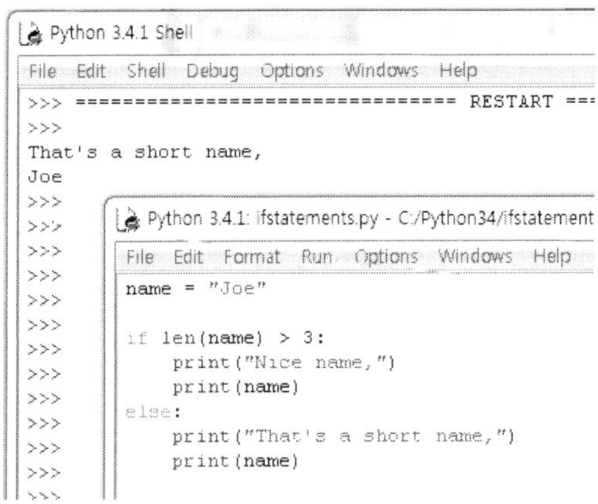

그림 2-12 작성된 파이선 모듈 실행하기

• 파이선 파일 (IDLE)

파이선의 파일은 [File] > [New File]을 선택하면 빈 윈도우가 나온다.

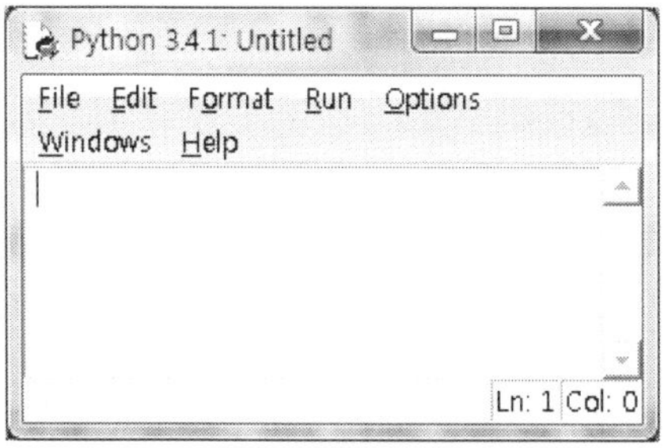

그림 2-13
파이선에서 새 파일 만들기

파이선 프롬프트 〉〉〉가 보이지 않는다. 여기에 파이선 코드를 작성하고 저장을 해서 실행하면 메인 윈도우에 결과가 출력된다.

```
n = 0
for i in range(1, 101):
    n += i
print("The sum of the numbers 1 to 100 is:")
print(n)
```

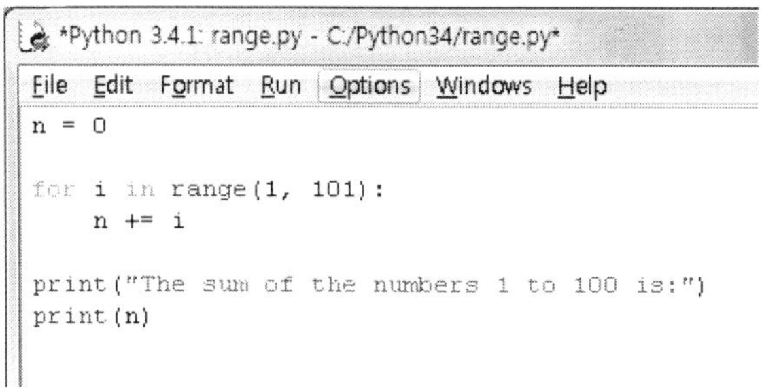

그림 2-14
파이선 코드 작성하기

저장은 [File]>[Save] 또는 (Ctrl+S), 그리고 실행은 [Run]>[Run Module] 또는 F5를 누른다. 결과는 원래의 파이선 윈도우에 나온다.

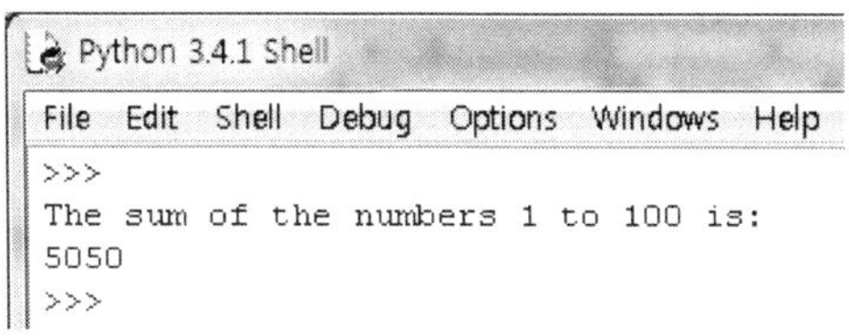

그림 2-15
파이선 실행된 결과

• 명령 줄에서 파이선 실행하기

Vim, Namo, LeafPad 또는 Notepad 같은 표준 편집기로 파이선 파일을 작성하고, 명령 줄에서 파이선 스크립트로 실행할 수 있다.

윈도우에서 명령 프롬프트 실행은 "cmd"를 입력한다.

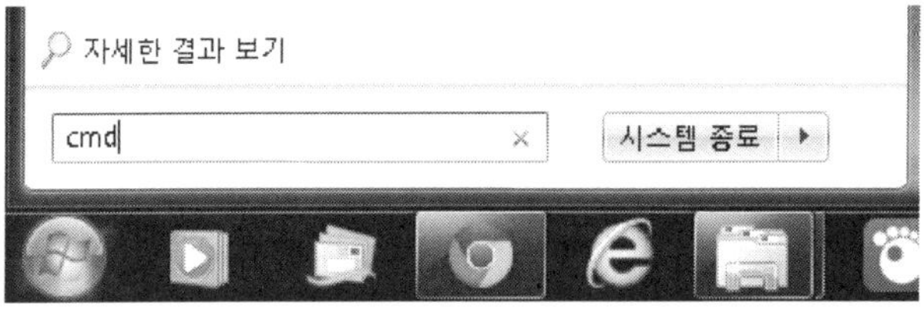

그림 2-16 명령 프롬프트로 가기

메모장에서 파이선 코드를 입력한다.

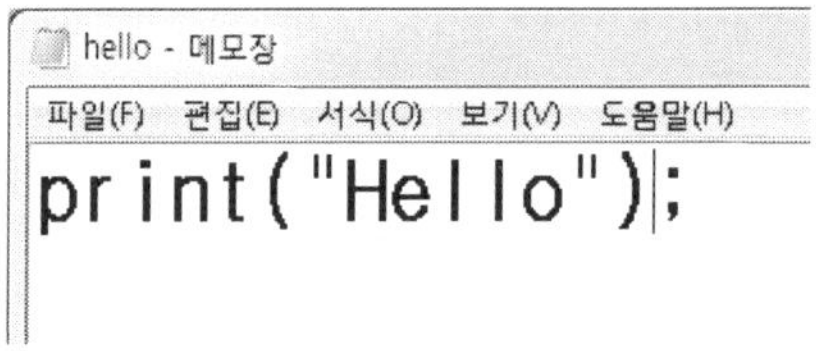

그림 2-17 메모장에서 파이선 코드 작성하기

디렉토리를 cd와 ls, dir 등을 활용하여 찾아가서 파이선을 실행한다. python hello.py.

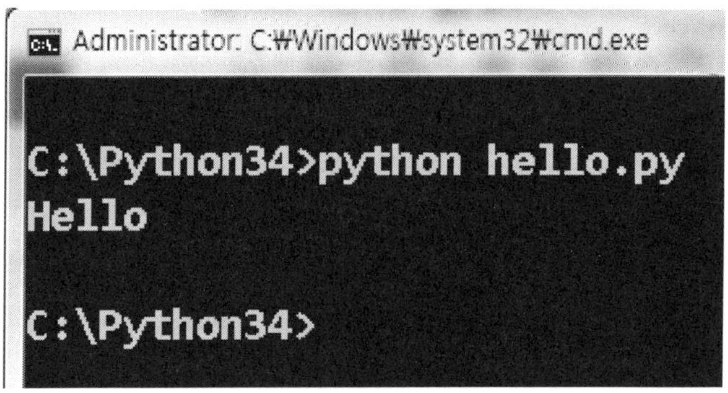

그림 2-19 명령 프롬프트에서 실행된 파이선 결과

• 추가정보

http://www.raspberrypi.org/documentation/usage/python/more.md

• 파이선 코드를 실행파일로 만들기

파이선 코드의 첫 줄에 다음을 추가한다.

```
$ vi program.py
#!/usr/bin/python or #!/usr/bin/env python
```

실행 허가권을 추가한다.

```
$ chmod +x program.py
```

모듈을 실행시킨다.

```
$ ./program.py
```

• 요약

이 장에서는 파이선 언어의 기초 명령을 소개 하였다.

내용 요약

- 파이선 버전별 IDLE(통합 개발 환경) 실행하기
- 기본적인 파이선 IDLE 사용법 소개
- 파이선의 기본적인 문법과 예제 소개
- 파이선 코드를 실행하고 실행파일로 만든다.

자가 평가

Q : 파이선 통합 개발 환경인 IDLE와 IDLE3의 차이는 무엇인가?
A : IDLE는 파이선 2.x버전용이고, IDLE3는 파이선3 버전용이다.

Q : 문자열이나 리스트의 길이를 알 수 있는 함수는 무엇인가?
A : len() 함수. len(문자열) 또는 len(리스트명)처럼 사용한다.

Q : 파이선 코드는 IDLE환경 이외의 다른 환경에서 작성할 수 있는가?
A : 그렇다. vim, nano, leafpad 등의 텍스트 편집기로 작성할 수 있다.

찾아보기

U

V

W

X

Y

Z

기타